中国保险业：转型与可持续发展

Zhongguo Baoxianye: Zhuanxing yu Kechixufazhan

吕宙 著

中国财政经济出版社

图书在版编目（CIP）数据

中国保险业：转型与可持续发展/吕宙著．—北京：中国财政经济出版社，2009.9

ISBN 978-7-5095-1776-5

Ⅰ．中…　Ⅱ．吕…　Ⅲ．保险业－经济发展－研究－中国　Ⅳ．F842

中国版本图书馆 CIP 数据核字（2009）第 153123 号

责任编辑：郁东敏　　责任校对：李　丽
封面设计：郁　佳　　版式设计：汤广才

中国财政经济出版社出版

URL：http：//www.cfeph.cn

E-mail：cfeph@cfeph.cn

（版权所有　翻印必究）

社址：北京市海淀区阜成路甲28号　邮政编码：100142
发行处电话：88190406　财经书店电话：64033436
北京中兴印刷有限公司印刷　各地新华书店经销
787×1092毫米　16开　19.5印张　237 000字
2009年10月第1版　2009年12月北京第2次印刷
定价：38.00元
ISBN 978-7-5095-1776-5/F·1502
（图书出现印装问题，本社负责调换）
本社质量投诉电话：010-88190744

保险是与市场经济相联系的风险管理制度安排。随着我国社会主义市场经济体制的确立和逐步完善，保险作为市场经济条件下管理风险的基本手段，在保障国民经济稳定运行、改善服务民生、促进和谐社会建设等方面的作用日益突出。

回顾改革开放30年来保险业的发展历程，行业面貌发生了深刻变化，从一个基础薄弱、可有可无的行业逐步发展为关系国计民生的重要行业。从封闭逐步走向开放，从垄断逐步走向竞争，中国保险市场已经发展成为全球最重要的新兴保险市场。改革开放以来，我国保费收入年均增长超过30%，是国民经济中发展最快的行业之一。2008年，我国保险业实现原保费收入9789亿元，超过1980~1999年20年间的保费收入总和，世界排名第6位，行业国际影响力不断提升。改革开放以来，保险业务领域从最初的财产损失保险逐步扩展到人寿保险、责任保险、信用保证保险、健康保险等领域。目前已基本形成涵盖绝大多数可保风险领域的业务和产品体系，保险更加贴近经济社会发展和人民群众需求。改革开放以来，保险监管体制在改革中不断发展完善，目前建立了偿付能力、公司治理结构和市场行为监管为支柱的现代保险监管框架。对保险业的历史遗留风险以及快速发展中的风险隐患，通过深化保险改革和制度创新进行了有效化解和及时防范，保险业持续健康发展的能力得到显著增强。

2008年发端于美国的全球金融危机对我国经济发展造成了较大冲击,保险业作为开放力度大、市场化程度高的行业不可避免地受到一定影响。面对百年一遇的金融危机,保险业深入贯彻国家关于经济金融的一系列方针政策,积极采取各种措施,抓监管、防风险、促发展,较好地防范了国际金融风险的跨境传递,有效维护了保险市场的健康运行。

尽管我国保险业发展取得了一定成绩,但由于起步晚、基础差,整体水平不高,与发达国家相比,与经济社会发展的要求相比,还存在较大差距。保险业仍处于发展的初级阶段,保险经营者、监管者和保险市场都还不成熟,发展呈现出阶段性特征:多元化的市场格局开始形成,但竞争不规范;保费规模快速扩张,但结构不合理;服务经济社会的能力不断提高,但覆盖面仍不宽;监管体系逐步完善,但基础建设有待加强。应当看到,目前保险业正处于一个发展的关键期和矛盾的凸显期。上述矛盾与问题的产生,既有体制性因素,也有结构性因素,同时也有思想观念方面的因素,是在行业快速发展过程中不可避免的,且需要通过发展与改革的方式来解决。

站在新的发展起点,进入新的发展阶段,保险业面临的形势更复杂,肩负的责任更重,发展的要求也更高。保险业应在科学发展观的指导下,深刻把握行业发展的客观规律,切实转变发展方式,不断探索中国特色保险业发展道路。一方面,要坚持发展以人为本,把改善民生、完善社会保障体系作为保险业发展的着力点,重点发展农业保险、养老保险、医疗保险、责任保险等关乎民生、关乎社会保障体系建设的保险业务。另一方面,要坚持推进结构调整,不仅要促进城乡保险统筹和地区保险协调发展,还要加强各种业务类型、销售渠道以及资产负债匹配的科学管理,为保险业可持续发展奠定坚实的基础。同时,要坚持改革创新,通过深化体制机制改革和推动行业创新,培育保险业发展新的增长点,不断提升行业的竞争能力和服务水平,更好地服务社会主义和谐社会建设。

　　吕宙同志的《中国保险业：转型与可持续发展》一书，以发展的眼光、开放的视角，对新起点、新阶段保险业的可持续发展问题进行了深入思考，对当前在金融危机背景下，探索如何实现保险业科学发展提供了新的思路，具有一定的参考价值和借鉴意义。

吴定富

2009.8.1

前言

> 道可道，非常道；名可名，非常名。无名，天地之始；有名，万物之母。
>
> ——老子《道德经》第1章

（一）

现代社会是风险社会，时时刻刻面临或潜伏着各种各样风险与危机。2008年，一场因美国"次贷危机"引发的全球性金融危机，给世界经济和国际社会蒙上了阴影，带来巨大的负面影响与严峻的挑战，也给我国金融业敲响了警钟。保险业作为现代金融业的重要组成部分，如何避免危机、迎接挑战、转危为机、实现其可持续发展，是中国当前不可回避和必须解决的重大现实问题，也是极其重要的战略性问题。

（二）

保险业是国民经济软的基础产业，是国民经济和社会可持续发展的重要支撑。建国60年，特别是改革开放30年来，随着社会主义市场经济体制的确立与深化，以及由此而来的全社会风险意识的不断增强，中国保险业开始步入快速发展的轨道——市场主体不断增加，业务规模不断扩大，服务领域不断拓宽，竞争实力不断提高——为国民经济和社会发展做出了重要贡献。

● 30年来，中国保险业从无到有。1980年，因"文革"一度停办的中国保险业借改革开放春风获得新生，并伴随国民经济的发展和民众消费需求的变化得以迅速成长，是同期国民经济发展最快、活力最强的产业之一。改革开放推动了中国保险业的快速发展，改革开放促进了中国保险业的强劲扩张。全国保险业总保费收入从1980年的4.6亿元发展到2008年的9 789亿元，增长2 100倍，年均增长31.48%，大大超过同期国民经济近10%的增长速度。

● 30年来，中国保险业从垄断走向竞争。改革开放初期，中国只有1家保险公司——中国人民保险公司。继1986年设立新疆建设兵团保险公司（现为中华联合保险公司）、1988年设立中国平安保险公司、1991年设立中国太平洋保险公司之后，特别是1998年11月中国保监会成立以来，中国保险市场准入不断扩大，保险主体迅速增加。截至2008年底，中国有保险公司112家，保险资产管理公司9家，保险集团公司8家；有保险专业中介机构2 445家，保险兼业代理机构13.66万家，保险个人代理人256万人，有竞争的保险市场格局开始形成。

● 30年来，中国保险业从封闭迈向开放。伴随着21世纪初加入世界贸易组织（WTO），中国保险业不论在深度上还是在广度上，都是中国金融业开放的排头兵和先行者。率先的开放，使中国保险业经受了风雨，经受了考验。中国保险业在开放中成长，在开放中走向成熟。2008年底，中国有外资保险公司48家，占全国保险公司总数高达42.86%。2008年，外资保险公司原保费收入391.2亿元，虽占全国市场份额的4%，但北上海、北京和广州外资保险公司相对集中的城市，其市场份额分别为25.6%、19.1%和13.2%。

● 30年来，中国保险从弱变强。适应改革开放的需要，适应市场需求的变化，中国保险业迎难而上，知难而进，不断深化自身改革，不断适应对外开放，不断推进业务创新，在改革中发展，在开放中前行，在创新中壮大。2008年，全国保险业总资产为33 571亿元，是1980年10亿元的3 300倍，年均增长33.6%。

……

这30年是中国保险业突飞猛进的30年，是中国保险业取得巨大成就的30年，是中国保险业辉煌的30年。

经过30年的发展，中国保险业站上新起点，迈入新阶段，跨进新时期。

（三）

然而，我们应该看到，也必须清醒认识到，与国际保险业相比，与国内金融其他产业相比较，与我国国民经济发展和社会民众

的需要相衡量，中国保险业还有非常大的差距，仍处于发展的起步阶段，处于发展的初级阶段，面临许多矛盾与困难，面临许多挑战与风险，面临许多问题与不足。

保险业发展的质量和效益令人担忧！

保险业的行业信誉与社会形象令人担忧！

保险业核心竞争力特别是可持续发展能力令人担忧！

多年来，我国保险业只注重业务规模，注重保费数量，注重人海战术，注重眼前发展；不注重业务绩效，不注重保费质量，不注重人员素质，不注重长远发展；不讲成本，不讲效益，不讲服务，不讲形象；低层次竞争，无序竞争，恶性竞争，破坏性竞争；诚信意识差，服务意识差。保险业面临生态危机，保险业面临生存危机。这不是危言耸听，这是我们必须面对的现实。

（四）

中国保险业已经走到十字路口，一个必须抉择的十字路口！在站上新起点、迈入新阶段、跨进新时期之时，中国保险业必须做出历史性的选择、战略性的选择——这就是转型。

转型是中国保险业健康发展之路，是中国保险业长远发展之计，是中国保险业实现可持续发展之道。

● 转型是保险业科学发展的需要。科学发展观是中国共产党立足社会主义初级阶段基本国情、总结中国发展实践、借鉴国外发展经验、适应国内外经济形势变化而提出来的指导我国经济社会发展的战略思想。其基本要求是全面发展，协调发展，可持续发展。目前，中国保险业发展与科学发展观的要求有比较大的差距，特别

是保险业的发展方式十分粗放。保险业必须转变发展方式，走集约化经营之路，走内涵式发展之路。只有这样，保险业才能实现科学发展，才能实现可持续发展。

● 转型是适应居民消费需求变化的需要。随着中国国民经济的快速发展，社会主义市场经济体制的不断完善，社会风险意识和保险意识不断增强，民众的消费需求不断升级，对保险的要求越来越高，保险市场已从卖方市场向买方市场转变。保险业必须适应民众需求变化，实现由片面注重业务规模向真正注重服务品质转变。

● 转型是应对国际金融危机的需要。此次由美国次贷危机引发的国际金融危机，是20世纪30年代大萧条以来最为严重的危机。从这次危机我们得出一个重要启示：金融保险业必须坚持诚信为本，稳健经营。这是金融保险业发展的根本，是金融保险业发展的基石。这次危机虽对中国金融业的直接影响不大，但给刚刚起步的中国保险业敲了一次警钟。我们一定要有危机意识、忧患意识。正所谓"没有危机感是最大的危机"。保险经营一定要未雨绸缪，居安思危。

……

在这个变革快如闪电、形势瞬息万变、竞争异常激烈的时代，我们过去所习惯和熟悉的经营方式、管理模式已经不再灵验。转型是必然选择，是生存法则。不转型保险业就不能有效发展，不转型保险业就难以持续发展，不转型保险业存在的合理性也会受到置疑。只有转型，保险业才能扭转被动发展的局面，才能树立保险业取信社会的新形象，才能实现保险业的可持续发展。

（五）

万象运行皆有道，万物莫不服从于恒常不变的秩序。道的实质是自然而然的秩序，是顺其自然的法则。"人法地，地法天，天法道，道法自然。"道是万象虽变动不拘而其运动服从于某种不变的秩序。保险业发展必须遵循自身发展客观规律之道。

其一，诚信是保险业立业之本，专业是保险业存在的基石。要实现保险业转型，我们必须在诚信和专业上下硬功夫，下真功夫，下苦功夫。这是保险业转型的根本之道，是实现保险业转型的目标与方向。

● 切实加强保险诚信建设。"轻诺必寡信，多易必多难。"保险产品之无形特性决定保险业必须高度重视诚信建设。取信社会，取信消费者，保险业才能有立足之地。要切实加强保险队伍建设，努力提升保险从业人员特别是保险销售人员素质，建立失信惩戒机制，加大失信惩戒力度，培育保险诚信文化，维护良好保险生态，努力改善保险行业信誉和社会形象。

● 切实提高保险专业水准。近年来，我国保险业真正具有生命力、适销对路的险种不多，保险产品没能很好地体现和满足市场的需求。寿险中的分红型保险、投资类保险比重过大，养老保险、医疗保险存在市场空白，健康险、团体寿险的供给不足；财产保险险种单一，机动车辆保险比重过大，责任保险、保证保险、信用保险等险种严重滞后。"闻道有先后，术业有专攻。"保险业应回归保险保障功能，充分发挥其风险补偿与经济保障的功能，为社会提供高品质和专业化的服务。

其二，制度是保险业有效运转的前提，机制是保险业有效运转的核心。要实现保险业转型，我们必须在制度与机制上下硬功夫、下真功夫、下苦功夫。这是保险业转型的关键之道，是实现保险业转型的核心与重点。

● 推进建立现代保险基础制度。"制度高于一切。"这是基于经济制度研究于1993年获诺贝尔经济学奖的美国经济学家道格拉斯·诺思的一句名言。现代社会是契约社会，制度是前提。保险业必须高度重视制度建设，特别是要加快推进建立现代企业制度。现代企业制度是以产权清晰、权责明确、政企分开、管理科学为条件的新型企业制度，是现代保险企业有效运转的前提。要完善保险公司治理结构，完善保险公司内控机制，加强经营管理，强化保险公司财务预算约束。

● 推进建立现代保险运营机制。在任何一个系统中，机制都起着基础性和根本性的作用，良好的机制可以使一个企业、一个产业系统自动而有效地运转。要努力完善保险产业运营机制，推进保险公司专业化运营，切实改变保险公司"大而全、小而全，一条龙式服务"的传统经营模式，大力培育保险中介市场，推动保险公司借助中介机构拓展业务与延伸服务，提高保险公司的经营效率；推进费率市场化，转变保险监管方式，减少行政审批，充分发挥市场机制配置保险资源的基础性作用；改革完善保险营销体制，明确营销员法律定位，维护保险营销员合法权益，加强和规范营销员管理，推行门店式保险营销服务，提高保险营销服务水平。

（六）

中国保险业已踏上转型征程，走上转型之路。这是实现其可持续发展的必然选择。转型是痛苦的选择，转型需要付出艰辛的努力。相信中国保险业在科学发展观的指导下一定会在不远的将来完成转型之重任，实现转型之目标。转型一定会迎来保险业光明灿烂的未来，转型一定会使保险业踏上繁荣富强的未来，转型一定会让保险业走向可持续发展的未来。

目 录

1. 保险业可持续发展：理论考察与路径分析 / 1
   1.1 可持续发展理论考察 / 2
   1.2 保险业可持续发展的基本内涵 / 4
   1.3 保险业可持续发展的路径分析 / 7
   1.4 制约中国保险可持续发展的突出问题 / 8
   1.5 提升保险业可持续发展能力的政策措施 / 11

2. 风险社会与保险 / 15
   2.1 风险社会理论 / 15
   2.2 现代社会面临的风险与危机 / 18
   2.3 保险与风险管理 / 22
   2.4 加强保险服务风险与危机管理的对策和思路 / 25

3. 保险与国民经济 / 28
   3.1 产业的概念与分类 / 29
   3.2 保险产业的基本特征 / 31
   3.3 保险产业的地位 / 36
   3.4 保险在经济发展中的作用 / 40

3.5 中国保险业的形成与发展 / 43

4. 诚信：保险立业之本 / 51
   4.1 诚信的重要性 / 52
   4.2 保险诚信的基本内涵 / 57
   4.3 中国保险业诚信建设的现状与问题 / 59
   4.4 加强中国保险业诚信建设的政策建议 / 61

5. 公司治理：保险风险控制的制度基础 / 68
   5.1 公司治理结构的概念与内涵 / 68
   5.2 西方主要国家的公司治理结构 / 73
   5.3 西方公司治理模式比较分析 / 81
   5.4 中国保险公司治理结构存在的问题 / 84
   5.5 保险公司治理结构国际标准与要求 / 86
   5.6 完善中国保险公司治理结构的思考 / 88

6. 市场化：保险机制有效运作的前提 / 93
   6.1 中国市场化改革进程 / 93
   6.2 市场机制及其作用 / 96
   6.3 费率市场化国际趋势与经验 / 98
   6.4 中国保险费率市场化的必要性 / 101
   6.5 中国保险费率市场化的有利条件 / 103
   6.6 中国保险费率市场化带来的挑战 / 105
   6.7 推进中国保险费率市场化改革的对策 / 108

7. 保险企业的竞争与合作 / 111

    7.1 企业竞争 / 111

    7.2 企业合作 / 117

    7.3 企业的竞争与合作 / 121

    7.4 推进中国保险企业合作竞争的政策建议 / 127

8. 保险投资与资本市场 / 130

    8.1 投资：保险连接资本市场的纽带 / 130

    8.2 中国保险投资与资本市场运行情况 / 135

    8.3 完善保险投资与资本市场的政策思考 / 142

9. 金融融合与保险集团化经营 / 148

    9.1 金融融合 / 148

    9.2 保险（金融）集团模式 / 152

    9.3 国内外保险（金融）集团模式的实践与探索 / 158

    9.4 中国保险集团的发展思路 / 160

10. 保险中介：保险产业链重要环节 / 165

    10.1 保险中介在保险市场中的地位与作用 / 165

    10.2 国际保险中介发展经验借鉴 / 169

    10.3 中国保险中介市场发展的主要特点及存在问题 / 178

    10.4 中国保险中介市场发展思路和政策取向 / 183

11. 中国保险营销制度分析与改革思路 / 187

    11.1 保险营销制度的基本特点 / 188

11.2 中国现行保险营销制度运行的基本情况与突出问题 / 192

11.3 国际保险营销制度及其变革趋势 / 196

11.4 改革完善中国保险营销制度的思路与建议 / 200

12. 政府与市场：保险业监管定位 / 205

12.1 政府与市场关系 / 205

12.2 政府对保险业实施监管的必要性 / 210

12.3 保险监管国际比较 / 215

12.4 对改进和完善中国保险监管的对策思考 / 223

13. 保险监管理念创新 / 227

13.1 科学发展观与科学监管理念 / 227

13.2 科学监管理念的主要内容 / 232

13.3 科学发展观下保险监管创新思考 / 241

14. 偿付能力：保险监管的核心 / 244

14.1 偿付能力监管的概念与动因 / 244

14.2 国际偿付能力监管经验借鉴 / 246

14.3 中国保险偿付能力监管基本框架 / 252

14.4 中国保险偿付能力监管存在的主要问题 / 255

14.5 完善中国保险偿付能力监管的对策建议 / 257

15. 加快建立中国巨灾保险制度 / 259

15.1 巨灾与巨灾保险 / 259

15.2 中国巨灾风险基本情况 / 264

 15.3 国外巨灾保险模式与经验 / 268

 15.4 对构建中国巨灾保险制度的建议 / 272

16. 税收政策与保险业发展 / 275

 16.1 税收政策及对保险业的影响 / 275

 16.2 世界主要国家（地区）保险税收制度 / 280

 16.3 中国保险税收的现状与问题 / 284

 16.4 对完善中国保险业税收政策的建议 / 288

主要参考文献 / 290

1.
保险业可持续发展：
理论考察与路径分析

> 天长地久。天地所以能长且久者，以其不自生，故能长生。
>
> ——老子《道德经》第 7 章

保险业是国民经济软的基础产业，通过为经济社会和民众提供损失补偿和社会保障，促进国民经济有效运行和社会和谐运转，是国民经济和社会可持续发展的重要支撑。近年来，我国保险业虽在改革开放的大背景下得到快速发展，然而其发展质量和经济效益却令人担忧。如何实现保险产业自身的可持续发展是当前需要研究的重大问题。

1.1 可持续发展理论考察

1.1.1 可持续发展理论的形成

可持续发展理论的形成经历了一个比较长的认识过程。20世纪50年代到60年代，人们在经济增长与城市化、人口与社会、资源与环境等矛盾交织所形成的巨大压力下，对"增长等同于发展"的经济运行模式产生怀疑。

1962年，美国女生物学家莱切尔·卡逊（Rachel Carson）发表了一部引起很大轰动的环境科普著作《寂静的春天》，描绘了一幅由于农药污染所产生的可怕景象，惊呼人们将会失去"阳光明媚的春天"，在世界范围内首次引发了人类关于发展观念的争论。

10年后，两位著名美国学者巴巴拉·沃德（Barbara Ward）和雷内·杜博斯（Rene Dubos）的《只有一个地球》问世，把人类生存与环境的认识推向一个新境界。同年，一个非正式国际著名学术团体——罗马俱乐部发表了有名的研究报告——《增长的极限》，明确提出"持续增长"和"合理的持久的均衡发展"的概念。

1987年，以挪威首相布伦特兰为主席的联合国世界与环境发展委员会发表了一份报告——《我们共同的未来》，正式提出可持续发展概念，并以此为主题对人类共同关心的环境与发展问题进行了全面论述，受到世界各国政府组织和舆论的极大重视。1992年，联合国环境与发展大会认可可持续发展并形成广泛共识。

1.1.2 可持续发展的概念

什么是可持续发展？比较有影响的流派有以下几类：
（1）自然属性论。较早的时候，"持续性"这一概念是由生态学家提出来的,即所谓生态持续性。它旨在说明自然资源及其开发利用程度间的平衡。1991年11月,国际生态学协会(Intecol)和国际生物科学联合会(Iubs)联合举行关于可持续发展问题的专题研讨会。该研讨会的成果发展和深化了可持续发展概念的自然属性,并将可持续发展定义为:保护和加强环境系统的生产和更新能力。这种从生物圈概念出发对可持续发展的定义,是自然属性论的典型表述。该理论认为,可持续发展是寻求一种最佳的生态系统以支持生态的完整性和人类愿望的实现,使人类的生存环境得以持续。

(2)社会属性论。1991年,由世界自然保护同盟、联合国环境规划署和世界野生生物基金会共同发表了《保护地球——可持续生存战略》(Caring For the Earth: A Strategy For Sustainable Living),将可持续发展定义为:"在生存于不超出维持生态系统涵容能力的情况下,提高人类的生活质量"。这一理论强调,人类的生产方式或生活方式应与地球承载能力保持平衡,保护地球的生命力和生物多样性;认为可持续发展的最终落脚点是人类社会,即改善人类的生活质量,创造美好的生活环境;"发展"只有使我们的生活在所有这些方面都得到改善,才是真正的"发展"。

(3)经济属性论。该理论认为可持续发展的核心是经济发展。例如,爱德华·B. 巴比尔(Edward B. Barbier)在《经济、自然资源:不足和发展》一书中,把可持续发展定义为:"在保持自然资源的质量和其所提供服务的前提下,使经济发展的净利益增加到最大限度"。还有的学者提出,可持续发展是今天的资源使用不应减少未来的实际收入。这里,经济发展已不是传统的以牺牲资源和环境为代价的经济发展,而是不降低环境质量和不破坏世界自然资源基础的经济发展。

(4)科技属性论。实施可持续发展,除了政策和管理外,科技进步起着重要作用。没有科学技术的支持,人类的可持续发展便无从谈起。因此,有的学者从技术选择的角度扩展了可持续发展的定义，认为可持续发展就是转向更清洁、更有效的技术，尽可能接近"零排放"或"密闭式"工艺方法，尽可能减少能源和其他自然资源的消耗。还有的学者提出，可持续发展就是建立极少产生废料和污染物的工艺或技术系统。他们认为污染并不是工业经济活动不可避免的结果，而是技术差、效益低的表现。

（5）综合属性论。1987年，挪威首相布伦特兰夫人在主持世界环境与发展委员会时，对可持续发展给出了如下定义："可持续发展是指既满足当代人的需要，又不损害后代人满足需要的能力的发展"。1988年春，在联合国开发计划署理事会全体委员会的磋商会议期间，围绕可持续发展的含义，发达国家和发展中国家展开了激烈争论，最后达成共识。1981年5月，第15届联合国环境署理事会通过了《关于可持续的发展的声明》。从此，布伦特兰夫人可持续发展概念开始被世界广泛认可与接受。

1.2 保险业可持续发展的基本内涵

对保险业来说，其可持续发展是指发展在满足当代人保险需求的同时，不损害后代人满足需求的能力，使后代人利益不受当代人侵犯；发展要有后劲，不破坏保险生态与保险资源，确保发展得以永久持续。保险是一种资源、一个生态系统，必须进行保护性开发与适度利用，保持保险供给与需求的动态均衡，保持各类保险经营主体之间、保险经营主体与保险消费者之间、保险产业与相关产业之间的和谐运作，实现保险资源的有效配置。

1.2.1 共同发展

地球是一个复杂的巨系统，每个国家或地区都是这个巨系统不可分割的子系统。系统最根本的特征是其整体性，每个子系统都和其他子系统相互联系并发生作用，只要一个系统发生问题，都会直接或间接影响到其他系统,甚至会诱发系统的整体突变。可持续发展追求的是整体发展和协调发展。要实现可持续发展的总目标,必须采取全球共同的联合行动,实现共同发展。就保险业而言,由于其是国际化的产业,随着世界经济的全球化发展,面对巨灾和重大突发事件,各国保险业必须共同合作,共担风险。与之相适应的政府之间的监管合作也越来越密切。借鉴国际经验,走全球合作发展之路,开始成为国际保险业的共识。

1.2.2 和谐发展

持续发展源于协调发展。从宏观角度看,和谐发展包括经济、社会、环境三大系统的综合协调,也包括世界、国家和地区三个空间层面的整体协调,还包括一个国家或地区经济与人口、资源、环境、社会以及内部各个阶层的局域协调。通过以上协调,促进人类之间及人类与自然之间的和谐,使人类与自然之间保持一种互惠共生的关系。从保险产业看,和谐发展就是要实现该产业链上各利益主体,包括保险人与被保险人、直接保险人与保险中介人、原保险人与再保险人、保险投资人与保险经理人等各个方面的协调运作,相互配合,共赢发展。

1.2.3 公平发展

公平发展包含两个纬度:一是时间纬度上的公平,即当代人的发展不能以损害后代人的发展能力为代价,不能因为自己的发展与需求而损害人类世世代代满足需求的条件——自然资源与环境,要给世世代代以公平利用自然资源的权利。二是空间纬度上的公平,即一个国家或地区的发展不能以损害其他国家或地区的发展能力为代价,要给世界以公平的分配和公平的发展权。对一国保险产业来说,公平发展要求保险市场各主体之间具有公平的竞争地位,拥有平等发展的机会与条件。只有这样,这个产业发展才有活力。

1.2.4 有效发展

公平和效率是可持续发展的两个轮子。可持续发展的效率不同于经济学的效率。可持续发展的效率既包括经济意义上的效率，也包含自然资源和环境的损益，是涵盖经济、社会、资源、环境、人口等各方面协调的有效发展。保险是市场化的商业补偿机制，而且具有辅助社会管理功能。作为分担风险的商业性制度安排，保险经营要有效使用保险资源，讲求经济效益；作为辅助社会管理的社会性，保险经营要勇担社会责任，讲求社会效益。只有将两者有机结合与合理兼顾，保险业才有广阔的发展空间。

1.2.5 适度发展

适度发展是指人类经济建设和社会发展不能超越自然资源与生态环境的承载能力，不仅要求人与人之间的公平，还要顾及人与自然之间的公平。资源和环境是人类生存与发展的基础，离开了资源和环境就无从谈及人类的生存与发展。发展要建立在保护地球自然系统基础上，必须有一定的限度，应以不损害支持地球生命的大气、水、土壤、生物等自然系统为前提，不能过度生产，也不能过度消费。发展一旦破坏了人类生存的物质基础，发展本身也就衰退了，就没有可持续性。保险业发展也有一个度的问题，不能超越保险供给能力、保险管控能力以及社会经济发展水平，不能破坏性地开发保险资源，要维护良好的市场环境与市场氛围。发展过快，偿付能力与后续服务等跟不上，保险业的社会信誉就会受损；发展过慢，保险产能没有充分发挥，不能满足日益增长的保险需求，同样不利于保险业的可持续发展。

1.3 保险业可持续发展的路径分析

保险作为国民经济相对独立的产业,其可持续发展涉及方方面面,既离不开在市场机制运作下的功能完善的市场体系的"硬件系统",也离不开以诚信专业为关键环节的"软驱动"配置,同时还离不开适度的政府监管和相关产业配套为保障的"运行环境"支持。

1.3.1 构建一个以市场机制为基础的完善的市场体系是保险业可持续发展的前提

市场是最有效率的。一个产业要得以有效运营,实现公平竞争,必须以完善的市场体系为前提。而一个完善的市场首先要求市场主体多元化,以形成充分竞争的市场格局;其次要求经营主体专业化,以保证保险资源配置的最佳效果。同时,还要建立一个连接各类主体的传导机制,使这些主体在产业的链条上有效运转。就保险业来说,一个完善的市场体系要有各种直接经营保险业务的保险公司;要有间接经营保险业务的保险中介机构,包括保险代理人、保险经纪人、保险公估人等;要有辅助性的社会机构,包括保险精算师事务所、保险律师事务所、保险会计师事务所等。

1.3.2 打造一支诚信专业的队伍是保险业可持续发展的关键

诚信是保险业生命线。保险是一种无形产品,保险公司在展业、承保和理赔过程中,必须重合同、守信用,切实履行合同所约定的义务。保险活动具有信息不对称性的特征,保险合同双方当事人都要本着诚信的态度,正确对待自己的权利和义务。诚信建设是保险业的内在需要。一旦诚信缺失,必将危及保险业的可持续发展。

诚信立业，队伍是关键。保险作为国民经济重要产业，对内需要有一支包括精算、核保核赔、投资等的技术人才队伍，对外需要建立一支诚实守信、法律意识强、服务意识好、具有专业水准的高素质销售队伍。保险业是服务性行业，人员素质非常重要。要实现保险业长远可持续发展，必须在队伍素质上下功夫。

1.3.3 适度的政府监管与适宜的外部环境是实现保险业可持续发展的保障

保险产品专业性强，保险信息具有不对称性，广大保险消费者往往处于弱势地位。为了保护被保险人利益，维护保险市场秩序，实现保险业健康发展，政府必须加强对保险业的监管。

保险靠两条腿走路，通过保险业务积聚起来的资金，必须借助资本市场运作实现其保值与增值，提高资金的效率。资本市场及其证券业的发展状况对保险业至关重要。资本市场及其证券业的健康有效运转是保险业发展的重要支撑。

保险业具有社会公益性，国家财税等政策的支持对保险产业的发展与可持续发展能力的培养起着十分重要的作用。特别是对于目前仍处于发展起步阶段的我国保险业来说，更是离不开良好的外部环境与政策支持。

1.4 制约中国保险可持续发展的突出问题

近年来，我国保险业得到快速发展，综合竞争力与可持续发展能力不断提升。然而，由于起步晚、起点低，中国保险业仍处于初级阶段，存在一些制约持续发展的瓶颈与突出问题。

1.4.1 保险业发展方式粗放

近年来，我国保险业高速发展。2008年，全国保费收入达到

9 789亿元,是2000年的6.13倍。然而,在高增长的背后,保险业发展的质量令人担忧,经济效益比较低下。2007年全国保险退保金921亿元,占当年保费收入高达13%;2008年保险退保金970亿元,占全国总保费的10%。2008年,我国财产保险公司承保利润率为-6.69%,寿险公司利润率不到1%。由于经营方式粗放,2008年在快速扩张的同时,保险业全行业出现数额比较大的亏损。

1.4.2 保险市场结构不合理

(1)产寿险业务结构失衡。从产险看,车险比重过大。2008年,车险业务占比高达69.6%,而企业财产险占比只有8.6%,农业险占比4.5%,责任险占比3.3%,意外险占比3.1%。从人身险看,普通寿险仅占13.4%,而分红险占比高达51.8%,万能险占比19.8%,投资连结保险占比5.8%。

(2)直接业务与中介业务失衡。受传统体制影响,保险公司特别是一些成立时间比较长的保险公司大多采取从承保到理赔一条龙服务,大而全、小而全。2008年,全国保险公司通过保险专业中介(包括保险代理公司、保险经纪公司)实现的保费收入为515亿元,占全国总保费仅为5.27%。这与西方国家一般占50%有比较大的差距。

(3)市场集中度较高。从非寿险看,前4名非寿险保险公司占全国保险市场的份额为71.7%,前10家非寿险保险公司占比为87%;从寿险看,前4名寿险保险公司占全国保险市场的份额为71%,前10家寿险保险公司占比高达89.1%(见表1-1)。

表1-1　　　　　2008年中国保险公司市场集中度

	非寿险公司				寿险公司		
排名	公司名称	保费收入(亿元)	市场份额(%)	排名	公司名称	保费收入(亿元)	市场份额(%)
1	人保财险	1 016.6	41.6	1	中国人寿	2 955.8	40.3
2	太平洋产险	278.2	11.4	2	平安人寿	1 011.8	13.8

续表

非寿险公司				寿险公司			
排名	公司名称	保费收入（亿元）	市场份额（%）	排名	公司名称	保费收入（亿元）	市场份额（%）
3	平安产险	267.5	10.9	3	太平洋人寿	660.9	9.0
4	中华联合产险	191.3	7.8	4	泰康人寿	577.5	7.9
5	大地产险	94.2	3.9	5	新华人寿	556.8	7.6
6	天安产险	66.8	2.7	6	人保寿险	288.1	3.9
7	永安产险	56.3	2.3	7	太平人寿	189.1	2.6
8	国寿产险	53.4	2.2	8	人保健康	137.8	1.9
9	阳光产险	52.9	2.2	9	生命人寿	80.3	1.1
10	安邦产险	48.2	2.0	10	美国友邦人寿	75.8	1.0

1.4.3 体制机制有待进一步完善

自1998年中国保险监督管理委员会（简称"中国保监会"）成立以来，我国保险业体制改革不断深入，按照建立和完善社会主义市场经济体制的要求，在一些重要领域和关键环节取得了重大进展，特别是国有保险公司先后完成了股份制改造，初步建立适应市场需要的经营机制。但总体看，我国保险业的运营机制与国际对比还有比较大的差距：一是内部控制制度不完善，法人机构对分支机构的管控力与约束力比较差。二是市场化的费率定价机制尚未形成，存在一定程度的全国性价格管制和区域性的价格垄断。三是营销制度存在体制性的缺陷。保险营销员法律定位不清。保险营销员虽实行员工化管理，但没有与员工平等的待遇，既无基本工资，也无社会保险等，收入低且极不稳定，缺乏安全感，导致营销员行为往往与保险公司同床异梦，误导欺骗消费者的行为难免发生；多层级金字塔组织模式和团队计酬分配方式，与国家的相关法律相冲突，极易滑入非法传销陷阱。

1.4.4 保险从业人员素质亟待提高

由于粗放的经营模式主导，目前我国保险公司普遍追求人海战术，导致保险从业人员特别是保险销售人员素质普遍偏低，不少是下岗职工，高中、初中学历的从业人员占相当大的比重，许多人连基本保险知识都没有就开始卖保险。目前，保险行业信誉较低，与走街串巷、重销售不重服务、低素质的保险营销队伍有密切关系。

1.5 提升保险业可持续发展能力的政策措施

提升保险业可持续发展能力，必须从转变发展方式入手，注重调整产业结构，重视和加强保险诚信建设和队伍建设，加强和改善保险监管，优化保险运营外部环境。

1.5.1 转变保险发展方式

（1）树立正确的经营理念。保险公司要树立以消费者为导向、以经济效益为中心、长期经营、持续经营的经营理念，注重业务质量和经济效益，形成各具特色的竞争优势和差异化服务，切实转变过去单纯追求规模和市场份额的粗放经营模式。

（2）加强经营管理。实行严格的核保、核赔制度，建立风险分摊机制，加强成本核算，严格费用管理，控制各项支出，减少和杜绝各种浪费；建立直属总公司独立的内部稽核体系，消除"内部人控制"，堵塞管理漏洞。学习借鉴国际上先进的经营管理经验和管理技术，优化管理手段，改进管理效率，提高管理水平。

（3）改进保险服务。加强售后服务，实行标准化制式服务，实行百分百回访制度。延伸服务深度，为客户提供事前专业咨询、事中密切跟踪、事后快速反应，全方位、全过程、一揽子风险管理与保险服务。创新服务手段，运用信息技术向客户提供多样化、安全便捷的保险服务。

1.5.2　推进保险产业结构优化与升级

（1）促进市场竞争。培育市场，扩大保险市场准入，大力发展养老、健康等专业性保险公司，支持设立合作保险、相互保险、专属自保等其他多种保险组织形式，允许设立地方性的保险公司。大力发展保险中介市场，促进保险中介机构的并购与重组，努力提高保险中介机构的专业水准与市场竞争能力，引导兼业代理向专业中介发展，鼓励商业银行与保险公司建立长期稳定的战略联盟。

（2）加快建立现代保险企业制度。按照现代企业制度的要求，完善、建立科学严密的激励与约束机制，健全内控制度，使保险公司真正成为资本充足、内控严密、运营安全、服务到位和效益良好的现代金融企业；完善保险公司治理结构，加强公司董事会建设，规范管理层运作，强化董事会对内控建设、风险控制和合规管理的职责，落实董事责任追究制度，强化总精算师和合规责任人等关键岗位职责；建立和完善与公司业务性质、规模和治理结构相适应的内部审计体系，发挥监事会对保险公司重大决策、经营规则、财务状况等方面的监督作用。

（3）推进费率市场化。市场机制是最有效率的机制，是商业保险有效运行的前提。充分发挥市场机制在费率形成中的作用，放开对保险费率的管制。除政策性的农业保险外，保险费率包括交强险费率应一律实行市场化的费率机制。交强险属强制性的保险，其强制性应主要体现在车主必须买第三方责任险，且必须买不低于规定限额责任保险。费率不应统一，消费者愿意买哪家保险公司的产品，买多少额度，费率多少，应遵循市场化的原则；否则，不利于市场的公平竞争。

1.5.3　加强保险诚信建设与队伍建设

（1）坚持诚信立业。建立以法律制度和商业习惯为主导的诚信制度基础，强化保险经营者法律意识和制度的严肃性。加强自我约束，提高保险经营者诚信经营的自觉性。加大对失信行为处罚力度，对任何失信行为决不姑息迁就，要及时予以依法打击。建立保险信用评价体系，建立统一的保险信用信息库，使消费者最大限度地了解保险经营者的信用状况。建立保险从业人员"黑名单"制度，对于信誉低、严重误导消费者的保险从业人员主动向社会披露。加强社会及舆论监督，支持新闻媒体对失信行为曝光力度。

（2）加强资格管理。建立保险从业人员全员资格管理制度。适当提高保险营销员准入条件，保险营销员一般应具有大专及以上学历，同时实行严格的分级分类销售资格许可制度。加强培训和继续教育，建立高管强制培训制度，加强营销员业务培训和职业道德教育，不断提高保险从业人员专业素质。

（3）改革保险营销制度。加大保险公司管理责任，明确营销员作为劳动者的法律地位，逐步建立营销员社会保险制度，有条件地逐步推行员工制，维护营销员的合法权益；规范营销员管理，实行公司统一招聘营销员制度，限制营销员团队管理层级，取消团队计酬方式。

1.5.4 加强和改善保险监管

（1）转换保险监管方式。由目前注重市场行为监管逐步向国际通行的偿付能力监管方式过渡，减少行政审批，保险公司分支机构的设立、高级管理人员的任职资格管理等逐步过渡到备案制。建立市场准入与退出机制，彻底打破市场壁垒，对经营不佳的企业让其及时退出市场。重视信息化建设，建立信息披露制度，提高监管的透明度。

（2）强化偿付能力监管。偿付能力监管是保险监管的核心，是保护被保险人利益的重要途径。要建立科学的偿付能力监管指标体系，建立保险公司退出机制；要动真格，偿付能力严重不足的企业要退出市场。这样，既能树立起监管权威，又能对净化市场产生积极作用。

(3) 建立保险风险预警体系和社会评价体系。应尽快建立保险风险预警体系，及时预测和处置保险市场运行过程中出现的重大风险与突发事件，做到防患于未然。要借助社会机构开展对保险公司及保险中介机构满意度调查，建立保险行业评级与资质认证制度，建立行业服务标准，促进保险业服务水平的不断提升。

1.5.5 改善保险业发展的运营环境

(1) 完善保险税收政策。降低保险公司营业税率。类似于国外一般做法，保险公司的营业税以3%左右比较适宜。对购买商业养老保险（包括企业年金）、医疗保险等实行税收优惠。购买上述保险，对于企业缴纳部分，国家应允许在一定比例范围内于成本中列支；对于个人缴纳部分，实行个人所得税扣税及延期纳税制度。

(2) 拓展商业保险发展空间。确定适当的社会保险保障水平，国家只能为社会成员提供保障基本生活需要、"低水平、广覆盖"的社会保险；同时，随着经济发展和职工收入水平的提高，社会保障水平应适当收缩，以减轻财政压力，提高保险资金的运作效率。充分发挥商业保险在医疗、养老等方面的积极作用，支持保险公司积极开发和销售医疗健康保险、企业年金保险、农民养老保险等，并给予适当的政策支持。

(3) 建立巨灾保险制度。我国是世界上自然灾害最为严重的国家之一，建立巨灾保险制度非常必要，既有利于减轻政府的责任，也有利于拓展保险覆盖面，为保险业可持续发展创造良好的运营环境。建立巨灾保险制度，首先应确立巨灾保险的法律定位。国家应制定专门法规，明确巨灾保险的政策性和强制性保险地位，各商业性保险公司必须接受政府委托经办巨灾保险业务。其次是建立巨灾风险准备金，国家财政给予一定比例的支持。第三是建立政府与商业保险公司间的合理分担机制，由政府和商业保险公司按照约定的比例补偿巨灾损失。

2. 风险社会与保险

> 祸兮福之所倚，福兮祸之所伏。孰知其极？其无正也。
>
> ——老子《道德经》第 58 章

现代社会是风险社会，风险无时不有，风险无处不在。然而，人类在风险中前行，社会在风险中进步。作为市场经济重要制度安排的商业保险在管理风险、处理危机方面发挥着不可替代的作用，是经济社会的重要稳定器。

2.1 风险社会理论

从 20 世纪 70 年代开始，随着经济社会的快速发展、人类活动的过度扩张，各种资源被破坏性开发，地球生态环境遭到极大破坏，环境污染、水土流失、臭氧层空洞、温室效应等问题日趋严重，自然规律性运动和人为原因造成的自然灾害的发生频率不断上升,人类社会开始进入"风险社会"时代(见表2-1)。

表2-1 三种社会形态的话语比较

国家社会 (16~18世纪)	工业社会 (18世纪晚期~20世纪中期)	风险社会 (20世纪晚期至今)
统治	财富	风险
暴力	贫困	危险
国家	经济/产业	生态
秩序	生产/增长	安全/可持续
宪政	社会	自然
权利	正义	责任
法律	金钱	知识

资料来源:Piet Strydom. 2002. Risk, Environment and Society. Buckingham: Open University Press.

"风险社会"作为一个概念,是20世纪80年代出现的。围绕这个概念产生了现实主义、文化主义和制度主义风险社会理论。

2.1.1 现实主义风险社会理论

以劳(Lau)的"新风险"理论为代表。他们认为,风险社会的出现是由于出现了新的、影响更大的风险,如极权主义增长、种族歧视、贫富分化、民族性缺失等,以及某些局部的或突发的事件,所有这些都可能导致或引发潜在的社会灾难,比如核危机、金融危机等。

2.1.2 文化主义风险社会理论

典型代表是如凡·普里特威茨(Von Prittwitz)和斯科特·拉什(Scott Lash)。普里特威茨认为,我们在风险社会中认识到本来用来解决问题的手段反而引起了新的问题。拉什认为,风险社会概念无法准确地描绘出我们当前面临的情况,因为风险并不是有序排列,而是带有明确的结构性和指向性。风险作为一种心理认知的结果,在不同文化背景下有不同的解释。它更是一种文化现象,而不是一种社会秩序。

风险文化是混乱无序的,呈现出一种横向的、水平分布的无结构状态,并且是以关注社会公共事务为基础的。风险文化依存于非制度和反制度的社会状态之中,其传播不是依靠程序性的规则与规范,而是依靠其实质意义上的价值。

在风险文化时代,对社会成员的治理方式不是依靠法规制度,而是依靠一些带有象征意义的理念或信念,因为风险文化中的社会成员宁可要平等意义上的混乱和无序状态,也不要等级森严的定式和秩序。风险文化中不确定的准社会成员可能是一盘散沙式的集合体,而且他们不太关心自身实际利益,他们对美好的生活抱有幻想与期待。

2.1.3 制度主义风险社会理论

贝克(Ulrich Beck)、吉登斯(Anthony Giddens)等人是"风险社会"理论的首倡者和构建者。比较而言,他们对于风险的分析更为全面深刻并且更具影响力。他们的观点从特定的角度把握了现代社会的本质,为我们更好地理解当前的社会并制订相应的制度和政策提供了有价值的参考。

贝克认为,我们现在正生活在一个与传统的现代化社会完全不同的"风险社会"之中。在传统的现代化社会中,人们相信人的理性力量可以控制自然和社会,使人类社会有秩序、有规则地发展。这种对社会的看法可以称为一种"常态社会"的观点。但是,随着科学技术的快速进步以及全球化的迅猛发展,这种"常态"社会的观点已经不能符合当今社会的实际,因此我们不得不正视世界已开始进入"风险社会"这一事实。

贝克指出,"风险"(Risk)本身并不是"危险"(Danger)或"灾难"(Disaster),而是一种危险和灾难的可能性。当人类试图去控制自然和传统,并试图控制由此产生的种种难以预料的后果时,人类就面临着越来越多的风险。风险在人类社会中一直存在,但它在现代社会中的表现与过去已经有本质的不同。

贝克认为,风险社会是现代社会基本特征。具体内容反映在三个方面:(1) 现代性制度与其自然和文化资源之间的紧张关系;(2) 人们对安全和威胁的认识与理解的变化;(3) 团体与社会意义之源的弱化。在现代社会里,风险造成的灾难不再局限在发生地,风险的严重程度超出预警检测和事后处理能力。风险是内生的,是伴随着人类的决策与行为下各种社会制度,包括工业制度、法律制度、技术与应用科学制度等运行的共同结果。

2.2 现代社会面临的风险与危机

2.2.1 主要表现

现代风险的表现形式多种多样,如环境和自然风险、经济风险、社会风险、政治风险等,几乎影响到人类社会生活的各个方面。现代风险是隐形的,并且具有高度的不确定性和不可预测性。现代风险不是孤立的,它的影响将波及全社会,而且是以一种"平均化分布"的方式影响社会中的所有成员,包括穷人和富人。风险一旦转化为实际的灾难,它的涉及面和影响程度都将大大高于传统社会的灾难。更为重要的是,由于现代信息技术的高度发达,由风险和灾难所导致的恐惧感和不信任感将通过现代信息手段迅速传播到全社会,引发社会的动荡不安。

现代风险已经在很大程度上改变了社会的运行逻辑,从而使传统的现代化社会变成了一个"风险社会"。例如,从社会制度层面看,"风险社会"中社会不平等的机制已经有了根本变化。如果说在传统的现代化社会中,社会不平等主要表现为一种收入和财富的不平等的话,那么在"风险社会"中,现代风险,特别是环境风险、核技术风险、化学污染风险等等,对社会成员带来"平均化分布"影响。一旦空气或水受到大面积污染,每一个社会成员都会不可避免地受到波及。在这样的背景下,现代风险所造成的影响将不再限制在传统民族国家的疆界之内,而是会迅速波及其他国家甚至全世界。例如大家所熟知的"切尔诺贝利"核电站泄漏事故、美国"9·11"恐怖事件和2008年美国次贷危机引发的全球金融危机等。尽管它们开始都是发生在一个国家内部,但其灾难性影响却很快扩散到了周边国家,最后酿成世界性的灾难(见表2-2)。这也是现代社会风险与传统社会风险的重要区别之一。

2.2.2 基本特点

进入风险社会的现代社会,特别是21世纪以来,人类面临着各种风险与危机的严峻挑战,自然灾害、生产事故、传染病流行、社会冲突等突发性事件层出不穷,给人民和社会带来巨大危害。从总体上看,社会风险与危机可概括为"天灾"和"人祸"两个方面。"天灾"主要是指自然灾害。我国地域辽阔,地理和气候环境复杂,是受各种自然灾害危害比较严重的国家,其损失约占国民生产总值的3%~6%。"人祸"主要是指各类生产事故和社会冲突。当一国人均GDP处于1 000美元至3 000美元之间时,社会处于非稳定状态,经济容易失调,社会容易失序。目前,我国恰好就在这个发展阶段,面临着人口、资源、环境等方面的巨大压力,各种社会矛盾也呈显著积聚之势。

表2-2　　　　　　　　20世纪世界"十大灾难"

1. 北美黑风暴	1934年5月11日凌晨,美国西部草原地区发生了一场人类历史上前所未有的黑色风暴。风暴整整刮了3天3夜,形成一个东西长2 400公里、南北宽1 440公里、高3 400米的迅速移动的巨大黑色风暴带。在高空气流的作用下,尘粒沙土被卷起。风暴所经之处,溪水断流,水井干涸,田地龟裂,庄稼枯萎,牲畜渴死,千万人流离失所。黑风暴的袭击给美国带来了严重的影响,使受害地的土壤结构发生变化,制约灾区日后农业生产的发展。

续表

2. 伦敦大烟雾	1952年12月4日，伦敦城发生了一次世界上最为严重的"烟雾"事件。伦敦处于死风状态，空气中积聚着大量的烟尘，经久不散，风太弱无法带走林立的工厂与家庭排出的各种有害烟尘。浓雾将近1周不散，工厂和住户排出的烟尘和气体在低空大量聚积，整个城市为浓雾所笼罩，陷入一片灰暗之中。期间，有4 700多人因呼吸道疾病而死亡，雾散以后又有8 000多人死于非命。
3. 秘鲁大雪崩	1970年5月31日，秘鲁安第斯山脉的瓦斯卡兰山发生了一场大雪崩，将瓦斯卡兰山峰下的容加依城全部摧毁，造成6.6万居民的死亡，受灾面积达23平方公里。此次雪崩是由地震诱发的，地震把山峰上的岩石震裂，地震波又将山上的冰雪击得粉碎。瞬时，冰雪和碎石犹如巨大的瀑布，紧贴着悬崖峭壁倾泻而下，使城中大多数人被压死在冰雪之下。这是迄今为止世界上最大、最悲惨的雪崩灾祸。
4. 孟加拉气旋	1970年11月13日午夜，一场罕见的气旋袭击孟加拉国，大风掀起的海浪高达8米，涌潮紧随着风暴而至，它从大海朝各河口涌入，冲向25个人口密集的社区，洗劫了流经区域的一切。当海水退去时，三角洲已变形，原来的河道被淤泥堵塞，形成了新的河道。救援工作因该国发生政治动乱而蒙上阴影，成千上万具未及时处理的尸体污染了水源，导致疾病蔓延，许多人死于饥饿。这次灾难死亡人数超过30万人，也有资料证明死亡人数逾百万。
5. 中国唐山大地震	1976年7月28日，北京时间凌晨3时42分53.8秒，距离北京只有150公里的中国河北省唐山市发生特大地震，震源距地面6公里，强震产生的能量相当于400颗广岛原子弹爆炸。整个唐山市顷刻间夷为平地，全市交通、通讯、供水、供电中断；25.5万人死亡，重伤16.4万人。
6. 印度博帕尔化学品泄漏	1984年12月9日夜晚，在印度中部博帕尔市发生有毒化学品泄露事故。那天夜里直至次日凌晨，40吨极毒的烟气在人们不知情的情况下，从该市联合碳化物公司的储气罐泄漏出来。这种气体含有甲基异氰酸酯，一种用于制造杀虫剂的化学品。这种令人窒息的云状烟气扩散后，数以千计的人丧命，约25万人得了重病。
7. 前苏联切尔诺贝利核电站爆炸	1986年4月25日夜间，当时还是前苏联一部分的乌克兰境内的切尔诺贝利核电站发生爆炸，约180吨燃烧着的铀泄露出来，并把炽热的放射性灰尘送入大气。最初几天，在电站内和周围有32人被炸死，200人受到核辐射濒临死亡。致命的放射云向西往欧洲扩散。尽管乌克兰政府采取了疏散城市人口的措施，数以百计的居民还是得了严重的放射病。全欧洲受到核辐射污染的食品、作物和牲畜都必须毁掉。至今，乌克兰很大的一片区域仍因污染太重而不宜居住。1991年，前苏联科学家弗拉基米尔·切尔内申科指出，直接或间接死于切尔诺贝利的人数达7 000～10 000人。

2. 风险社会与保险

续表

8. 美国"9·11"事件	2001年9月11日，美国本土发生多架被劫持民航飞机冲撞摩天高楼的自杀式恐怖袭击，共有2 982人死亡，包括美国纽约地标性建筑——世界贸易中心双塔在内的6座建筑被完全摧毁，其他23座高层建筑遭到破坏，美国国防部总部所在地五角大楼也受到袭击。该事件导致了此后国际范围内的反恐行动，包括了阿富汗战争和伊拉克战争，对恐怖组织及相关国家带来越来越大的压力。
9. 印度洋海啸	2004年12月26日发生于印度洋板块与亚洲板块交界处的大地震引发海啸，给印尼、斯里兰卡、泰国、印度、马尔代夫等国造成巨大的人员伤亡和财产损失。海啸造成22万人死亡。
10. 中国汶川大地震	2008年5月12日14时28分4秒，中国四川省汶川市发生8级强烈地震。这是新中国成立以来破坏性最强、波及范围最大的一次地震，震级是自1950年8月15日西藏墨脱地震（8.5级）和2001年昆仑山大地震（8.1级）后的第三大地震，重创约50万平方公里的中国大地。大地震造成69 227人遇难，受伤374 643人，失踪17 923人，直接经济损失达8 451亿元。

资料来源：根据《世界100灾难》（东方出版社2006年版）等整理。

当前，随着自然环境和社会条件的变化，各种自然因素和人为因素交织在一起，风险与危机的发生正呈现出新的特点。

（1）风险与危机涉及领域和主体多元化。当今社会，风险与危机渗透社会各个领域，涉及每一社会主体，在政治、经济、卫生、安全等社会生活的各个领域、各个主体都有可能发生或面临各种各样的风险与危机。仅从自然灾害和环境事故看，风险与危机包括地质灾害、地震、海洋赤潮、森林大火、森林虫害、环境污染等等。

（2）风险与危机发生呈高频化。在自然灾害方面，近年来台风、洪水、旱灾、沙尘暴等明显增多。据有关方面统计，2004年全国发生各类突发事件561万起，造成21万人死亡和175万人受伤；发生集体暴力冲突事件7.4万起，参与人数多达370万人。

（3）风险与危机造成的损失越来越巨大。随着经济的增长、社会财富的增加和灾害发生频率的升高，经济损失呈明显上升趋势。2003年，我国因生产事故损失2 500亿元，各种自然灾害损失

1 886 亿元，交通事故损失 2 000 亿元，卫生和传染病突发事件的损失 500 亿元，损失总额高达 6 500 亿元，相当于我国 GDP 的 6%（见表 2-3）。

表 2-3　　2001~2006 年中国部分灾难基本情况

灾难类别	2001 年	2002 年	2003 年	2004 年	2005 年	2006 年
地质灾害（次）	5 793	40 246	15 489	13 555	17 751	102 804
地震（次）	12	5	21	11	13	10
海洋赤潮（次）	77	79	119	96	82	93
森林火灾（次）	4 933	7 527	10 463	13 466	11 542	8 170
森林火灾受灾面积（万公顷）	4.6	4.8	45.1	14.2	7.4	40.8
森林病虫鼠害面积（万公顷）	839.0	841.2	888.7	944.8	961.0	1 100.7
环境污染与破坏事故（次）	1 842	1 921	1 843	1 441	1 406	842
污染事故直接经济损失（万元）	12 272	4 641	3 375	36 366	10 515	13 471

资料来源：中国发展门户网。

（4）风险与危机的社会对抗性增强。利益分配不公等经济原因以及各种社会因素导致的群体性事件增多，社会连带性和政治敏锐性增强，处理不当会对经济社会发展造成严重影响。

（5）风险与危机影响范围扩大化。在国内经济一体化和信息社会化的大背景下，风险或危机往往"牵一发而动全身"，一个小事件也可能影响许多地区，波及多个领域，甚至动摇公众信心，危及社会稳定。

2.3　保险与风险管理

2.3.1　保险是在市场经济条件下风险与危机管理的基本手段

保险产生于人类的风险管理实践。现代保险起源于 14 世纪后半叶意大利的海上保险，其目的在于转嫁海上贸易中可能产生的风险。从此，建立集合和分散风险的有效机制，逐渐成为商品交换中风险管理的重要手段。20世纪以来，随着西方发达国家市场经济的日渐成熟，保险业得到了快速发展，并且逐步融入现代社会经济制度。在参与社会风险管理、减少社会经济纠纷、完善社会保障制度、维护社会稳定等方面，保险业发挥了积极的作用，成为重要的社会风险管理工具。正如《国务院关于保险业发展的若干意见》（国发〔2006〕23号）所指出的，保险具有经济补偿、资金融通和社会管理功能，是在市场经济条件下风险管理的基本手段。

2.3.2 保险在风险与危机管理中的作用

为有效预防、处理和消除风险与危机，减少风险与危机带来的损失，政府一般采取三种管理方式。一是法律手段。主要是通过立法明确各级政府、有关部门、企事业单位、社会组织、个人等相关主体在风险与危机管理中的职责定位。如我国为应对骚乱公布《戒严法》，应对自然灾害颁布《防震减灾法》《防洪法》，应对安全生产事故制定《安全生产法》，应对公共卫生实施《传染病防治法》等。二是行政手段。例如，在发生公共突发事件时，政府有关部门紧急征用交通工具，调配人力和物资等。三是经济手段。包括财政救济、税收减免、金融支持等。

作为经济手段，保险在风险与危机管理中具有十分重要的地位与作用。商业保险是一种互利互惠的市场化运行机制。运用商业保险参与风险与危机管理，既有利于缓解政府应对危机事件的压力，也有利于提高风险与危机管理的效率。具体而言，保险服务于风险与危机管理可以在以下几个方面发挥作用：

（1）风险与危机的事前管理——风险评估与防灾防损。经济越发展，风险或危机造成的损失就越大。震惊世界的"卡特里娜"飓风所造成的经济损失高达1 250亿美元，创下单一自然灾害损失世界纪录。人类必须了解自然，也必须敬畏自然。要防患于未然，必须对风险与危机进行事前管理。

为了了解风险与危机发生的可能性、影响范围和损失程度等基本特征,做到有的放矢,需要对风险进行评估。保险业是研究风险并承担风险的行业,积累了大量的损失统计资料和经验数据,利用保险精算等专业技术方法,对风险进行识别、衡量和分析,估计出风险发生的概率和损失分布,能够为人们进行风险与危机管理提供科学依据。

风险与危机事前管理的另一个重要环节是防灾防损。除保险业外,其他很多行业和部门也在不同领域的防灾防损方面发挥着重要作用。如卫生部门对突发性传染病的预防与控制、公安消防部门对火灾安全的管理、水利部门建立的防洪体系、环保部门对排污企业的检测等等。但与其他行业不同的是,保险业具有开展防灾防损服务的内在经济动力,因为通过防灾防损能够有效降低保险公司的赔付。同时,保险业根据投保人采取的防灾防损措施情况对保险费率进行相应调整,对防灾防损设施完备的投保人适用优惠费率,对防灾防损管理不到位的投保人适用较高费率,可以促进投保人加强防灾防损管理。

(2) 风险与危机的事中管理——应急处置与施救。保险业在应急处置风险与危机中的作用主要表现在参与抢险和救援。具体方式有两种:一是保险公司直接施救或委托专业技术人员施救;二是由发生风险与危机的单位或个人自己施救,保险公司承担施救费用。《保险法》规定,保险事故发生后,被保险人为防止或者减少保险标的损失所支付的必要的、合理的费用,由保险人承担。实务中,施救费用可在保险赔款中列支,这为风险与危机发生后有关方面及时施救提供了财务保障。

(3) 风险与危机的事后管理——恢复与重建。经济补偿是保险的基本功能,也是保险业应对风险与危机管理的"看家本领"。在风险与危机发生后,给予客户及时足额的保险赔付,有助于风险与危机发生者恢复正常的生产、生活秩序以及灾后重建,缓解风险与危机发生后人们的心理焦虑,化解社会矛盾,恢复社会信心。

2.4 加强保险服务风险与危机管理的对策和思路

改革开放以来，我国保险业得到快速发展。但与世界发达国家相比，中国保险业显得十分落后。2008年，我国保费收入占GDP的比重仅为2.9%，远低于当年世界平均7.07%的水平，特别是人均保费只有105美元，不到世界平均水平的1/6。目前，中国保险业仍处于发展的初级阶段，远远不适应风险与危机管理的需要，远远不适应经济社会发展的需要，必须采取措施改变这一状况。

2.4.1 重视标准化与信息化建设，夯实风险与危机管理基础工作

制定风险识别与分类标准。参照国际风险管理理事会对风险的分类方法，针对我国风险研究的现状，从风险产生原因、影响方式以及造成的灾害程度以及对灾害风险的认知程度，全面剖析我国面临的风险因素，进行风险识别和分类。制定保险业风险管理技术应用标准。基于国内外保险业管理状况，结合保险业的相关数据，进一步分析国内保险企业在企业管理和业务经营中面临的诸多行业风险，明确风险的类别、性质、等级及风险防范需求，建立风险管理技术应用标准，提高保险企业风险管理水平，促进保险产品设计和保险市场稳步发展。建立风险防范保险决策支持系统。该系统用于保险风险信息采集、风险评价、损失评估、风险分散及风险决策和控制保险索赔等重要功能。这一方面可对保险企业自身的风险实行有效监控，并就保险企业的偿付能力、治理结构作出高度预警；另一方面，有助于保险企业对巨灾风险实行动态监控，提升企业防灾能力，实现对保险客户全面有效的风险与危机管理。

2.4.2 推进保险市场化和专业化进程，提升保险业服务风险与危机管理的能力

市场化、专业化是保险业发展的根本方向，也是保险业服务好风险与危机管理的前提条件。按照市场化要求，应放宽保险市场准入，放松对保险公司管制，减少不必要的行政审批，发展多种保险组织形式，鼓励保险资本并购与集中，培育和发展保险集团，鼓励保险公司与银行建立长期稳定的战略合作关系，健全保险公司法人治理结构，建立有效的激励约束机制和风险管理机制，转变盲目追求保费规模粗放的经营方式，努力提高业务质量和效益。推进保险专业化经营，大力发展健康保险、责任保险、农业保险等专业性保险公司，大力发展保险中介市场，鼓励保险公司借助包括保险代理、保险经纪、保险公估等专业保险中介机构开展业务，改变保险公司"大而全小而全""一条龙"式保险服务，提高保险资源配置效率。

2.4.3 加大保险创新力度，拓展保险服务风险与危机管理的广度和深度

创新是保险业服务风险与危机管理的关键。针对我国地域辽阔、人口众多和地区差异大等特点，保险业要强化创新意识，不断提高自主创新能力，建设创新型行业，提供差异化的产品和服务。在产品创新方面，大力推动火灾公众责任险、煤矿雇主责任险、医疗责任险、建设工程质量责任险、旅行社责任险和环保责任险等责任保险产品的创新发展，充分发挥责任保险在辅助社会管理方面的积极作用；大力发展人民群众迫切需要的风险保障型产品、长期储蓄型产品以及养老保险和健康保险。在服务创新方面，要结合国民经济各行业、社会生活各领域、人民群众各阶层的不同特点，挖掘资源、深入开发，探索行之有效的服务渠道和服务方式，提高服务质量和管理水平，主动协助各级政府、各类组织参与一些高危行业

和群体活动的社会管理。

2.4.4 建立国家巨灾保险制度，放大保险服务风险与危机管理的功能作用

利用保险建立市场化的巨灾损失补偿机制是各国通常做法，也是我国解决风险与危机管理的发展方向。要推动巨灾风险管理研究，探索建立市场化的化解巨灾风险机制，变政府直接管理为间接管理，实现政府—市场的有效结合，构建完善的巨灾风险管理模式，并使之制度化。加强与国际权威机构的合作，吸收借鉴国际成功经验，探索建立适合中国国情的巨灾风险管理政策框架。根据我国国家财力有限的实际，为了更好地调动政府、企业和个人的积极性，可以选择以共保集团（Insurance Pools）的方式来实现巨灾风险的转移。在这一制度安排下，当灾害损失很小时，由投保人自己承担免赔额以内的损失；当发生中小型灾难时，保险公司承担大部分损失；当发生重大自然灾害时，则由再保险公司或由资本市场承担大部分损失；当发生罕见的巨灾损失时，金融行业无力提供足够保障时，政府则参与进来，成为最后的保险人。这样，通过在投保人、国内保险业、全球再保险业、资本市场和国家政府之间进行风险共同分担，使巨灾风险得以有效化解。

3. 保险与国民经济

> 江海之所以能为百谷王者，以其善下之，故能为百谷王。
>
> ——老子《道德经》第 66 章

前英国首相丘吉尔曾经说过："如果我办得到，我一定要把'保险'这两个字写在家家户户的门上以及每一位公务员的手册上。因为我深信，透过保险，每一个家庭只要付出微不足道的代价，就可免除遭受永劫不复的代价。"保险可使人们心灵平静，可减少其贫穷，而且能提供大量资本助长国家社会的经济发展。在现代社会中，保险是一种重要的制度安排，是国民经济软的基础产业，是市场经济有效运行的重要条件。

3.1 产业的概念与分类

3.1.1 产业的基本概念

根据产业经济学理论,产业是指提供相近商品或服务,具有某种同一属性的企业的集合,是介于单个经济主体(微观经济)和国民经济总量(宏观经济)的中间层次,属中观经济。构成产业有一定的规定性:

● 规模规定性,即构成产业的企业数量、产出量必须有一定的规模。

● 职业化规定性,即在社会各职业中,形成了专门从事这一专业活动的职业人员。

● 社会功能规定性,即在社会经济活动中,承担一定的角色,而且是不可缺少的。

产业不同于市场,它们之间虽有联系但有根本区别。一般说来,市场是由生产具有紧密替代性产品的企业组织的,而这种替代性是从购买者(或产品的需求方)角度来分析的。产业是由具有紧密替代性的产品组成的,而这种紧密替代性是从供应者(或产品的供应方)的角度分析的。具体来说,产业是以生产为特征,而市场是以交换为特征。例如,计算机产业是指在我国生产计算机的国内生产者所组织的群体,所生产的计算机可能为国内市场提供产品,也可能为出口供应产品。计算机市场,是指计算机的国内贸易,而不论计算机的产地。也就是说,在这个市场上销售的计算机,可能由国内计算机厂商提供,也可能来自国外计算机厂商的进口。

3.1.2 产业分类

按照不同的标准，产业可以分为不同的类型。一般有三种分类：

（1）三次产业分类。费希尔（Fisher）在1935年提出将人类经济活动分为三个产业，即所谓的第一产业、第二产业和第三产业。其中，第一产业是指与人类第一个初级生产阶段相对应的农业和畜牧业；第二产业是指与工业大规模发展阶段相对应以对原材料进行加工并提供物质资料的制造业；第三产业是指以非物质产品为主要特征的包括商业在内的服务业。

（2）生产结构分类法。该方法是根据再生产过程中各产业间的关系而进行分类。具体又分为三种：①马克思两大部类分类法，根据产品在再生产过程中的不同作用，将实物形态的社会总产品分成生产生产资料的第一部类和生产消费资料的第二部类。②农轻重分类法，将社会经济活动中的物质生产分成农业、轻工业和重工业。③霍尔曼分类法，将工业部门分成消费资料产业、资本资料产业和其他产业三类。

（3）标准产业分类法。标准产业分类法又称国家标准分类法，是指各国政府在制定经济政策和对国民经济进行宏观管理时，由政府机构或政府委托机构根据该国的实际而制定的一种产业分类标准。标准产业分类法具有比较强的权威性。目前，世界许多国家都有各自的国家标准分类法。中国也有自己的对产业进行科学分类的国家标准，最新的《国家经济行业分类与代码》由国家标准局于2002年颁布。根据该标准，从2003年起，中国开始实行新的产业分类方法：

- 第一产业包括农、林、牧、渔。
- 第二产业包括采矿业、制造业，电力、燃气及水的生产和供应业，建筑业。
- 第三产业指除第一、二产业以外的其他行业，具体包括交通运输、仓储和邮政业,信息传输、计算机服务和软件业,批发和零售业,住宿和餐饮业,金融业,房地产业,租赁和商务服务业,科学研究、技术服务和地质勘察业,水利、环境和公共设施管理业,居民服务和其他服务业,教育、卫生、社会保障和社会福利业,文化、体育和娱乐业,公共管理和社会组织、国际组织等①。保险业属于第三产业中的金融业。

3.2 保险产业的基本特征

3.2.1 保险产业的形成

所谓保险业,是指各种保险经营主体的集合,或者说是以风险保障为主要业务范围的保险经营与管理的组织系统。保险业是保险发展到一定程度后的产物。与其他产业一样,保险业的形成同样需要一定的条件和质的规定性。当人们对保险的需求不断增大、保险公司的数量达到一定规模、保险产品具有社会不可或缺性以及具有一定监管体系与法律保障时,保险产业便得以形成。

从国际上看,保险业的雏形可追溯到公元前 2000 年地中海商人中出现的共同海损,商业保险则是大约在 14 世纪随着专门经营保险的个人和企业的出现而形成的,而现代保险是在 16 世纪末专营火灾保险出现后形成的。保险产业的形成和发展,是在 18 世纪末到 19 世纪中叶英、法、德、美等国家完成工业革命之后。伴随着商品经济的发展,保险业也得到迅速发展。

据瑞士再保险公司的统计,在 19 世纪初期,全世界有保险公司 30 家,其中英国 14 家,美国 5 家,德国和丹麦各 3 家,奥匈帝国、荷兰和瑞士各 1 家。到 19 世纪中叶,全世界 14 个国家共有

---

① "我国重新划分三次产业",《经济日报》,2003 年 5 月 23 日,第 2 版。

306家保险公司。至19世纪末，全世界26个国家有1 272家保险公司。1910年，29个国家共有2 450家保险公司。到21世纪初，保险业在世界经济中已经具有举足轻重的地位。2007年，全球保险业总收入达40 608.7亿美元，占全球GDP的7.49%，人均保费收入607.7美元。2008年，全球保费总收入42 697.3亿美元，占全球GDP的7.07%，人均保费收入633.9美元。

3.2.2 保险产业的基本特征

保险业是经营风险的特殊产业，具有以下基本特征：

（1）服务性与非即时性。服务是保险业经营的基本原则。在保险公司的总成本中，纯费率一般由保险监管部门核定或行业协会自律约定，各家公司差异不大，因而附加费率便成为制约总成本的决定因素，而该因素主要取决于保险公司的服务。根据服务利润链理论，顾客的满意度决定着保险企业的利润。满意的顾客具有较高的品牌忠诚度，往往选择同一家公司购买保险，这会使得保险公司在业务增加的同时获得更多的利润。满意的顾客会重复购买同一保险公司的商品，同时还会为保险公司介绍新的客户，从而节约保险公司的交易成本。顾客满意程度越高，保险企业的利润也就越大。因此，服务质量会对保险企业的经营效益产生至关重要的影响。同时，保险产品具有非及时的特性，购买保险产品的消费者在购买行为发生当时享受不到，滞后一段时间后，若发生保险事故或承诺到期，才能享受到该种服务。

（2）非物质形态与公共性。保险企业提供的产品，是以非物质形态存在的，对被保险人由于保险责任范围内的风险导致的损失进行赔付的一种承诺。被保险人是否能够"真正地"享受这种特殊商品（即获得经济补偿），取决于特定的保险事故是否发生，具有很大的不确定性。不像一般商品，消费者一旦付钱购买了它，就可以实实在在地拥有它。保险产品具有公共特性。商业保险具有社会保障功能，涉及社会各个阶层，甚至每一个人，对整个社会经济产生重要影响。

（3）人力密集性与科技密集性。保险产品的生产不需要过多的资本。除了开业初的资本金是偿付能力的最初准备外，其生产不需要花费过多资本来购买设备材料，而主要通过人力来完成。它通过风险专家、精算师、法律专家来设计条款费率，由风险评估专家进行承保，由熟悉各种损失原理的理赔专家进行理赔，由既精通保险产品特性又精通资本运作的投资人员进行保险投资，整个保险生产过程由专业化的人才进行运作。特别是保险销售，更离不开庞大的销售队伍。截止到2008年底，我国有保险营销员256万人。这说明保险业的运营需要大量的人力特别是专业人才做支撑。

与此同时，保险业也是科技密集型的产业。保险经营从险种设计、承保、理赔到投资无不包含着对科学技术的运用。特别是现代科技对保险业发展产生重要影响，计算机网络技术、自动电话系统、图像处理技术等在保险业的广泛应用，大大提高了保险企业的生产效率。

3.2.3　商业保险与社会保险

（1）社会保险的形成与发展。社会保险制度是顺应生产社会化的需要而产生的，是市场经济有效运转的前提。西方国家在市场经济发展过程中都普遍建立起社会保险制度。现代社会保险制度始于19世纪80年代。德国是第一个推出社会保险制度的国家。之后，西欧和北欧各国从19世纪80年代后半叶开始，也先后建立了带有强制性的社会保险体系，包括工伤社会保险、养老社会保险、疾病社会保险、失业社会保险等内容。20世纪30年代，美国也开始实施社会保险制度，并于1935年颁布了历史上第一部社会保障法典——《社会保障法》。从此，与市场经济相适应的现代社会保障制度得以最终形成。

20世纪中叶以后，社会保障制度进入新的发展阶段，其标志是福利国家纷纷出现，普遍福利政策广泛实施。1948年，英国首先宣布要建成一个使公民"从摇篮到坟墓"均有保障的"福利国家"。随之，其他西欧、北欧、北美、大洋洲以及亚洲的发达国家也都先后宣布实施福利政策。然而，实行普遍福利政策也带来了许多弊端。

自20世纪70年代后，由于社会保险超越了国家经济实力，西方国家社会保障制度陷入艰难境地，特别是许多国家由此发生了严重的财政支付危机。如一向以"福利国家"自诩的英国，财政支出开始捉襟见肘；有"福利国家橱窗"美名的瑞典，经济发展开始处于严重病态；富有的美国，朝野为削减社会保障支出争得不可开交。社会保障入不敷出几乎成了西方各国的通病，且弊端越来越严重，迫使西方各国开始走上改革社会保障制度的道路。目前，已有许多国家开始削减社会福利，降低社会保险标准，努力实现社会保险资金的良性循环。

（2）社会保险与商业保险的区别。社会保险与商业保险虽同属保险，但两者之间却有本质区别。一是性质不同。社会保险是由国家立法强制实行，政府组织实施，具有互济性和福利性的一种社会保障制度；商业保险是由保险双方建立经济契约关系，通过市场实施，具有自愿性和赔偿性的一种金融制度。二是权利和义务关系不同。社会保险是国民收入的再分配形式，个人负担社会保险费用多少与其享受社会保险待遇的高低没有直接关系，社会成员得到的保障基本一致，并且只是一种基本生活保障。商业保险是建立在平等互利基础上，按照权利和义务对等的原则订立保险合同，缴费越多，得到的保障越多。三是经营目的和使用原则不同。社会保险是保障劳动者本人及其家属的基本生活需要，不以盈利为目的，不遵循等价交换的市场原则；商业保险以获取利润为经营目标，必须坚持等价交换的原则。四是责任最终承担者不同。社会保险是以财政为后盾，往往享受国家政策优惠，在保险资金的筹集和使用上，由国家承担最终亏损责任；商业保险按照自主经营、自负盈亏的原则经营，责任自担、亏损自负。

总之，社会保险具有法律强制性、社会福利性和以财政为后盾等特点，属政府行为；商业保险是以自愿性、合同性和灵活性为主要特征，为企业行为。

3.2.4 保险与相关产业的区别

（1）保险与金融。保险对比其他金融业特别是银行业虽有某些共性，即具有积累资金和融通资金的功能，但却有本质上的区别。一是功能不同。金融主要功能是融通资金，在资金盈余部门和亏缺部门之间发挥着桥梁作用。保险虽也具有积累资金和融通资金的功能，但其主要功能是保障与补偿，即依据大数法则对遭受损失的单位和个人提供风险补偿。二是资金来源与流向不同。金融业的收入主要来自社会各方面暂时闲散的资金或货币，通过存款、发行债券等方式汇集为巨额资金。其支出方式主要是贷款或投资，资金流向主要是生产、流通、建设部门。保险业的收入主要是来自被保险人的积累基金与货币收入，通过收取保险费的方式建立；保险支出采取赔款方式，用于保险事故造成的经济损失补偿或人身伤亡的给付。三是性质不同。金融业特别是银行信贷收支只转让资金的使用权，不转让资金的所有权；而保险收支不仅转让资金的使用权，也转让资金的所有权。银行信贷具有灵活性，即信贷来源与运用的对象、数额、期限等都不是一成不变的，随着市场的变化会不断调整；保险分配具有要约性，保险人与被保险人之间必须订立保险合同，保险支付赔款仅限于与保险人建立契约关系的被保险人。

（2）保险与社会救济。与保险类似，社会救济也是社会保障的形式之一。然而，两者之间有明显的区别。一是权利义务不同。救济是一种基于人道主义的单方面施舍行为，没有对应的权利义务关系。救济是单务合约，是一方对另一方的一种无偿援助。救济方没有义务一定要对受灾者或贫困者实施救济，接受救济者也毋需向救济者履行任何义务。而保险则是双务合约，要求达成合约的双方必须做到权利与义务对等，贯彻等价有偿的原则。二是给付对象不同。救济的对象往往事先不能确定,并且具有广泛性,包括国内外受灾者或生活贫困者,如老弱病残者、失业者、单亲家庭者等。而保险的保障对象都是在合同中事先确定的被保险人或保险金受领人。三是权利不同。救济的数量可多可少,且形式多种多样,金钱、实物均可,接受救济者无权提出自己的要求。而保险的赔付或给付则必须严格按照订立的合同履约,被保险人可按照合同约定要求对保险金的请求权,如有异议,还可以向法院提出起诉,或要求仲裁,以实现请求权。

(3) 保险与赌博。保险与赌博有许多相似之处:其一,单个的给付与反给付不均等;其二,给付的确定性与反给付的不确定性。保险完全贯彻这一随机现象。参与保险者给付保费是确定的,能否得到保险赔偿则是不确定的。赌博也一样。参与赌博下赌注是确定的,而输赢是不确定的。但两者之间也有明显差异。一是目的不同。参加保险的目的是以小额的保费支出将不确定的危险损失转嫁给保险人,以获得经济生活安定的保障。而赌博则是想以小额的赌注博得大额钱财,目的在于发财。二是条件不同。参加保险不仅要缴纳保费,而且必须对保险对象具有可保利益,所保的风险是静态的,所以被保险人从保险事故赔偿中无法获得额外的利益。而参与赌博,只要拿出约定的赌注均可参加,赢者可获得额外的大量钱财。三是机制不同。保险的风险是客观存在的,风险的损失在被保险人之间均等分摊,达到互助共济的目的。而赌博输赢的风险完全是人为的,输赢完全是赌博双方之间的事情。

3.3 保险产业的地位

保险业是一个相对独立的产业体系,是国民经济软的基础产业。联合国贸易和发展组织(The United Nations Conference on Trade and Development)认为:"一个合理的保险与再保险市场是一国经济增长的基本特征。"国际保险监督官协会（IAIS）认为："一个发展良好的保险业，可以通过减少交易成本，提高流动性和促进投资的规模效应来提高整个金融体系的效率。"因此，保险业在国民经济中具有十分重要的地位与作用。

3.3.1 保险业是国民经济的重要产业

从国际上看，保险业是十分重要的产业（见表3-1）。据瑞士再保险公司《Sigma》统计，2007年全球保险总保费收入40 608.7亿美元，占全球GDP的7.49%。其中，比例最高的英国和中国台湾都为15.7%；世界人均保费607.7美元，最高的爱尔兰高达7 171.4美元，英国为7 113.7美元。分国家类型看，目前保费占GDP的比重，发达国家一般为8%~10%，发展中国家一般为3%~5%；人均保费，发达国家一般超过1 000美元，发展中国家一般超过100美元。

表3-1　2007年世界主要组织与国家（地区）保险核心指标统计

组织/国家/地区	保费收入（百万美元）	全球市场份额（%）	保费增长率（%）	保费占GDP比重（%）	人均保费（美元）
全球	4 060 870	100.00	3.3	7.5	607.7
工业化国家	3 646 523	89.80	3.1	9.1	3 577.2
新兴市场	414 347	10.20	11.8	2.8	72.8
经合组织	3 586 703	88.32	2.2	8.7	2 948.1
七国集团	2 852 637	70.25	1.7	9.2	3 860.5
欧盟27国	1 566 506	38.58	3.2	8.8	2 982.3
欧盟15国	1 527 535	37.62	3.1	9.2	3 668.0
北美贸易区	1 347 482	33.18	2.2	8.3	3 060.2
东盟组织	41 358	1.02	12.7	3.2	78.7
美国	1 229 668	30.28	1.8	8.9	4 086.5
加拿大	100 398	2.47	6.4	7.0	3 053.8
英国	463 686	11.42	15.3	15.7	7 113.7
德国	222 825	5.49	-1.3	6.6	2 662.1

续表

组织/国家/地区	保费收入（百万美元）	全球市场份额（%）	保费增长率（%）	保费占GDP比重（%）	人均保费（美元）
法国	268 900	6.62	-2.9	10.3	4 147.6
瑞士	43 580	1.07	1.3	10.3	5 740.7
日本	424 832	10.46	-3.2	9.6	3 319.9
韩国	116 990	2.88	11.1	11.8	2 384.0
南非	442 676	1.05	1.9	15.3	878.5
中国台湾	60 446	1.49	16.2	15.7	2 628.0

资料来源：瑞士再保险公司《Sigma》，2008年，第3期。

3.3.2 保险业是一个具有国际竞争力的产业

保险企业在全球500强中占重要地位。据美国《财富》杂志统计，2008年世界500强中，有50家保险公司名列其中，占500强的10%。其中，寿险和健康公司32家，财产与意外保险公司18家。世界500强保险公司实现营业收入22 713.48亿元，占500强总营业收入的9.62%（见表3-2）。

表3-2　　　　　　　2008年世界500强主要行业分布

按营业收入排序	行业	公司数（家）	营业收入（百万美元）
1	银行	67	3 793 719
2	炼油	39	3 293 846
3	保险	50	2 271 348
4	车辆与零部件	33	2 075 405
5	商品店与杂货店	22	1 052 658
6	电信	22	1 051 318
7	电子、电气设备	17	915 270
8	公用设施	19	736 695
9	综合商业	8	621 397
10	金属产品	13	459 016
11	制药	12	415 734

续表

按营业收入排序	行业	公司数（家）	营业收入（百万美元）
12	航天与防务	12	415 732
13	计算机、办公设备	11	414 708
14	采矿、原油生产	12	391 516
15	多元化金融	7	368 184
16	化学品	11	367 536
17	专业零售	10	364 846
18	能源	6	361 801
19	工程与制造	14	334 877
20	邮递、包裹与货运	7	324 462
21	批发：保健	5	315 817
22	贸易	10	310 095
23	证券	4	299 067
24	食品：消费产品	5	241 479
25	网络、其他通信设备	5	193 860
26	工农业设备	7	193 445
27	航空	7	164 148
28	建材/玻璃	5	156 477
29	信息技术服务	3	142 374
30	娱乐	4	136 827

资料来源：www.fortunechina.com，2008年10月15日。

3.3.3 保险业是金融服务的重要支柱

在世界500强中，保险业是仅次于银行业的最大金融机构类别。据美国《财富》杂志统计，1999年世界500强中有保险公司48家，其总资产为7.63万亿美元，占500强金融总资产的23%；总资本0.56万美元，占32.8%；总收入1.39万美元，占41.6%。

2007年，进入世界500强的金融机构共119家，占500强数量的25.8%。其中，银行68家，营业收入3.74万亿美元；保险公司

46家，营业收入2.24万亿美元，与银行业不相上下；证券公司5家，营业收入4 287亿美元。

2008年，世界500强中，银行67家，其营业收入37 937.19亿美元，占500强总收入的16.06%；保险公司50家，其营业收入22 713.48亿美元，占500强总收入的9.62%，证券公司4家，其营业收入为2 990.67亿美元，占500强总收入的1.26%（见表3-3）。

表3-3　　2008年世界500强中保险业与银行业、证券业对比

金融类别	入500强的公司数（家）	总收入	
		总量（百万美元）	占比（%）
银行	67	3 793 719	56.35
保险	50	2 271 348	33.74
证券	4	299 067	4.44
多元化金融	7	368 184	5.47
总计	115	6 732 318	100.00

资料来源：《财富》，2008年。

3.4 保险在经济发展中的作用

3.4.1 分散风险，稳定投保人财务状况，保障经济和社会稳定

保险把集中在某一单位或个人身上的因偶发的灾害事故或人身事件所致经济损失，通过直接摊派或收取保费的办法平均分摊给所有被保险人，使危险在空间和时间上达到充分分散。在分散风险的同时，保险还具有稳定个人、家庭和组织机构的财务状况职能。保险把集中起来的保费用于补偿被保险人合同约定的保险事故或人身事件所致经济损失，使财产受到损失或人身受到伤害的被保险人得到补偿。分散风险和补偿损失是保险的两个基本职能。这两大职能

有利于经济与社会的稳定发展。在国外，成熟的保险赔付机制比较好地证明了这一点。比如，美国"9·11"事件发生后，保险业共赔付资金228.35亿美元，避免了经济社会的巨大震荡。

3.4.2 促进储蓄向投资的转换，为经济社会提供资本积累，并有利于提高金融系统效率

储蓄在经济发展中具有十分重要的地位与作用。储蓄可以是金融性的，也可以是非金融性的。非金融性的储蓄采取土地、珠宝、建筑物等形式。金融储蓄则是通过持有金融资产，如储蓄账户、债券、股票和寿险保单等。储蓄是投资的重要来源。有效地将储蓄转化成投资是一国经济增长的重要条件。现代金融最基本的功能是对储蓄资源进行时间和空间的配置，实现储蓄向投资的转换。保险是储蓄转化为投资的重要方式，是实现资金积累的重要渠道。保险业通过吸收长期性的居民储蓄资金，并按照资产负债匹配的原理直接投资于资本市场，实行集中使用、专家管理、组合投资，是金融资源配置的重要方式。通过保险可以为经济发展提供长期性资金来源，支持国家重点建设，促进国民经济结构调整。

保险在促进储蓄转化投资的过程中，也有利于提高金融系统的效率。作为金融中介，保险人将汇集起来的资金投入企业或其他经济活动中，避免了单个保单持有人浪费时间和财力的直接贷款和投资，降低了储蓄者与借款者之间的交易成本。同时，保险人还可以提供充分的资金流动性。一旦投保人发生损失，保险人对保单持有人立即付现，使保单持有人可以立即得到损失赔付和储蓄。

此外，强大的保险业也有利于化解银行风险，稳定资本市场。目前，我国90%以上的金融资产集中在银行业，银行的稳定关系到整个金融体系的稳定。多年来，我国银行贷款期限错配现象比较严重，信贷资金长期化趋势明显，"短借长贷"蕴藏较大经营风险。由于金融资源在金融体系分布不均衡，银行承担了许多不擅长管理的风险，这不利于金融风险的分散与化解。充分发挥保险长期

资金融通功能，可以增加居民储蓄转化投资的渠道，化解银行资金高度集中的压力。

3.4.3 补充或替换政府社会保障功能，减轻政府财政压力

目前，西方许多国家的社会养老保险制度面临越来越严重的财政困境。面对这种压力，许多国家开始注意发挥商业保险在社会保障中的作用。商业保险通常受到政府的鼓励。许多国家给予寿险保单持有者税收优待，为商业保险提供更广阔的发展空间。在市场经济下，政府一方面需要建立公平的收入分配体系，通过财政税收、利率、价格等手段，构建相对平衡的利益分配结构，形成中等收入层为大多数的"橄榄形"社会结构；另一方面，要建立健全社会保障体系，突出解决低收入阶层的实业、医疗、养老保障，还需要通过市场化的养老保险、失业保险、医疗保险等保险方式调整社会成员利益分配关系，化解人民内部矛盾，促进社会和谐。商业保险与社会保险可以相互补充，合理分担风险。实践证明，商业人寿保险的确能够减轻政府在社会福利方面的压力，是社会保险的重要支柱。因此，通过商业保险，不仅可以提高社会保障资金的有效性，而且可以发挥其对社会保险的支持作用，从而有助于社会的稳定。

3.4.4 便利商业贸易，支持高风险产业的发展

现代经济建立在专业化及其内在的生产效率之上。贸易和商业的专业化要求越高，金融专业化和灵活性越高。作为提供风险保障的保险业，能够给具有潜在风险的商业贸易特别是国际贸易提供便利。从某种意义上讲，没有保险就没有国际贸易，保险是国际贸易的有力支撑。

保险还是高科技产业发展的坚强后盾。当今世界科技日新月异，国力的竞争核心是科技的竞争。科技产业往往投入大、风险高，保险在这方面可以发挥重要作用。对科技企业和采取新技术的非科技企业的潜在风险提供保障，可以推进科技产业发展和科学技

术的推广运用。

3.4.5 促进社会资本有效配置

保险人由于与其承保或投资的企业、项目和经理人员存在利害关系，在决定承保以及履行投资者和贷款者的职能时，会收集大量的信息，以便对企业、项目和经理人员进行评估。一旦达成交易，他们会监督这些企业、项目和经理人员，避免某些使自身陷入无法接受的风险增加行为。这是单个储蓄者和投资者所不具备的。通过保险，社会风险得到有效控制，有利于社会生产活动的顺利进行，有利于社会资本配置效率的提高。

3.5 中国保险业的形成与发展

3.5.1 中国保险业发展历程

自新中国成立以来，中国保险业经历了一个曲折的发展过程，大致可以划分为六个阶段。

（1）创建阶段（1949～1959年）。1949年10月1日前，中国保险业为外国资本所控制。1948年，全国有外资保险机构64家，中资保险经营机构主要是国民党办的"四行两局"即中央银行、中国银行、交通银行、中国农业银行和邮汇局、信托局6家经营保险业务，其中人寿保险业务占全国保险业务的90%。

新中国成立后，主要采取以下措施对旧保险业进行改造和整顿：一是接管或清理官僚资本保险公司。新中国一成立，各地军管会对官僚资本保险公司接管了21家，清理了2家。二是对私营保险公司采取利用、限制、改造、整顿的方式予以恢复。通过对私人保险公司资本采取缴纳保证金、登记注册的方法，促进中资私营保险公司联合经营，并在不与外商发生分保关系的条件下，帮助他们向国有保险公司分保。1951年全部中资保险公司合并成国家参加大部分股份的"太平保险公司"和"新丰保险公司";1956年又进一步合并成专营海外保险的"太平保险公司"。三是在统一国内保险市场后,及时切断外商保险资本的业务来源。从1952年开始,外商保险公司逐步撤离了中国。

1949年10月20日,经中国人民银行报政务院财经委员会批准,成立了中国人民保险公司,作为国有保险企业经营各类保险业务。从此,新中国的保险事业开始进入新的历史发展时期。

(2) 面临困难和曲折发展阶段 (1959~1979年)。由于受前苏联把保险作为财政后备单纯吸收闲散资金工具的理论以及"共产风"的影响,从1959年5月起,全国除个别城市外,中国人民保险公司全面停办了国内业务,只保留涉外保险业务继续经营,并将中国人民保险公司改为中国人民银行总行国外局下属的一个专营涉外保险业务的处,编制只有30多人(最少时仅剩9人)。

20世纪60年代初国民经济调整时期,适应国家对外贸易的需要,我国的进出口保险、国际再保险和国外保险业务得到了一定发展。随着国民经济的全面好转以及我国国际地位的日益提高,经中国人民银行向国务院请示,于1964年在广州、天津等地先后恢复了国内保险业务。

1967年,在"文革"极"左"思潮的影响下,国内保险业务又被迫停止,国外业务除可以吸收外汇的出口业务被保留之外,其余统统下马,中国保险业又一次严重的受挫。

(3) 全面恢复与独家经营阶段 (1979~1985年)。为适应经济体制改革和对外开放的需要,1979年4月,在国务院批转的《中国人民银行分行行长会议纪要》中,明确提出要开展保险业务。同年11月,中国人民银行召开全国保险工作会议,决定从1980年起恢复停办20余年的国内保险业务,并大力发展涉外保险业务。从此,中国保险事业获得了新生。1984年,将保险业务从中国人民银行分设出来,成立国务院直属局级经济实体。1980~1985年中国人民保险公司保费收入合计85亿元,赔款和给付33亿元,上缴利税18.8亿元。

(4) 引入新的市场主体与打破垄断阶段(1986~1991年)。1985年3月,国务院颁布的《保险企业管理暂行条例》明确规定,只要具备相关条件,经过国家保险管理机关批准,并向工商行政管理机关申请营业执照,便可设立保险机构,经营保险业务。1986年,经中国人民银行批准,成立了新疆兵团保险公司;1988年3月和1991年4月,平安、太平洋等股份制保险公司相继成立。从此,人保公司独家垄断经营的局面被打破。

(5) 实施对外开放与扩大市场准入阶段(1992~1998年)。自1992年美国友邦保险公司作为第一家进入中国的外资公司落户上海以来,我国保险市场对外开放不断扩大。截至1998年底,已有14家外资保险公司22个机构获准在中国营业。

与此同时,国内保险主体进一步增加。1994年底和1995年初,天安保险公司和大众保险公司相继在上海成立;1996年,华泰、新华、泰康、华安和永安等股份制保险公司分别在北京、深圳、西安等地设立。从此,一个以国有商业保险公司为主体、中外保险公司并存、多家保险公司竞争的市场多元化的新格局初步形成。

(6) 走向规范发展阶段(1998年至今)。1998年,按照银行和保险分业经营、分业管理的原则,党中央、国务院决定,把保险业监管职能从中国人民银行分离出来,成立直属国务院的中国保监会。从此,我国保险业进入了一个规范发展的新时期。

3.5.2 中国保险业发展的主要成就

改革开放特别是中国保监会成立以来,中国保险业得到较快发展,在服务经济社会方面做出了重要贡献。

(1) 保险业务快速增长,行业实力明显增强。2008年,全国保费收入9 789.1亿元,是改革开放初1980年的2 000多倍,年均增长超过30%，是国民经济增长最快的行业之一。2007年，中国保费收入世界排名第10位，比1990年第25位上升了15位，平均每年约上升1位。截至2008年底，中国保险业总资产达到3.36万亿元。从1980年恢复国内业务到2004年初，保险业积累第一个1万亿元资产用了24年，积累第二个1万亿元资产用了3年，积累第三个1万亿元仅用了2年，保险业资产呈加速增长之势（见表3-4）。

表3-4　　　　1980~2008年中国保费收入和GDP增长情况

年份	保费收入（亿元）	保费增长（%）	GDP增长（%）
1980	4.6	n.a.	7.8
1981	7.8	69.57	5.2
1982	10.3	32.05	9.1
1983	13.2	28.16	10.9
1984	20.0	51.52	15.2
1985	33.1	65.50	13.5
1986	45.8	14.77	8.8
1987	71.1	55.24	11.6
1988	109.5	54.01	11.3
1989	142.4	30.05	4.1
1990	177.9	24.93	3.8
1991	235.6	32.43	9.2
1992	367.9	56.15	14.2
1993	499.6	35.80	14.0
1994	600.0	20.12	13.1
1995	683.0	13.83	10.9
1996	856.4	25.40	10.0
1997	1 087.9	27.03	9.3
1998	1 247.6	14.67	7.8
1999	1 393.2	11.67	7.6
2000	1 596.9	14.62	8.4
2001	2 113.2	32.73	8.3
2002	3 053.1	44.74	9.1

3. 保险与国民经济

续表

年 份	保费收入（亿元）	保费增长（%）	GDP 增长（%）
2003	3 880.4	27.10	10.0
2004	4 318.1	11.28	10.1
2005	4 932.3	14.11	10.4
2006	5 640.1	14.39	11.7
2007	7 033.4	24.70	11.4
2008	9 789.1	39.20	9.0

资料来源：《中国金融年鉴》《中国统计年鉴》《中国保险年鉴》。

（2）市场主体不断增加，有竞争的市场格局基本形成。改革开放以来，特别是 1998 年中国保监会成立以来，中国保险市场主体不断增加，初步形成了功能相对完善、分工比较合理的保险市场体系。截至 2008 年底，中国共有各类保险公司 112 家。按业务性质分，财产保险公司 47 家，人寿保险公司 56 家，再保险公司 9 家；按资本来源分，中资保险公司 64 家，外资保险公司 48 家。此外，全国有保险集团公司 8 家，保险资产管理公司 9 家；有专业中介机构 2 445 家，其中代理公司 1 822 家，保险经纪公司 350 家，保险公估公司 273 家；保险兼业代理机构 13.66 万家；保险营销员 256 万人。

（3）体制改革取得新突破，公司治理结构明显改善。按照建立和完善社会主义市场经济体制的要求，中国保险业着力推进体制改革，在一些重要领域和关键环节取得了重大进展。2003 年 11 月，中国人保在香港挂牌上市，成为我国第一家在境外上市的国内金融企业。2003 年 12 月，中国人寿同时在纽约和香港挂牌上市，创造了当年国际资本市场首次公开发行融资额的最高纪录。2004 年 6 月，中国平安在香港上市，成为我国第一家以集团形式在境外上市的金融保险企业。2007 年，中国人寿和中国平安又成功回归 A 股，成为国内资本市场重要的标志性公司。

目前，在境内外上市的中资保险公司达到 5 家。除经营政策性业务的出口信用保险公司外，所有中资保险公司都采取了股份制的组织形式，初步形成了权力机构、决策机构、监督机构和经营管理者之间的有效制衡机制。中国人寿在2008年《财富》杂志评选的世界500强中排名159位，比2003年开始进入500强时提升了131位。中国平安在国际著名财经杂志《欧洲货币》2006年亚洲最佳管理公司排名中名列亚洲保险公司及中国区公司之首。

（4）对外开放呈现新局面，国际化程度明显提高。根据我国入世承诺，保险业在金融行业中开放力度最大，开放过渡期最短。2004年12月11日过渡期结束，保险业进入全面对外开放的新时期，呈现出安全可控、优势互补、合作共赢、和谐发展的良好局面。世界上主要跨国保险金融集团和发达国家的保险公司都已经进入我国。除法定保险业务外，外资保险公司可以在中国所有地域经营所有业务。截至2008年底，全国有外资保险公司48家，占全国保险公司总数的42.86%；外资保费收入391.2亿元，占全国总保费收入的4%，其中在上海、北京和广州占比分别为25.6%、19.1%和13.2%。

（5）保险监管不断加强，中国特色监管体系开始形成。立足于保险业发展实际，借鉴国际保险监管经验，建立了以偿付能力、公司治理结构和市场行为监管为支柱的现代保险监管框架，以公司治理和内控为基础、以偿付能力监管为核心、以现场检查为重要手段、以资金运用监管为关键环节、以保险保障基金为屏障，构筑了防范风险的五道防线，从事前防范、事中控制和事后化解三个环节形成了防范化解风险的长效机制。近年来，在保险业发展比较快的情况下，保险业主要风险得到了有效控制和化解，没有出现大的系统性风险和问题。

（6）保险功能不断拓展，服务经济社会的能力明显增强。保险业紧紧围绕党和国家的中心工作，把不断扩大保险覆盖面、更好地服务经济社会发展作为首要任务。积极应对灾害事故和突发事件，特别是在2008年抗击冰雪灾害和汶川地震中发挥十分重要的作用。

服务社会主义新农村建设,大力发展农业保险。支持国家经济建设,为经济建设提供了大量长期稳定的资金来源。大力发展责任保险,积极参与社会管理,有效化解社会矛盾和减轻政府压力。

3.5.3 中国保险业存在的主要问题

然而,由于起步晚,起点低,中国保险业仍处于发展初级阶段,无论是与国际同业对比,还是与银行业、证券业对比都有非常大的差距。

(1)保险发展水平低下。与国际同业对比,在保险深度方面,2007年世界保费收入占GDP的比重平均为7.8%,而我国仅为2.9%,世界排名第48位;在保险密度方面,2007年世界人均保费607.7美元,而中国仅为69.6美元,世界排名第69位。与国内金融相关产业对比,保险业大大落后于银行业。据中国银行业监督管理委员会(简称"中国银监会")统计,截至2009年6月底,我国银行业金融机构境内本外币资产总额为73.7万亿元,比2008年同期增长27.7%。分机构类型看,国有商业银行资产总额34.4万亿元,增长27.7%;股份制商业银行资产总额10.8万亿元,增长28.1%;城市商业银行资产总额5万亿元,增长37.9%;其他类金融机构资产总额19.5万亿元,增长22%。而据中国保监会统计,截至2009年6月底,保险公司总资产3.7万亿元,较年初增长10.9%,保险业总资产仅为银行业总资产的5%。

(2)保险结构不合理。市场体系不完善,竞争不充分,垄断竞争、无序竞争和破坏性竞争时有发生。产品结构不合理,保险保障功能作用发挥很不够,特别是农业保险、责任保险与市场需要很不适应。市场结构失衡,中西部保险业发展严重滞后。保险专业化水平低,专业化的保险中介服务保险市场的能力与水平很不适应,再保险市场尚未形成。

(3)保险发展方式粗放。保险公司没有树立诚信经营、长期经营、持续经营的理念,服务意识与消费者意识比较差,内控管理不到位，盲目追求保费规模，不讲业务质量，不讲成本核算，不讲经济效益，经营行为短期化。

（4）保险监管不到位。保险监管不适应现代保险业发展的需要，片面重视行业发展，规范市场的力度不够；监管的手段比较落后，行政审批偏多，没有充分发挥市场机制的作用；信息披露力度不够，监管透明度不高。

（5）保险队伍素质不高。与社会其他行业特别是银行证券业对比，保险队伍素质不高的问题非常突出。目前，近80%的销售人员大多是高中及以下学识水平，保险专业知识与相关法律知识不够，误导消费者的问题时有发生；精算师等保险专业技术人员不足，影响保险管理水平和服务质量的提高。

诚信：保险立业之本

> 昔之得一者，天得一以清，地得一以宁，神得一以灵，谷得一以盈，万物得一以生，侯王得一以为天下正。

——老子《道德经》第 39 章

孔子曰："人而无信，不知其可也？"孟子说："诚者，天之道也；思诚者，人之道也。"一个企业、一个行业要立足市场，立足社会，实现长远发展，实现永续发展，首先要得到客户的承认、市场的接受与社会的认可。只有真诚面对客户、面对市场、面对社会，客户、市场与社会定会给这个企业、这个行业带来丰厚的回报，这个企业、这个行业持续向前发展就有保证。保险经营以最大诚信为原则，这是法律的要求、制度的安排，更是市场的选择。诚信是保险业立业之本，诚信是保险业发展之基。

4.1 诚信的重要性

4.1.1 诚信是社会和谐的前提

（1）诚信是构建和谐社会的重要基础。人类社会由野蛮、愚昧发展到文明、进步的每一个阶段，都印证着诚信前进的脚步。没有诚信，就没有现代文明。市场经济愈发达，诚实守信愈重要。经济学诺贝尔奖得主诺思（Douglass North）说过："自由市场经济制度本身并不能保证效率，一个有效率的自由市场制度，除了需要一个有效的产权和法律制度相配合之外，还需要在诚实、正直、公正、正义等方面有良好道德的人去操作这个市场。"也就是说，市场经济既需要法制，也需要德治。以德治国，要求人们具有诚信的道德规范。如果一个社会普遍缺乏道德意识，缺乏对秩序的尊重，那么这个社会就存在失败的"基因"，到一定程度就会造成这个社会的市场经济秩序失范。因此，要保持良好的社会秩序，实现社会和谐，诚信是基础。

（2）诚信是构建和谐社会的道德基石。一个社会能否和谐，一个国家能否长治久安，很大程度上取决于全体社会成员的道德素质和社会的道德风尚。没有良好的道德规范，就无法构建和谐社会。诚信是公民的一种道德品性，在公民个人道德品性的养成及其人生历程中起着基础性的作用。一个社会若不是以诚信为道德基础，人与人的关系失去信任，处于紧张和摩擦之中，自然就谈不上社会和谐。因此，诚信是社会伦理道德的精髓，没有诚信，也就谈不上道德。

4.1.2 诚信是企业经营的国际准则

美国通用公司前CEO杰克·韦尔奇说过："我并没有把企业利

4. 诚信：保险立业之本

润放在首位，却总是能够赢得非凡的利润。这说明诚信、品牌、核心竞争力是一条价值链。有诚信才有品牌，才有竞争力。诚信是品牌和企业竞争力的基础。在客户经济时代，诚信是链主。以诚信面对客户、服务客户，这是企业制胜的法宝。"①

（1）诚信是企业生存的前提。从2002年美国安然公司破产案、安达信会计事务所信用危机到世界通信公司虚报利润案，印证了美国兰德公司调查报告中的结论："公司责任的崩溃、企业伦理的泯灭，贪婪和欺诈，企业诚信荡然无存，……企业最终将失去竞争力并被逐出舞台。"

失信要付出代价，而且要付出惨痛的代价。这方面的教训是深刻的。就拿美国安然公司来说，该公司2000年总收入超过1 000亿美元，公司股价最高时达90美元。2000年，安然公司《财富》500强排名第16位，连续4年获《财富》杂志"美国最具有创新精神的公司"称号。然而，在2001年10月出现财务丑闻后，仅过了不到2个月，安然公司就不得不向纽约破产法院申请破产保护。

国内这类反面的例子也很多。例如，2001年9月，知名食品企业——南京冠生园被中央电视台揭露用陈馅生产劣质月饼。消息一披露使得这家有70多年历史的知名品牌企业毁于一旦，信誉扫地，不得不以"经营不善，管理混乱，资不抵债"为由向法院提出破产申请。又如，2008年河北三鹿公司因生产劣质有毒奶粉，使得这家国产奶粉品牌的"龙头"、奶粉产销量连续11年全国第一、品牌价值近150亿元的大型企业集团功亏一篑，迅速走向破产的境地。

从世界各国市场经济的产生和发展过程来看，诚信在市场经济的有序发展中具有不可替代的作用。诚信是市场经济体制的有机组成部分。没有诚信，就没有健全、发达的市场经济。市场经济就是"信用经济"，而诚信是市场经济运行的"润滑剂"。破坏了信用关

---

① 刘光明：《诚信：企业品格的力量》，经济管理出版社2006年版，第1页。

系，不讲诚信，就会动摇市场经济发展的基础，带来市场经济秩序的混乱，企业的发展就会受到严重影响。

（2）诚信是企业财富。市场经济是讲究赢利的经济，一切经济活动都要进行成本收益的比较分析，以赢利为目标展开，而在健全的市场经济活动中，诚信与赢利是一种正相关的关系。只有讲诚信的经济活动，才能最终获得最大的经济利益。如果企业要谋求可持续发展，诚信就是维持企业长期市场信誉和形象的基本前提。当今社会，客户为了减少交易成本，仍会对诚信给予特别关注，对讲诚信的企业情有独钟。因此，诚信可以说是企业的品牌，是企业的无形资产，是企业最珍贵的财富。

IBM是世界知名的电脑品牌。近半个世纪以来，IBM公司能够在激烈的电子计算机市场脱颖而出并保持优势，一个很重要原因就在于以公司总裁沃森父子为代表的企业领导层始终倡导以诚信为核心的企业价值观。沃森父子都是推销员出身，他们非常了解顾客对公司推销员诚信品质的重视。IBM公司把诚信价值观具体化为公司三条经营准则：一是尊重个人，取信广大员工；二是顾客至上，取信顾客；三是追求乐观、诚信、进步，取信于社会。IBM公司的成功秘诀不在于它简单地把"诚实"作为赢得信誉、顾客和利润的工具，而在于它从企业所肩负的社会责任的高度把"诚实"视为公司的基本价值观。①

（3）诚信是企业经营的最好方略。对于企业来说，特别是创业者来说，坚持诚信经营，胜过任何辞藻华丽的广告。把经营建立在诚实守信的基础上，企业最终会取得成功。每一个企业从小到大，从无到有，都会有一个发展过程。在这个过程中，诚信起着举足轻重的作用。创业之初，特别是那些白手起家的企业，从第一笔生意开始，信誉在诚信经营中慢慢积累。信誉的积累又为企业带来更多的客户。商品经济发展到今天，竞争日趋激烈，一个企业要想在优

---

① 刘光明：《诚信——企业品牌的力量》，经济管理出版社2006年版。

胜劣汰的经济大潮中立于不败之地，必须以诚信经营赢得客户。经济活动主体之间如果能够形成可信赖的诚信关系，就能够营造正常的市场经济秩序。诚信对于企业经营具有极端重要性。无论经营的策略多么巧妙，都不能离开诚信。诚信是企业的长久之计，是企业的根本方略。失信等于自杀，等于把企业推向死胡同。

（4）诚信是经济交往中寻求共赢的保障。所谓共赢，是指有条件地转让利益，使多方得利。如果每个市场竞争主体都能严格遵守道德律令和游戏规则，做到诚实经营、讲究信誉，良好的市场秩序就能够逐步形成，共同营造良性循环市场的各个主体都能成为赢家，市场各经济主体就可以实现共赢。与伙伴真诚合作、共获利益是共赢，对服务对象竭诚服务、各有所得是共赢，与对手公平竞争、共同发展是更高境界的共赢。

市场竞争之所以能够获得共赢，关键在于其内在的驱动力。共赢是降低内耗成本，实现利益最大化的最佳途径。市场经济追求的不是"一花独放"，而是"万紫千红"，一切行业、单位和组织在社会中都是相互依赖的，以诚相待、互惠互利是竞争的共赢之道和共赢的思想基础。①

4.1.3 诚信是保险立业之本

（1）保险产品的特殊性决定必须重视诚信建设。保险经营和一般商业经营的主要不同之处，是当投保人购买保险产品并向保险公司交纳保险费后，保险公司并不以有形的产品作为交换，而只对投保人作出风险保障或保险金给付的承诺。保险产品也可以说是一种期货，是一种未来的承诺。这就要求保险公司在展业、承保和理赔过程中，必须重合同、守信用，切实履行合同所约定的义务。

（2）保险经营活动的信息不对称性要求保险经营者必须讲求诚信。保险经营从保险产品设计，到承保理赔、资金运用等各个环

---

① 刘良琼：《共赢与诚信》，http://news.sohu.com。

节，具有很强的专业性。同时，保险标的的风险也存在着较大的差异。因此，保险活动双方处于一种信息不对称的状态。这就要求保险合同双方当事人都要本着诚信的态度，正确对待自己的权利和义务。

（3）保险诚信缺失具有非常大的危害性。首先，诚信缺失会给保险公司增加机会成本。保险业是以高度信用为基础的金融行业，保险合同常常被称为最大诚信合同。保险业务一经发生，投保人或被保险人对于承保人的信任程度就依赖于承保人的诚信行为，并存在一种反馈机制。失信行为所带来的直接后果是使被保险人的利益受到侵犯。一旦这些被保险人在购买相同或者类似保险产品时，将会考虑诚信风险，要求提供相应的风险溢价。这必然会增加相关保险产品的机会成本，相对降低保险产品的实际价值，最终会给保险机构或者从业人员带来潜在损失。

其次，诚信缺失对保险行业的损害具有蔓延性。一家保险机构或者部分从业人员的不诚信行为，会对行业内的其他机构或者从业人员产生蔓延效应。比如，保险公司为了追求短期利益，误导宣传、模糊真实投资回报率或逃避保险责任，这些不诚信行为在损害消费者利益的同时，不仅会影响相关保险机构或从业人员的信誉，而且会引发广大消费者对其他保险机构和从业人员产生不信任的外部影响。保险业失信的蔓延效应具有普遍性，这是因为保险产品往往具有同质性，类似产品之间具有相互代替的作用，消费者对不同保险产品和不同保险机构的认知具有无差异特征。失信的蔓延效应，既表现为消费者对不同保险产品之间的信誉风险传递，又表现为对不同从业人员或不同保险机构之间的信誉风险传递。正是由于诚信存在蔓延效应，任何一种不诚信行为都有可能影响整个行业的形象。因此，每一家保险公司、每一位员工之间的诚信会相互影响、相互传递，共同决定整个保险业的诚信度。

最后，诚信缺失容易引发保险行业的系统性失信风险。系统性风险是由市场主体之外的因素导致的整体性风险，它难以通过市场主体自身行为来防范。失信带来的系统性风险主要是指，由于保险机构、从业人员失信而引起投保人或者保险资金大规模撤离保险市场而引起的风险。失信使保险业产生系统性风险的主要表现是：如果一类保险产品、一个保险市场、一家保险机构出现不诚信行为，可能会由于"蔓延效应"而引发"放大效应"，进而使失信的负作用有所放大，保险业就可能面临系统性风险，保险业的偿付能力就可能出现问题，甚至会对金融体系的稳定性产生不良影响。

4.2 保险诚信的基本内涵

4.2.1 诚信的一般含义

在我国古代，"诚"与"信"单独使用较多、较早，连起来使用则较少、较晚。春秋以前，"诚"和"信"多是在宗教意义上使用的，主要用于对鬼神的虔信。春秋时期著名政治家、先秦法家创始人管仲曾将"诚"与"信"连用。他讲："先王贵诚信。诚信者，天下之结也。"东汉许慎在《说文解字》中把"诚""信"二字互训、互释："诚，信也，从言成声"；"信，诚也，从人言"。

诚信基本内涵包括"诚"和"信"两个方面。诚，指诚实、真诚，胸怀坦荡，不弄虚作假。孟子曰："诚者，天之道也；思诚者，人道也。"荀子说："惟天下之诚为能化，君子诚之为贵。"信，指守信、信用，诚恳待人，以信用取信于人。孔子曰："人而无信，不知其可也。"儒家非常看重"信"，有人做过统计，在《论语》中"信"出现38次。

"诚"与"信"合起来，就成为一个重要的道德范畴，是人们基本的行为规范和为人处世的伦理准则。诚信的基本含义是诚实守信。它要求人们在社会生活和人际交往中，要真诚、诚实，守诺、守信。诚实是守信的基础，离开了诚实就无所谓守信。一个不诚实的个人或组织,是不可能讲信用的。诚信既是为人的道德规范,又是处理社会生活中个人与社会、个人与个人之间相互关系的伦理准则。同时,在现代社会,诚信更是一种职业道德。

4.2.2 保险诚信的特殊性

保险诚信与一般意义上的信用是有区别的,它既是我国社会信用体系的重要组成部分,又具有自身的特点。

保险诚信有三个层面。第一个是技术层面,具体是指负担保险商业关系的产品,也就是市场上销售的各种保单。第二个是制度层面,即保险业运行中反映诚信关系的规则和约定。主要是对保险活动双方的合法权益、权利、义务以及活动规则的规定,包括保险的法律制度、行为制度、公司运行制度等。第三个层面是价值层次,主要是指人们的契约精神、守信观念等。

保险诚信的特殊性集中体现在最大诚信原则上。最大诚信原则产生于18世纪的海上保险交易中。1906年英国《海上保险法》规定:"海上保险合同是一份建立在最大诚信基础上的合同,如果合同一方没有这种诚意,另一方可宣布合同无效。"

凡合同成立皆以诚信为前提。诚信原则在《民法》中属帝王条款。所谓"帝王条款",是指作为法律原则的诚信,要求民事活动中的任何一方必须本着善意进行民事活动,任何恶意的、以损害对方或社会利益为代价而获得利益的民事行为都违反了诚实信用原则。违反这一要求,也许并不违反法律条款和合同,但法官仍可裁定恶意方败诉,以求达到公正。

保险合同因其特殊性对诚信的要求更高。最大诚信原则之所以被称为"最大",就在于它比一般诚信原则更加严格。最大诚信原则对保险人及其代理人的约束主要体现为如实告知。

告知也称披露或陈述,是指合同订立前、订立时及在合同有效期内,要求当事人按照法律实事求是,尽自己所知,毫无保留地向对方所作的口头或书面陈述。由于保险条款及其费率由保险公司单方拟订的,其技术和复杂程度远非一般人所能了解,投保人是否投保以及投保的条件,完全取决于保险公司及其代理人的告知。所以,保险公司及其代理人应将利害相关的实质性重要事实据实通告投保人,主动向投保人说明保险合同条款的内容,尤其是免责条款等。

4.3 中国保险业诚信建设的现状与问题

4.3.1 我国保险诚信建设情况

(1)诚信建设的法律环境不断改善。在《保险法》中,将诚实信用原则确定为保险最基本、最根本的原则,并突出对诚信原则的保护和运用。如《保险法》总则规定:"保险活动当事人行使权利、履行义务应当遵循诚实信用原则。"在相关法规中,如《人身保险新型产品信息披露管理暂行办法》(保监发〔2001〕6号)规定:"不得对客户进行欺骗、误导和故意隐瞒。"《保险公司高级管理人员任职资格管理规定》(保监发〔2002〕2号)规定:高管人员不得"进行虚假宣传,误导投保人、被保险人,损害被保险人利益"等等。保险信用法制建设的加强,为我国保险业诚信体系建设提供了法律保障。

(2)保险诚信体系建设受到监管部门的高度重视。保险监管部门十分重视保险业诚信建设。2005年初,中国保监会专门下发《关于进一步加强保险业诚信建设的通知》(保监发〔2005〕7号),要求各保险公司提高认识,加强组织领导,切实重视诚信建设。在中国保监会的组织领导下,全国各地保监局、保险公司、保险行业协会在全行业共同启动了诚信体系建设工程,并围绕保险诚信体系建设做了大量卓有成效的工作。2005年7月,国内41家保险公司联合签署车险、健康险、意外险服务承诺。如北京市全面启动"保险代理人资格信息查询系统",强化了社会对保险代理从业人员资格的监督;山东省保险行业协会制定实施《山东保险诚信建设实施方案》,明确了诚信建设的总体目标;浙江探索建立了浙江保险业征信管理制度、信息披露制度和监管政务公开制度。

(3)保险公司的诚信理念开始形成。目前,在各保险公司内部,诚信开始成为企业文化的重要组成部分。如中国人寿以"诚信为本、稳健经营"为企业宗旨,中国人保秉承"稳健经营、笃守信誉"的经营思想指导业务发展,泰康人寿坚持"诚信至高无上"的理念。中国平安保险公司始终把"诚信"作为企业的核心价值理念,把对股东、客户、员工和社会负责,实现其价值最大化作为企业的崇高使命:对股东负责,取信于资本;对客户负责,信用为本;对员工负责,共同成就价值;对社会负责,知恩图报。2005年在中国质量万里行促进会明察暗访中,平安理赔服务合格率100%;2005年平安人寿全国统一服务热线荣获"大中华最佳客户关系管理实践"大奖。

4.3.2 保险诚信建设存在的突出问题

近年来,保险诚信建设虽然取得了一些成绩,但与社会的期望与消费者的要求仍相差甚远,保险诚信缺失已经成为中国保险业必须面对的重大问题,较差的社会形象和行业信誉开始危及保险业的可持续发展,本应是高尚的保险职业由于失信而严重受损。《中国保险报》和北京开和迪咨询公司调查结果显示:2008年,中国消费者保险消费信心指数为54.4%,消费者对保险行业的诚信度评价为22.9%。

(1)保险人诚信缺失。有的保险人通过拖延赔付、无理拒赔等手段,侵害投保人或被保险人的利益;有的对应收保费不入账或长期挂账,利用虚假批单退费进行高额返还、虚挂应收保费支付手续费;有的通过与企事业单位签订借款协议、与个人投保人签订补充协议及以虚假代理人名义制造虚假业务,形成账外资金;有的在银行代理业务中，为了争夺市场份额，不惜成本，采用高额手续费拓展业务，甚至在手续费之外许诺给银行经办人员某些奖励政策等。①

（2）保险中介人诚信缺失。有的保险代理人在展业中不充分、客观地提供保险产品信息，向客户进行误导甚至欺骗性宣传；有些保险代理人违规代客签名、挪用客户保费；有的保险中介人甚至与投保人合谋欺诈，损害被保险人利益；有的保险中介人卷走保费、利用假保单进行诈骗等涉嫌犯罪活动等。

（3）保险消费者诚信缺失。个别保险消费者不履行如实告知义务，隐瞒风险信息，骗取赔偿金；有些投保人先出险，后投保；有的伪造与保险事故有关的证明、资料和其他证据，编造虚假的保险事故原因或者夸大损失程度，以骗取不当得利；有的对低值物品高额投保，然后肇事骗赔；更有甚者人为制造保险事故，故意造成保险财产的损失及被保险人的人身伤亡事故等。

4.4 加强中国保险业诚信建设的政策建议

近年来，我国保险诚信建设不断加强，相关法律法规体系开始建立，保险公司的诚信理念初步形成。但也应看到，保险诚信建设任重道远，误导欺骗保险消费者的情况时有发生，保险生态遭到严重破坏，保险行业的社会信誉和形象与民众需求有比较大的差距。对此，必须下大力气、真功夫加以解决，以取信于民、取信于社会。诚信建设作为一项系统工程，是一项长期的任务，不可能毕其功于一役。唯有坚持长期性建设和阶段性整治的有机结合，才能收到实效，收到长效。

---

① 《关于开展 2005 年整顿和规范保险市场秩序工作的通知》，保监发〔2005〕42 号。

4.4.1 培育大局意识，增强社会责任感

诚信是一种责任，也是一种道义，更是一种绝对命令。近年来，在西方一些国家特别是美国开始兴起"企业社会责任运动"。"企业社会责任运动"又称"企业伦理运动"，它试图将伦理价值与企业的需要与愿望结合起来。美国人大卫·施沃伦（David A. Schwerin）是美国"企业社会责任运动"的奠基人之一。作为D.J投资咨询公司的总裁，他在30多年的企业实践中，深切感到现行资本主义体系中的许多弊端，特别不满意传统资本主义一心追逐利润而对社会责任的漠视。"企业社会责任运动"倡导者们试图使企业的决策与雇员及他们的家庭、客户、环境和雇主的健康发展保持和谐。

"企业社会责任运动"实际上是以儒家"己所不欲，勿施于人"为信条，强调"设身处地地替他人想一想"的理念，推崇双赢原则。"企业社会责任运动"实践给企业带来了实实在在的好处，包括：激发了员工的积极性，提高了企业生产力，提高了顾客回头率，提高了企业声誉，增加了企业利润。[①] 既然资本主义企业意识到这一点，我们作为社会主义国家的企业更应有社会责任感。我们一定要把社会责任放在首位，讲求社会信誉，讲求规范经营，共同维护良好的市场秩序，实现共赢。

4.4.2 树立正确的经营理念，切实转变业务增长方式

企业要做到优秀并具有竞争力，必须在企业核心价值观上下功夫。企业理念是第一核心竞争力。唯有把诚信作为企业理念，诚信至上，企业才能百年不衰。综观世界知名企业，无不把诚信作为企

[①] 大卫·施沃伦：《财富准则——自觉资本主义时代的企业模式》，社会科学文献出版社2001年版。

4. 诚信：保险立业之本

业的核心理念。① 如美国福特汽车公司的核心理念有三条：以诚实及正直为基础；员工是力量源泉；利润是必要的手段与衡量成就的指标。其核心理念首先强调诚信。又如通用电器公司的核心理念有四个方面：以科技及创新改善生活品质；在对顾客、员工、社会与股东的责任之间求取互相依赖的平衡；个人责任与机会；诚实与正直。诚实也是该公司重要理念之一。

保险公司要端正经营理念，必须在服务客户、服务社会上下功夫，不能再走以保费为导向的老路。保费不是结果，客户才是结果。保险营销要向服务营销转变，树立以顾客为中心的经营理念。

多年来，我国的保险营销一直处在推销营销阶段。到目前为止大多数公司都是这样做的，就是以收保费为主要经营目标，训练营销员怎样推销，怎样让客户动心，其结果是欺骗、误导现象时有发生，保险业遭遇诚信危机。今后，我们应尽快向服务营销转变，以客户需求为中心，以服务为手段，以客户满意度为标准，切实把经营理念转变到服务经济社会，服务广大民众上来。只有这样，保险业才能取信于社会，取信于人民。也只有取信于社会，取信于人民，保险业发展才有希望，才能实现可持续发展，才能做大做强。

4.4.3 建立保险服务标准，严格履行服务

（1）投保明示。保险服务企业要建立和实行严格的投保明示制度，让客户明明白白买保险，放放心心交保费。关键是要做到以下几点：①销售人员身份提示。销售人员上门推销保险或收取续期保费时，应向投保人出示"保险销售（代理人）从业人员资格证书"和"保险销售（代理）展业证书"，便于投保人查询核实。②仔细阅读保险条款提示。投保前，保险销售人员要提示投保人仔细阅读保险条款，尤其是保险责任、除外责任、免赔额、退保扣除等事

---

① 资料来源：詹姆斯·C. 柯林斯，杰里·I. 波勒斯著，真如译：《基业长青》，中信出版社2002年版。

项。③如实告知和亲笔签名提示。按照保险合同规定应由投保人如实告知的内容及事项,如被保险人身体健康状况等,必须提示投保人如实告知并签名。④产品回报率提示。对于投保投资、分红类保险,必须提示投保人回报率具有不确定性,提示产品说明书或保险利益测算书中的测算数字、宣传资料中收益率的演算等,都只是对未来收益的假设,不能保证未来实际收益。⑤索要单证提示。合同成立后,提示投保人应及时向销售人员或保险公司索要保险单、保险条款、保费发票或保费收据等保险凭证。⑥索赔提示。提示投保人或被保险人在发生保险事件后,要及时报案,并持保险单、保费收据、事件证明(包括事故证明、伤残证明、死亡证明、医疗费收据)、领取证明(包括户口簿、身份证)等赴保险公司申请索赔。

(2)诚信承保。保险公司要严格按条件与标准承保。一是准确、全面宣讲保险条款,不仅要向客户讲清保险责任、保险费率及保险给付等,更要向客户讲明除外责任、免赔额及退保扣除等。对于保险分红产品,要客观宣传保险收益,不能夸大分红率,诱导客户投保。二是规范手续。按照保险合同规定,应由投保人填写的事项及内容必须由投保人亲自如实填写,保险人(包括保险代理人)不得代签。避免合同无效,损害客户利益。三是及时签发保险单。保险公司收到保险费后,要依据投保单内容和有关规定及时签发保险单,并责成代理人或派专人把保险单正本及有关保险单证送到客户手中,让客户放心投保。

(3)诚信理赔。理赔是客户关心的热点、投诉的焦点,也是公司诚信建设的重点。其一,实行理赔岗位人员准入制度,坚持持证上岗,强化培训,不断提高理赔人员素质。其二,制定《理赔工作流程》,从立案登记、事故调查到保险理算、给付等,每一个步骤都要有明确的规定和要求。其三,开辟理赔绿色通道。对小额赔案即时给付,对重大赔案实行赔款预付制,减轻家庭和社会负担。其四,制定《理赔质量考核办法》,加大对保险案件勘查率、结案

率、结案速度和理赔质量等指标的考核力度。凡属保险责任的案件，必须及时调查、及时研究、及时给付，不能拖延，更不能久拖不决。对于不属于保险责任的案件，也要尽快向客户做好解释工作。坚决杜绝为自身利益而随意压赔案、压赔款等现象的发生，从根本上解决"投保容易、索赔难"的问题。其五，建立理赔案件公示制度。定期将公司处理的理赔案件，在一定范围内进行公示，接受员工和社会的监督。其六，推行定点医院和驻院代表制度。保险公司同医院签订合作协议，对保险"病员"实行定点治疗。同时，选派公司专业人员作为驻院代表，对保险"病员"提供慰问、接案受理、案件调查、协助索赔等服务。

（4）续期服务。一要妥善处理好"孤儿保单"。要指定专人负责，使"孤儿保单"不"孤单"。要不断完善续期保费收取办法，通过银行代收，建立收展员队伍等途径，及时收取续期保费，避免保单失效，切实维护客户利益。二要做好客户回访。要通过电话服务中心和代理人，对新单、撤单、失效和永久失效保单、退保、给付、投诉等进行全面回访。通过回访，不仅可加深公司与客户之间的联系和沟通，还能及时发现和解决承保、给付等工作中存在的问题，维护公司和客户利益。

4.4.4 深化改革，构建保险诚信机制

市场经济是诚信经济，但市场经济所要求的诚信不是一种单纯伦理上的诚信，而是伦理诚信基础上的法律诚信或制度诚信。市场经济活动的主体是自利的理性"经济人"，具有追求自身利益最大化的偏好。要使主观上利己的"经济人"恪守诚信行为准则，在市场机制这只"看不见的手"的引导下促进他人和社会福利，必须有良好的制度和法律做保障。正如阿马蒂亚·森所认为的："一个交换经济的成功运行，依赖于相互信任以及公开的或隐含的规范的使用。"诚信行为离不开法律制度，必须有一套机制的约束与导向。

推进保险诚信建设，核心是要建立两个机制。一是信息披露机制。主要解决保险公司诚信不足引致的信息不对称问题，目的是保护消费者利益，使保险消费者尽可能掌握相关信息，以保证保险市场的有效运行。健全保险公司信息披露机制，首先应完善保险信息披露的相关法律法规，对信息披露的内容、时限要求、频率与高度等做出明确的规定；其次应加大执行力度，保险公司在向监管部门提供与其他相关行业具有可比性的一般财务报告的同时，还应通过新闻媒体、互联网等多种形式将其基本情况、财务数据、受罚情况、偿付能力等对外公开，使社会、信用中介机构和其他市场主体等能够公平、方便、及时地获得必要的保险信息资源。二是失信惩戒机制。强化"黑名单"制度，建立和完善保险从业人员和保险企业的准入与退出制度，加大新闻媒体监督力度，建立和完善与失信惩戒要求相适应的司法配合体系，形成政府导向、行业自律、企业内控和舆论监督四维合力，共同监督和处罚失信行为。

4.4.5 加强保险监管，强化失信惩戒机制

各国对保险业的监管大致分为两种方式，即严格监管和松散监管。严格监管是一种传统的监管方式，发展中国家一般都采取或曾采取这种监管方式。在严格监管方式下，所有保险活动都会受到保险监管机构的全面监督，包括市场准入、保险条款和费率以及保险资金运用等。松散监管是对偿付能力的监管。目前，发达国家大多数采用这种监管方式。在松散监管下，监管机构放松对保险产品、保险费率、保险业务甚至市场准入条件的约束，而将主要精力集中在与偿付能力有关的事项上。衡量一种监管体制的价值，应在于它是否与一国经济发展相适应。由于我国保险业还处于发展的初级阶段，法律法规体系还不健全，必须实行严格监管模式。

在严格监管模式下，市场行为是监管的重点之一。而市场行为监管主要是查处和打击不诚信行为。要充分发挥法律的惩戒作用，加大失信惩戒力度，增加失信成本，使具有良好信誉的保险公司和

4. 诚信：保险立业之本

从业人员，充分享有诚实信用的益处和便利，使不讲信用的企业和个人付出沉重的经济和声誉代价。

4.4.6 加强职业道德培训，重视保险队伍建设

加强诚信建设，关键是要建立起一支高素质的队伍。而建立高素质的队伍，关键是要加强职业道德培训。美国西点军校在培养领导力的过程中，特别强调领导者的"品格"（Character of Leader）教育，把培训领导者的品格放在第一位。西点军校200多年来通过学术、军事和体能三位一体的严格训练，一点一滴地培育学员的品格素质，其中重要一项就是诚信训练。正是这种严格训练，从西点军校走出了一批又一批著名将领。由于保险业讲求最大诚信原则，保险培训应高度重视诚信与职业道德的培训，这是不断提高保险队伍素质的有效途径。

4.4.7 发挥行业协会自律作用，重视社会舆论监督

发挥行业协会的作用。保险行业协会要逐步建立个人代理人、高级管理人员、保险中介机构和保险公司的信用信息公开查询系统，建立消费者信息库，特别是要建立不诚信"黑名单"制度；组织签订行业自律公约，约束不正当竞争行为，督促会员单位依法经营，维护公平竞争的市场环境，进行自律惩戒。

重视舆论监督。在引导舆论正确的宣传导向的前提下，主动借助舆论工具，包括新闻宣传、报刊杂志、媒体网站等曝光和揭露保险不诚信行为，以形成良好的社会监督氛围。引入社会资信评估机构，建立保险中介的资信评估制度，形成第三方独立公正的外部评价机制，强化保险中介对自身信誉形象的重视和维护。

5. 公司治理：
保险风险控制的制度基础

以正治国，以奇用兵，以无事取天下。

——老子《道德经》第 57 章

公司治理结构是一种联系并规范股东、董事会、高级管理人员权利和义务以及与此有关的聘选、监督等制度框架。良好的公司治理结构，可有效协调公司各方利益关系，促进公司高效运营和保持市场竞争力。保险经营具有长期性和社会性，事关社会稳定和民众利益，其治理结构尤为重要。构建良好的公司治理结构是保险产业可持续发展的制度基础。

5.1 公司治理结构的概念与内涵

5.1.1 公司治理结构的地位与作用

在现代经济中，公司（或企业）是社会经济的基本单位，是

5. 公司治理：保险风险控制的制度基础

社会财富创造的重要引擎。如何保证公司（或企业）有效运作并实现其目标是一个至关重要的问题。然而，要解决这一问题，核心是要建立有效的公司治理结构。

所谓公司治理结构（Corporate Governance），是指在所有权和经营权分离的情况下通过一定的组织形式明确和规范资产所有者、支配者、管理者和使用者之间权力和利益关系的一种企业制度安排，是指导和控制公司有效运作的一整套机制与规则，包括如何配置和行使控制权，如何监督和评价董事会和经理班子，如何建立和实施激励机制等。

公司治理结构在现代企业中具有十分重要的地位与作用。这是由现代企业的产权结构决定的。现代企业最基本的产权特征是所有权与控制权分离，由此产生的直接后果便是经营者支配和控制公司。正如百利和米恩斯（Berle and Means, 1933）指出的："股东参与管理权几乎完全丧失，而完全归于'控制者'。股东变成了单一的资本提供者，其所拥有的各种权利要较公司债券持有人惯例上可要求的还不明确。若从高度修正的观念角度考虑，股东的地位已与公司的债券持有者或货币借贷者并无两样。"

产权结构上的两权分离，产生了经济学上的所谓"代理问题"。股东作为出资者成为委托人，而董事会和经理层则成为代理人。在这一委托代理关系中，由于委托人与代理人有着各自不同的利益，因而就存在着代理人在其经营企业的过程中滥用职权追求个人利益而损害委托人利益的可能。

代理问题包括两个方面：逆向选择和道德风险。逆向选择是指，在委托代理关系确定以前，代理人就掌握了一些委托人所不知道的信息，从而会利用这一信息优势签订对自己有利的契约。例如，经理人员往往会夸大自己的管理能力，隐瞒自己失败的经历就是逆向选择。道德风险是指，由于事后的信息不对称，代理人在签订契约以后采取更为冒险的行为。如在职消费、肆意扩张、任用与自己有特殊关系而又缺乏才能的人等，都是逆向选择的典型例子。

由于代理问题的存在,建立制约与约束董事和经理班子的机制即公司治理结构就显得非常重要了。

5.1.2 公司治理结构的基本内容

一般来讲,公司治理结构涉及四个层面:股东大会、董事会、监事会、经理班子。

股东大会是公司的最高权力机关。通过股东大会,股东对公司经营管理决策的间接参与权得到实现。董事会是公司经营管理决策机构,它对股东大会负责,其成员一般由股东大会选举产生。监事会是公司的监督机构,对公司的财务状况、董事会和经理的经营行为进行监督,对股东大会负责,其成员一般也由股东大会选举产生。经理班子由董事会聘任,是公司的经营管理执行机构,在董事会授权的范围内负责公司日常的经营管理工作。上述四个层面形成的对公司的权利和义务相互制衡、相互配合的运作机制,乃是公司治理结构的核心所在。

根据OECD《公司治理结构原则》,公司治理结构有五个方面的内容:

(1)股东的权利。股东是公司的出资者,是公司法律意义上的所有者。股东通过持有股票,享受经济利益和其他权利,并承担相应的义务。股东的基本权利包括:表决权、选举权、检查权、股利分配权、净资产权和股份转移权。此外还享受优先认股权、控诉权等其他权利。

治理结构必须通过一定的制度和程序确保这些权利的实现。比如,及时、充分地向股东提供必要的信息;建立日常征求股东意见的机制;设置合理的代理投票机制,避免机构投资者左右股东真实意图等。

股东大会是股东行使其权利的机构,也是公司最高权力机关。股东大会主要包括年度大会和临时大会。年度大会每年定期召开,一般在每年结算后不久的某一时间召开,主要任务是:选举董事;

宣布股息；变更公司章程；讨论增加或减少公司资本；审查董事会提出的营业报告书、财务报表；决定公司的合并或解散等。临时股东大会一般由董事会认为必要时召开。此外，持有股份达到一定比例的股东也有权力召开临时股东大会，监事会认为必要时也可以直接召集临时股东大会，处于清算过程中的公司清算人也可以召集临时股东大会。

（2）股东的平等待遇。在公司中，小股东的利益经常会受到侵犯。由于股份一般比较少，小股东是否参加投票、表决对公司决策几乎没有什么影响。当然，小股东也可以通过联合达成一致协议以总体力量对抗大股东对决策权的垄断和董事会、总经理可能对自己利益造成的侵犯。

但是，达成和维持这种协议需要交易成本，很少有股东愿意承担这部分成本而在收益上让其他股东"搭便车"。为了确保所有同级股东享有同等待遇，公司治理结构要求应尽可能向股东提供公司决策判断所需要的信息，并尽量避免公司程序给投票带来的费用和造成的麻烦。当小股东有合理证据认定自己的利益受到侵害时，他能够无成本或低成本地提出诉讼并得到有效合理的补偿。

（3）各利害相关者的作用。一个公司持久的竞争力和最终的成功，很大程度上取决于各方面的协同合作与共同努力。正如詹森和麦克林所认为的，企业是劳动、原材料、资本投入者和产品消费者之间的一组多边合约关系，它不是个人而是使许多人冲突的目标在合约关系框架中实现均衡的复杂过程的焦点。因此，公司治理结构还必须认同和适当保护利害相关者的合法权益，并鼓励公司与利害关系者之间就创造财富以及保护企业财务健全进行积极的合作。

（4）信息披露与透明度。公司在信息披露方面经常面临两难选择：一方面，为了使投资者对经理班子是否称职做出评价，对股票的价值做出正确的判断，公司必须向投资者提供定期、真实、足够详细的信息；另一方面，过多的信息披露也使得公司的一些商业机密或有价值的信息公布于竞争对手。但作为公司，为了保证其有效运作，必要的信息披露必不可少。应当披露的重大信息至少应当包括：公司的财务状况和经营成果、股权结构和相应投票权、董事会和经理层主要成员以及他们的报酬、重要可预见的风险因素等。

（5）董事会的责任。董事是由股东大会选举产生的。按照与公司的关系来划分，董事可分为内部董事和外部董事。内部董事也被称为"执行董事"，公司主要职务如总经理、常务副总经理一般由其担任。外部董事又称"外聘董事"，在公司内不担任任何职务。董事会是股东大会闭幕期间公司常设的权力机构。董事会的职权主要包括：召集股东大会，执行股东大会决议；选任或聘任总经理、副总经理，选派负责公司日常业务的高级职员；确定总经理副总经理的薪金和待遇；批准金额较大的合同与开支；提出股息和红利分配方案等。

5.1.3 保险公司治理结构的特殊性

保险业具有资本结构的高负债性、经营活动的广泛社会性和产品服务的长期性等特点，决定保险公司比一般公司有着更加复杂的"委托代理问题"和更为严重的信息不对称现象，进而决定保险公司治理结构具有自身特殊性。

（1）在追求公司价值最大化的同时要有效防范和化解风险与维护社会稳定。保险公司经营的总体目标是通过保险服务，充分发挥保险损失补偿、资金融通和社会风险管理的功能。赢利性是保险公司经营结果的直接体现，是评价保险公司经营业绩的重要指标之一。但是，作为金融企业，保险公司的经营风险具有较强的外部效应，可能对其他产业乃至整个国民经济产生重大不利影响。因此，设计保险公司治理结构，不仅要考虑实现保险公司价值最大化，还要考虑维护保险业和整个金融体系的稳定。

（2）在维护股东利益的同时要更加注意维护利益相关者利益。保险是严重高负债经营行为，被保险人（或保单持有人）对保险公司资产的贡献远大于股东。如果保险公司经营失败，不仅影响股东利益,更影响保险消费者——被保险人利益。因此,在保险公司治理结构的选择上应更多地关注被保险人、保险受益人等利益相关者的利益,而不应仅仅考虑投资股东本身的利益。

(3) 在注重公司内部控制建设的同时要注意保持与外部监管法规政策的一致性。与一般企业不同,保险业有严格的政府监管。政府监管会对保险公司治理结构产生影响。按照国际保险监督官协会(IAIS)要求,保险监管包括三个支柱:偿付能力监管、市场行为监管和公司治理监管。其中,公司治理监管是监管的重要内容。比如,在董事会的职责界定方面,IAIS的《核心原则》要求:第一,董事会是公司治理的核心,对保险公司的业绩和经营行为负最终责任。董事会授权专业委员会和管理层不能减轻或豁免其职责。第二,董事会对公司内控体系的有效性负最终责任。第三,董事会对公司的风险管理负最终责任。保险公司在治理结构方面必须与监管要求保持高度的一致性。

5.2 西方主要国家的公司治理结构

西方国家公司治理结构主要有两种类型:德国、日本债权人主导型公司治理结构和英国、美国股东主导型公司治理结构。

5.2.1 德国公司治理结构

(1) 股权结构。最大的股东为公司法人、创业家族、银行等,股权集中度比较高。银行持股在 1984 年为 7.6%,在 1988 年为 8.1%;如果加上银行监督的投资基金的持股,则银行持股分别为 10.3% 和 11.6%。公司交叉持股也比较普遍,政府对这方面的管理比较宽松,只有持股超过 25% 的才有义务对外予以披露,超过 50% 的才有义务向有关监管机构报告。

(2) 组织结构。

第一，股东大会。德国保险公司的股东大会主要承担以下责任：选任监事会成员；决定和批准董事会和监事会的年度工作报告，如年度结算、资产负债表、利润分配方案等；选任年终结算审计员；修改章程和变更公司类型及合并；批准增加或减少公司注册资本、发行转换公司债和参与公司债。

股东大会平时对公司的日常经营决策不得进行干预，一般只是在一年一度的股东大会上行使规定的职权，而且主要表现在批准董事会和监事会的工作报告和公司利润的分配方案上。如果董事会、监事会或者某位董事、监事的工作报告未被股东大会通过，则意味着解除其职务。股东可以在股东大会上通过要求权、质询权和表决权来实现自己的权限。德国法律规定，代表股份资本5%以上或者代表票面价额100万马克以上股份的股东可以在股东大会议程中安排另外的事项。在遵守某些限制性前提下，股东可以向公司提出建议，要求作出与管理机关的建议相反的决议。股东也可以对于公司的选任问题提出反建议，公司必须把反建议和支持建议均予以公布。股东还可以在股东大会上就会议的议题提出质询，公司董事会一般情况下有义务予以答复。股东行使表决权时，通常按照其股份比例进行表决，即"一股一票制"。股东可以将自己的表决权委托给全权代表行使，特别是小股东，他们往往将表决权委托给其股票保管银行代行表决权。股票保管银行作为大量分散的股东的代表，其表决权不受公司章程规定的表决权上限的限制，所以对公司具有相当大的影响力。股东大会的决议一般只需简单多数同意即可通过。重要的决议，如变更章程、增减公司资本、罢免监事会成员、公司合并及解散等，则需要有代表出席股东大会、股份3/4以上的多数同意才能通过。

第二，董事会。董事长是公司的法人代表，对公司经营的业务进行领导和管理。董事会并不受股东大会指示的约束，只是在一定程度上受制于监事会的决议。董事会成员的任期一般为5年，可以辞职，在其任期届满时应卸任，也可以被重新选任。董事会由一名或数名成员构成。董事会有数名成员时，监事会可以任命其中一人为董事长。董事会对外代表公司进行业务活动。董事会在公司内部关系上须征得监事会的同意才能进行，但在外部关系上则全权代表公司。

董事会每年应向监事会报告公司的经营政策和长远计划以及经济效益的情况，每季度报告经营状况，对公司重大的经营活动也应及时报告，如果监事会有要求，董事会还应对某一事务作专门的汇报。当公司结算报告表明公司亏损已达股本的一半时，董事会应立即召开股东大会作出说明。

董事的薪金由监事会确定。除固定薪金外，还有随公司经营效果浮动的劳绩薪金，董事的薪金视企业的财力和各董事承担的任务而定，一般较为优厚。但如果公司财务恶化，继续按规定给董事支付薪金会给公司造成严重困难时，支付给董事的薪金则可以减少。董事会的酬金总额必须在公司年度报告中载明。

董事的薪金虽然优厚，但对其赚取其他收入有严格限制，如未经监事会许可，董事不得从事任何商业活动或与公司业务同类的个人交易，也不得成为任何其他公司或商号的董事或实际管理人。董事会成员对公司承担着特别的义务，如有失职或违背有关规则要承担个人责任，给公司造成损失时还可能被要求赔偿。

第三，监事会。监事会的主要职责是监督董事会的经营业务。监事会可以随时向董事会了解有关公司的一些重要情况，也可以自己或通过专家对公司账目和记录进行检查，还可以规定公司的某些业务活动须征得自己的同意。

董事会必须定期向监事会报告关于公司的经营方向、营利能力、营业过程、资金周转、公司事务的状况和对公司及子公司十分重要的业务活动等情况。监事会对董事会最大的制约，就在于它可以任免董事会成员，决定董事会成员的酬金，并在必要的情况下，由监事会召集股东大会。所以，尽管监事会并不参与公司的实际经营管理，但对公司的经营方针会产生重要影响。

监事会根据公司股本额的大小可由不同人数的成员构成，一般至少有3名成员，最多不得超过21名成员。大多数公司的监事会由股东代表和雇员代表组成。股东代表由股东大会选举产生，但公司章程也可以规定授予某些人或机构一定的任命监事会成员的权力。雇员代表则由雇员投票选举产生，选举时通常有一定的法律程序，并将选举权按一定比例分配给蓝领工人、白领工人和管理人员。

雇员人数在2 000人以上的公司，监事会的表决通常采取简单多数原则，如表决票数相等，主席享有两次表决权。在选任公司董事会成员时，第一次表决需要有2/3的多数方能通过。如果不能取得此种多数，需待休会后重新表决。重新表决只需简单多数即可通过。而雇员人数在2 000人以下的公司，其监事会可以制定自己的内部规则，通常要求监事会的决定要有绝对多数才能通过。

监事会成员的任期一般为4年，其任职没有年龄限制。监事会成员可以辞职，在其任期两届后应该卸任，但可以被重新选任。股东大会可以随时以2/3的多数票罢免其选举的监事会成员，雇员选举的监事会成员亦可随时由雇员投票以3/4的多数票予以罢免，由外部机构任选的监事会成员则可以随时由该机构予以罢免。在公司内部，监事会成员不能再兼任董事。但同一个人可以兼任多个公司的监事会成员，一些有名望的企业家甚至身兼十几家公司监事的职务（法律规定，最多不能超过15个）。被控股公司不得向控股公司派出监事，两个公司也不得互相派遣自己的董事出任对方的监事，只能是一方派出董事出任另一方的监事。监事会成员的酬金由股东大会确定。监事会成员如果失职给公司造成的损失应予赔偿，如果违背《公司法》有关规定也要承担责任。

第四，经理层。经理层是保险公司的执行机构，经理既可以是股东，也可以是非股东。经理人员由股东大会任命，在对公司进行经营管理时必须服从股东大会的决定。

5.2.2 美国公司治理结构

美国公司的治理结构的基本构架如图 5-1 所示:

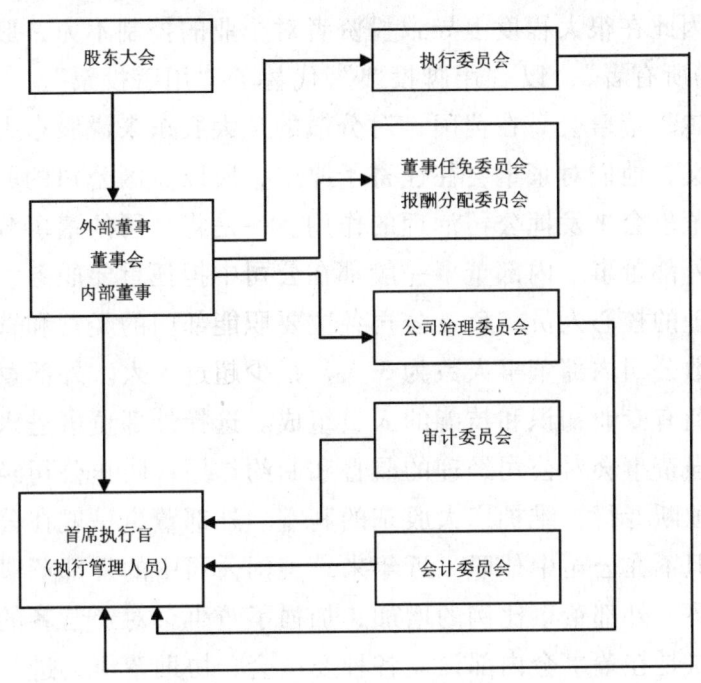

图 5-1 美国公司治理结构

（1）股权结构。美国目前最大的股东是机构投资者，如养老基金、人寿保险、互助基金以及大学基金、慈善机构等。其中，养老基金所占份额最大。在 20 世纪 90 年代初，机构投资者控制了全国大中型企业 40% 的普通股，拥有较大中型企业 40% 的普通股，拥有较大型企业 40% 的中长期债权。20 家最大的养老基金拥有上市公司约 10% 的普通股。不过，尽管机构投资者的持股总量很大，有的甚至达上十亿美元，甚至几十亿美元，但在一个特定公司中机构投资者的持股比例往往比较低，一般仅为 1% 左右，因而在被持股公司中只有非常有限的发言权，不足以对经理人员产生任何影响。

（2）组织结构。

第一，股东大会。美国公司的股东非常分散，相当一部分股东只有少量股份，股东对公司的控制与管理存在着"免费搭车"的心理，因此在很大程度上导致投资者对企业的控制不力，股东成了"缺席的所有者"，以"用脚投票"代替了"用手投票"。

第二，董事会。在美国，对分散的广大股东来说股东大会没有实际意义，他们对董事会往往寄予厚望，所以美国公司的股东更注重通过董事会来发挥公司治理的作用。一是将公司的董事分成内部董事和外部董事。内部董事一般都在公司中担任重要职务，是公司经营管理的核心人员，负责公司各主要职能部门的经营和管理。美国大多数公司内部董事人数为3人，很少超过5人。外部董事由公司外部拥有专业知识和技能的人员组成。选择外部董事进入董事会意在加强董事会对公司经理的监督和制约作用，防止公司经理在决策中的独断专行，维护广大股东的利益。外部董事一般在公司中占多数，但不在公司中任职。近年来，美国公司中的外部董事比例呈上升趋势。外部董事比例的增加，加强了董事会对经营者的监督与控制。二是在董事会内部设立各种委员会，协助董事会进行经营决策。内设委员会一般包括：执行委员会（Executive Committee）、提名委员会（Nominating Committee）、报酬委员会（Compensation Committee）和审计委员会（Audit Committee）等。这些委员会一般由董事长直接领导，大多由各方面的专家组成。

第三，首席执行官。董事会为了集中精力搞好重大决策，往往雇请专门的经营管理人员负责日常决策，其最高级别的行政官为首席执行官（CEO）。在多数情况下，CEO由董事长兼任。即使不是由董事长兼任，担任此职的人也一定是公司的常务董事或公司董事长继承人。由于公司经营管理日益复杂化，经理职能也日益专业化，许多公司在CEO下又设一个或若干助手。如首席经营官（Chief Operation Officer，COO）、首席财务官（Chief Financial Officer，CFO）等。CEO是公司董事会的受托人，授予他（她）何种权利、多大权利以及在何种情况下授予,由公司董事会决定。CEO 的设立体现了公司经营权的进一步集中。

第四,审计监督机构。美国企业没有监事会,审计监督职能由公司聘请专门的审计事务所承担,主要负责审计年度财务报告。虽然公司内部也设有审计委员会,但其主要职能是协助董事会或总公司监督子公司的财务状况。美国是一个证券市场非常发达的国家,股票交易在很大程度上依赖于信息的正当披露,公司自设的审计机构在信息披露的客观公正方面难免有偏差,所以美国很早就出现了由独立会计师承办的审计事务,由企业聘请对企业经营状况进行独立审计并发布审计报告,以示公正。美国公司每年的财务报告都附有审计事务所首席审计师签发的审计报告。

5.2.3 日本公司治理结构

(1)股权结构。日本公司的资本主要来源于借入资本。自 20 世纪 60 年代以来,控制公司股权者主要是金融机构和实业法人。金融机构和实业法人持股比例,在 1960 年为 40.9%,1984 年为 64.4%,1989 年增加到 72%。20 世纪 90 年代以来,借入资本都维持在 70%以上的水平上(见表 5-1)。

表 5-1　　　　　　　　日本公司自有资本比率

年　份	1990	1991	1992	1993	1994	1995
自有资本比率	26.4	26.7	27.3	28.0	28.5	28.4
负债比率	73.6	73.3	72.7	72.0	71.5	71.6

资料来源:李维安:《现代公司治理结构研究》,中国人民大学出版社 2002 年版,第 106 页。

法人持股和法人相互持股是日本公司股权结构又一基本特征。第二次世界大战以后,随着持股主体多元化和股东数量的大量增加,日本企业的股权日益分散化。但在这一过程中,股权并没有流向个人,而是流向了法人企业,从而出现了日本企业股东法人化现象。据统计,1949~1989 年,日本个人股东的持股率从 69.1%下降到 22.6%，而法人股东的持股率则从 15.5% 上升到 72%。正是由于日本公司法人持股占绝对比重，因此有人称日本公司为法人资本所有制，称日本经济为法人资本主义。

（2）组织结构。日本的公司治理结构一般采取"股东大会——董事会——高级经理（包括社长、副社长、专务、常务等）"三层结构。

日本公司的股东大会是公司的最高权力机构，董事会是最高决策机构，高级经理负责日常经营活动。由于股东相互持股以及个人持股比例相对较小，公司股东大会实际上被公司的经营者控制。董事会以社长为中心，社长掌握董事会的人事权。董事会成员基本上由按照序列位置的副社长、常务和专务等常务会成员构成，主要来自企业内部。日本公司的外部董事比例极小，即使有也是由社长推荐的；监事会也在社长的控制之下。

对公司的监督和约束主要来自两个方面：一是来自交叉持股的持股公司，即企业集团内的企业相互控制。总经理会（社长会）就是大股东大会。如果一个企业经营业绩差或经营者没有能力，大股东会就会对该企业的经营者提出批评意见，督促其改进工作，直至罢免经营者。二是来自主银行。主银行一般有三个特点：提供较大份额的贷款；拥有一定的股本（5% 以下）；派出员工任客户企业的经理或董事。银行几乎不持有与自己没有交易关系公司的股份，持股的目的基本上是实现和保持企业集团化。主银行监督公司经营的方式：在公司业绩较好、公司运转正常时，一般不进行干预；在公司业绩差，甚至恶化时，显示其控制力，或向公司派驻人员，包括董事等，或通过大股东会、董事会更换经理人员。

5.3 西方公司治理模式比较分析

5.3.1 英国和美国公司治理模式的优势与不足

在英国和美国公司治理模式中，对经营者的监督是通过股东监控机制来实现的。这一模式有以下优势和特点：

（1）实现资源的合理配置。英美公司治理侧重于市场的作用，强调资源的流动性，不仅可以为投资者及时提供真实可靠的信息，减少投资者风险，保护投资者利益，也有利于资源的配置与再配置，使资源向优势企业集中，淘汰落后企业。

（2）激发经营者强烈的创新精神。股东通过市场来控制、监督、激励和约束经营者，可以在很大程度上让经营者放开手脚，大胆创新，敢于冒险，从而使创造力得以充分发挥。这种创新精神对企业的长远发展非常重要。一个缺乏创新和冒险精神的企业是一个落后的企业。英美企业创新能力比较强与两国采取的公司治理结构不无关系。

（3）具有高资本市场收益率。资本市场的收益率与其赖以生存的公司治理机制紧密相关。由于股票市场中资金的快速流动，使得英美公司再投资的收益率，无论是股票市场平均收益率还是超额收益率都比日本高，尽管日本公司的治理结构曾经一度被认为是比较高的（见表5-2）。

表5-2　　　　美国和日本股票市场资本收益率　　　　单位：%

期 间	美 国		日 本	
	平均收益率	超额收益率	平均收益率	超额收益率
1980~1994年	13.5	6.0	9.8	2.8
1980~1998年	16.3	8.9	7.3	2.4

资料来源：李维安：《现代公司治理结构研究》，中国人民大学出版社2002年版，第98页。

(4) 提升公司的竞争力。英美公司治理结构的安排，有利于企业依靠兼并机制，靠规模经济优势来增强企业的竞争力。据1999年《财富》杂志统计，美国企业在全世界500强的数量由1995年的153家增加到1998年的185家，英国则由1995年的33家增加到1998年的39家。

英美公司治理模式的不足主要表现在以下几个方面：

其一，高度分散的股权结构造成经营者的短期行为。在英美，由于股东判断企业经营绩效的主要标准是盈利率和股票价格的高低，这就使公司经营者在追求短期回报和高收益率的巨大压力下，不得不把注意力集中在目前或近期利润上，以股东收益最大化为经营目标。

其二，公司股权高度流动性使得公司资本结构的稳定性较差。由于股东以追求短期投资收益率最大化为标准，企业经营一旦出现波动股票便不断转手，这使得公司的长远发展没有稳定的资本结构做保障，容易出现被兼并、被并购的动荡。在20世纪，美国曾出现四次兼并浪潮，分别发生在20年代、50年代、60年代和70~80年代。

其三，没有兼顾其他相关利益者的利益。在英美公司治理模式中，股东被看成唯一的所有者。企业存在的目的就是股东实现更多的利润，而对公司其他利益相关者的利益往往视而不见，特别是企业员工长期处于被支配和被雇佣的地位，得不到足够的重视。

5.3.2 德国和日本公司治理模式的优势与不足

德国和日本公司由于经济、政治、文化、历史以及法律等因素的影响，形成有别于英美公司的治理结构。这一治理结构的主要优点有：

(1) 实现"最优的所有权安排"。德日公司治理模式通过银行参与使债权人获得了剩余索取权和剩余控制权，由后备所有者一跃成为现实所有者；通过员工参与使劳动者也获得了剩余索取权和剩余控制权，由单纯的被监督者成为兼具监督者和被监督者双重身份，较好地解决了目标不一致和信息不对称的问题。

（2）实现公司长期稳定发展。德日公司的核心股东银行作为一个稳定的股东，不仅能有效地制止并购事件的频繁发生，而且也决定了公司经营者以及整个公司的行为都具有长期性。这对公司长远发展是非常有利的。美国国家科学基金会的研究表明，德国和日本公司在研究开发、固定资产投资方面的开支明显超过美国。此外，公司法人相互持股不但没有造成垄断和侵犯股东的利益，相反相互控制、相互依赖的协调关系形成了促进公司长远稳定发展的强大推动力。一旦有联系的企业发生困难，则由集团内主银行出面予以资金融通，这从某种程度上可以避免企业倒闭，对整个集团的稳定经营与长远发展具有重要作用。

（3）降低成本，提高效率。德国和日本公司的债权和股权比较集中，可以降低融资成本，也易于解决长期投资所需要的资金以及短期所遇到的财务困难。法人相互持股的股权结构，把分散竞争的企业凝聚在一个企业集团内，建立起企业间长期稳定的交易关系，避免一次次寻找对象、决定交易条件，由此可以节约交易费用，提高交易效率。

德日公司治理模式也存在一些不足，主要是：

其一，缺乏外部资本市场的压力。法人持股的目的不在于获得短期利润，而在于通过稳定经营增加企业长期利益。这使得企业的股权相对稳定、流动性差，资本市场难以发挥对企业经营者的监督和制约作用。

其二，经营者缺乏危机感，创新动力不足。由于公司之间相互持股，形成相对稳定的股东，加之缺乏英美公司那样来自外部市场的压力（在日本敌意并购几乎没有），因此德日公司的经营者缺乏危机感，对企业发展的创新动力并不十分强烈。

其三，银行与企业高度依存，易产生泡沫经济。

5.4　中国保险公司治理结构存在的问题

新中国成立以来，我国的保险业公司治理机制可分为如下三个阶段：改革开放以前，保险业的公司治理机制是单一政府管理制，政企合一，计划管理。1978～90年代中期，保险业投资主体逐渐多元化，新成立的股份制保险公司设立"三会"等治理机构，但股东产权性质单一，治理结构尚处于"搭架子、摆样子"阶段。20世纪90年代中期至今，投资主体多元化更加深入，出现了国家股、法人股、外资股、私人股的混合产权结构，公司治理结构建设步入全新阶段。特别是2003年以国有保险公司股份制改革为标志，保险公司治理机制改革实现重要突破，中国人寿、中国人保和中国再保三家保险公司完成改制上市，公司治理开始与国际先进模式接轨。但总体看，我国尚未形成一套完整的、相互制衡、相互协调的保险公司治理结构，缺乏一套成熟的公司治理自律机制。

5.4.1　股东权利流于形式

目前我国中资股份制保险公司股本来源大多是国有股，股权性质单一，国有股占绝对垄断地位，民营资本很少，实际上相当于准国有保险公司。由于是国有股份，股东行使自己的权利往往积极性不高，股东大会表决也往往流于形式，难以形成对董事会强有力的制约机制，公司治理机制难以发挥最大效用，其他中小股东无法在董事会、监事会人选确立和公司战略等重大决策方面与之抗衡，难以形成有效的市场治理效应。同时，国有股所有者虚位，委托代理依然存在严重问题，大股东都属于"国有"，政府作为国有股权的代表，通过层层委托，授权管理者经营。由于委托人并不是真正的产权所有者，不享有产权剩余索取权，原国有公司存在的问题并没有得到根本改观。

5.4.2 董事会的职权和责任还不够明确

在股份制保险公司中,设立董事会的本意是建立集体决策的机制,但是现实中的情况却常常是董事长说了算,董事长"一言堂",其他董事不管事,没有真正做到集体决策。几乎无所不管的董事长将控制权、执行权和监督权集于一身,董事长行使权力具有较大的任意性。同时,引入的独立董事制度也面临挑战,独立董事的作用受到广泛质疑。据抽样调查显示,33.3%的独立董事在董事会表决时从未投过弃权票或反对票,35%的独立董事从未发表过与上市公司大股东有分歧的独立意见。

5.4.3 监事会的作用得不到切实发挥

由职工代表出任的监事,在职务、工资、奖金、福利等方面受到董事会、经理层的制约,难以有效地行使监事的权力。由股东大会选出的监事,一般由股东单位人员兼任,对保险公司的经营状况甚至是一些重大决策并不十分了解,未能行使对董事会、经理层经营行为的有效监督。监事会在很大程度上成了未能行使职权的"摆设"。

5.4.4 经理人员缺乏有效的激励和约束机制

在股份制保险公司中,尚未建立对于经理人员的业绩考核和激励制度,如与经营业绩挂钩的年薪制、股票期权、认股权证等激励办法尚未在股份制保险公司内部进行试点、推广。为了满足自己的利益,如薪水的提高、抗风险能力的增强等,经理往往倾向于过度扩张的经营方式,而做出损害公司所有者利益的行为。公司内部人控制现象严重,经营者注重短期经营行为。

5.5 保险公司治理结构国际标准与要求

为区分和保护公司有关各方的利益，国际保险监督官协会（IAIS）《保险核心监管原则（ICP）》制定了保险公司治理结构监管的要求与标准。

5.5.1 总体要求

（1）保险公司应当谨慎经营和管理。公司治理指的是董事会和高级经营层管理保险公司业务的方式。它包括董事会成员和高级经营层如何对其行为进行负责的方式。及时和准确地披露保险公司的重大事项，包括财务状况、经营状况、所有权和治理情况等，是保险公司治理结构的重要内容。此外，公司治理还包括符合法律和监管要求。

（2）董事会是治理结构中的重点。董事会对保险公司的经营和行为负最终责任，其授权各委员会和经理层并不能减轻或豁免其本身的责任。董事会应确保其制订的每项政策都被贯彻和实施，确保遵守相关的法律法规。当董事长与首席执行官是同一人时，监管机构要检查该公司是否有合适的控制手段，来保证公司的经营管理对董事会负责。

5.5.2 基本标准

监管机构要求并检查保险公司遵守所有适用的公司治理原则。

（1）董事会职责。

- 对其在执行具体的公司治理原则时的职责进行规定。这些规定要充分考虑到保险公司的规模大小、性质及复杂性。
- 制定政策和目标以及实现的方法，监督和评价实施的过程，至少每年对是否坚持了政策和目标进行一次评价。

- 确保保险公司采取的组织结构有利于促进该公司的有效和审慎管理以及董事会的监督。设立董事会,并由董事会监督公司的风险管理体系,建立审计、精算和内控等制度。

- 划分董事会、董事会主席、首席执行官和高级经理层之间的职责与合作关系。董事会将某些职责授权给他人,并建立决策机制和程序。保险公司建立职责分工体系,以保证权力制衡,没有任何一个人能够拥有独断的权力。

- 建立董事、高级经理人员及其他人员的业务操守。包括在个人交易、对内部和外部机构的优惠待遇等方面的规定。保险公司有一个持续的、合适的、有效的流程,以保证这些标准的遵守。

- 任命和撤换高级经理层,建立一套定期评价的薪酬制度。

- 集体确保保险公司遵守所有有关法律、法规和行为准则。

- 不会受到经理层或其他各方的不正常干扰。董事会可以获取保险公司的信息,并能要求和获得额外的信息,在他们认为合适时,对这些信息进行分析。

- 制订关于利益冲突、公平对待客户及与有关利益方共享信息的政策,并定期评价这些政策。

(2) 高级经营层职责。

- 根据董事会制订的目标、政策和相关法规,负责保险公司的日常经营。

- 就目标、策略、业务计划及其他有关保险公司运行的重要政策,对董事会提出建议。

- 为董事会提供全面及时的有关信息,以供董事会评论其业务目标、策略和政策,并使高级经理层对其行为负责。

5.5.3 附加标准

- 董事会可以设立诸如薪酬、审计和风险管理委员会的专门委员会。

- 对董事会和高级经理层的薪酬制度,要考虑保险公司的运营结果及个人的表现，薪酬制度不能有鼓励不谨慎行为的激励措施。

• 董事会指定专门人员负责确保遵守有关法律、法规和行为规范，这些人员要定期向董事会汇报。

• 当监管机构对精算负责人进行监管时，精算师应能直接与董事会或某一专业委员会联系，并及时向董事会报告有关事项。

5.6 完善中国保险公司治理结构的思考

完善保险公司治理结构的本质是通过一整套的制度安排，促进利益相关的各方面（股东、经营管理人员、职工、债权人）进行协作，提高保险公司的经营效率，实现各方面的利益。

5.6.1 完善股东大会制度

（1）提高股东代表行使股东权益的能力和水平。股份制保险公司的股东大多数为国有企业法人，他们委派股东代表参加股东会，行使股东的权利，应当注重股东代表的专业知识水平，如法律、财务、经营管理方面的专业知识，同时要提高股东代表的责任感。如果本单位缺乏合适的人选，可以委托注册会计师、律师等中介专业人士担任，这样可以更好地行使股东权利。

（2）实现股权结构的多元化。在股份制保险公司的持股结构中，应广泛引入民营企业、外资企业。因为民营企业、外资企业对自己的股权投资的权益比较重视，参与股份制保险公司重大经营决策的积极性比较高。

（3）强化股东大会的信息沟通和披露制度。建立和执行有效的、可实施的、有助于确保公司决策和管理机制健全的信息披露标准，及时、准确、全面地披露与业绩有关的财务信息和包括公司经营状况、治理情况在内的其他重要的非财务信息，保证保险公司运作的透明度。

5.6.2 完善董事会制度

（1）强化董事和整个董事会的责任。包括完善董事会的结构与决策程序，避免在董事会上董事长一人说了算，防止重大经营决策不经过董事会而由董事长一人做出，确保董事会对公司的战略性指导和对经理人员的有效监督，确保董事会对公司股东负责，使董事会的决策和运作真正符合全体股东的根本利益。

（2）实行董事问责机制。对于在公司经营不当的时候，未能提出可靠的调整意见的董事，应该考虑基于保护股东、投保人等公众利益的理由，向法院申请取消其担任董事的资格，强化对董事的问责机制。要设立有法律地位的、有关公司董事责任的声明；要强化对公司董事的训练，并且为公司董事（特别是附属公司董事）提供董事入门之类的专门知识的手册。

（3）强化独立董事职能作用。在股份制保险公司中，应该设立不属于"内部人"的独立董事。独立董事虽属兼职性质，但其主要任务是监督企业的经营活动，维护股东利益，参与董事会的重大决策，为企业提供咨询、意见，考评董事会的工作绩效，并决定其报酬。独立董事的人数应该超过董事会总人数的1/3以上，独立董事的选任应由股东大会而不是董事会决定。独立董事应该是经过专门培训的金融专家、经营管理专家、律师和注册会计师等人员构成。独立董事在董事会中具有否决权，被独立董事否决的议案如果再议时，要由全体董事的2/3以上同意才能通过，并且要在公开披露的决议中列明独立董事的意见。独立董事去职必须对外公布。董事会对外发布的公告应有独立董事意见。同时，要从引进独立董事的本源出发，对现有制度进行改进和完善：一是改革独立董事选举制度，如当散户股权比重达到20%时，可委托某中介机构委派独立董事。二是改革独立董事的薪酬制度，使收入与公司经营特别是长期绩效挂钩，产生正向激励。三是构建独立董事人才市场，探索独立董事职业化道路。通过出台任职资格制度、建立人才中介机构、完善董事声誉管理等，培育市场紧缺人才。

（4）董事会应设立专门的委员会。诸如执行委员会、审计委员会、薪酬委员会等，其主要负责人应由外部董事担任。执行委员会应对公司的总体业绩进行监督，就有关公司总体发展方向的一切重大事项向董事长提出建议，其中包括提交董事会的重大人事事项，评估政策和战略原则，制定提交董事会的投资战略、经营计划和预算，以及执行董事会临时授予的其他职责。审计委员会行使公司的内部财务控制。审计委员会如有理由认为公司任何董事、高级职员或雇员涉嫌违反法律、规章制度，审计委员会有权要求公司的审计师给予协助，及对公司上述人员进行质询。薪酬委员会应根据董事会决定的薪酬政策，确定应付给董事和由董事会任命的高级管理人员的报酬，就员工股票期权的设立和结构、股权管理计划提出建议。

5.6.3 完善监事会制度

赋予监事会更大的权力。监事会不仅有监督权，还应授予控制权和战略决策权，有一定权力任免董事会或经理班子的成员，参与和否决董事会与经理班子的决策，使其既能维护股东的利益，又能限制董事会的行为。公司董事会成员不得兼任监事。董事会每次召开会议，都应该邀请监事会成员列席。监事会主席应为股东大会向保险公司派出的代表。监事会主席应由大股东提名，股东大会投票、选举之后产生的，该代表了解监事会的工作，并就公司的有关情况向董事会提出建议。监事会中，根据企业规模和职工人数的多少，职工代表应占1/3~1/2的席位。

5.6.4 完善经理制度

（1）建立对经理层业绩的选拔、考核、约束机制。对经理人员实行公开聘选机制，改变行政任命方式，将竞争机制引入经理聘选中，对经理进行上岗竞争激励。应进一步完善对各级经理人员的激励和制约机制，经理的酬金应与他们在增加股东资产方面所做的贡献直接挂钩。为了保证公平地对待每一位公司的管理人员，必须建立一个"以业绩论工资"的制度。可以考虑采取对经营者和骨干人员实行认股权证、股票期权等激励办法，使他们的利益与企业的利益联系在一起。对于经理层的业绩，也可以通过外部评价的方式进行，如通过所谓"用脚投票"和"恶意收购"实现对经理活动的监督。

（2）确保董事会对于经理层的监督。全面监督经理执行董事会制定的经营目标、重大方针和经营管理原则的情况；掌握高层经理的任免、报酬与奖惩；防止个别股东、董事以及经理人员滥用公司资产和进行私下交易；设立财务控制与风险监测系统，确保公司的会计和财务报告的真实性，监察主要的资本支出、资产售出、收购和兼并；监督信息披露的过程，保证信息披露的全面和及时。

（3）确保公司高层经理人员有效行使职权。首先是它的总经理（或首席执行官）有职有权，在董事会授权范围内对日常经营和投资自主决策，任何其他机构不得干预。严格按《公司法》建立层次分明的人事管理体制，构建权责明确的管理体系。在公司内，要管事管人相一致；在人事管理上，上一层次管下一层次；在责任体系上，下一层次对上一层次负责。

5.6.5 完善员工持股计划

员工是落实治理效用的执行环节，也是公司治理结构中的重要部分。从目前员工持股实践看，由于人人平等、持股量较小等原因造成了新的"大锅饭"，无法实现员工持股初衷，为此需要进一步完善。一是合理拉开持股档次。根据员工职位、工作年限和贡献大小等确定相应标准，通过建立等级梯次，鼓励员工提升的积极性。二是提高持股份额。保险业资本金数额庞大，即使是很小的比例也是一大笔支出，如果比例不高，员工的积极性就不能有效调动。因此，如何提高购买能力，成为员工持股计划成败的关键。可以借鉴美国的方法，由企业提供担保，员工向金融机构申请票据质押贷款，并承诺以股息分红、工资等归还贷款，员工无须用现金购买。这虽与我国现行做法有很大区别，但有利于员工持股能力的提高。三是成立职工持股信托委员会。扶助员工认购、保管股票，并代表职工行使股东权利和义务，委派董（监）事，发挥监督、参谋作用。

6. 市场化：
保险机制有效运作的前提

人法地，地法天，天法道，道法自然。

——老子《道德经》第 25 章

现代经济是开放的市场经济。在开放的市场中，以市场需求为导向、以竞争的优胜劣汰为手段的商业模式，是实现资源合理配置、社会效率最大化的有效机制。中国改革开放 30 余年的实践已经充分证明了这一点。保险是商业体系的重要组成部分，要保持其有效运转与可持续发展，市场化是必然选择。这是保险资源充分有效配置的前提，是保险产业可持续发展的不竭动力。

6.1 中国市场化改革进程

6.1.1 市场化基本含义

从 1978 年算起，中国的市场化改革已走过 30 余年。30 年的市场化改革，使中国经济快速发展，综合国力显著增强，人民生活大幅度改善，实现了从贫穷到温饱再到总体小康的历史性跨越，全球影响力大大提升。2008年，中国GDP达到300 670亿元，是1978年的82倍，年均增速高达10%，是同期全球经济平均增速的2.8倍，人均GDP超过3 266.8美元。

所谓市场化，一是指市场机制在一个经济体的资源配置中持续发挥作用的经济体制演变过程；二是特指转轨国家经济体制由计划配置资源向市场配置资源的转变过程。前者是发展意义上的市场化，后者是转轨意义上的市场化。目前中国的市场化进程有发展意义上市场化的成分，更主要的是改革意义上的市场化。国际上进行比较时，论及转轨国家多指改革意义上的市场化。

6.1.2 中国市场化改革的基本特点

（1）恰当确定改革顺序和着力点。中国市场化改革首先从农村开始。1978年，农村开始实行家庭联产承包制，这极大地解放了农村生产力，使农业连年丰收，也为改革创造了雄厚的物质基础。然后逐步向城市扩展。在这一阶段，先是对国有企业实行放权让利，后强调股份制改造、政府职能转轨等制度创新；前期以国企改革为中心，后期则以行政管理体制改革、建设公共服务型政府为关键。

（2）逐步放开市场和价格。20世纪70年代末至80年代，国家放开小商品和部分农副产品价格，增加了市场有效供给，使老百姓亲身感受到改革给他们带来的实惠，也使得改革得到最广大民众的支持。到90年代初期，绝大部分农产品、工业消费品、工业生产资料的价格和市场已经放开，整个国民经济的活力开始显现，从此告别了短缺经济时代，买方市场格局初步形成。

（3）先体制外后体制内。改革开始不久，即允许和鼓励个体经济发展，接着允许和鼓励私营经济发展，在体制外培植市场经济主体，发挥市场的作用。然后"倒逼"体制内加快改革，特别是国有企业改革和国有资产管理体制改革。目前,个体、私营经济创造的 GDP 已占全国 GDP 总量的 40% 左右,提供了 80% 以上的新增就业岗位。

(4) 先微观后宏观。从 1979 年起,农村实行家庭联产承包制,城市采取扩大企业自主权,发展个体私营经济,逐步放活微观经济主体。在此基础上,国家开始推进宏观经济管理体制改革,国家宏观经济管理从直接管理向主要运用经济手段和法律手段的间接管理过渡。

(5) 从试办经济特区到全方位对外开放。20 世纪 80 年代以来,经济全球化逐渐深入发展。顺应这一历史潮流,我国不失时机地实行对外开放,发展对外贸易,大胆利用外资,利用各种国际资源。我国对外开放的不断扩大,不仅有效促进了经济的增长和对外经贸关系的发展,而且有力推动了经济改革的不断深化。

6.1.3 中国市场化程度

随着改革的深入,中国经济市场化持续推进,市场化程度不断提高。市场机制已经在中国经济生活中起主导作用,中国已经从计划经济体制的国家转变为市场经济体制的国家。

(1) 一般商品交换的市场化。商品价格形成的市场化是一般商品交换市场化的关键。1979 年,中国国家定价的比重在社会商品零售总额中占 97%,在农副产品收购总额中占 92.6%,在工业生产资料销售总额中占 100%。可见,当时商品价格是比较典型的计划形成机制,市场化水平很低。到 1990 年,市场调节价格在社会商品零售总额、农产品收购总额、生产资料销售总额中的比重,已分别达到 53.0%、51.6% 和 36.4%。目前,除少部分关系国计民生的重要商品和服务的价格仍由国家决定之外,绝大部分商品或服务的价格已基本放开,以市场调节为主的价格机制基本形成。

(2) 生产要素的市场化。与一般商品交换的市场化相比,生产要素的市场化进程相对较慢。据测算,生产要素的市场化程度平均不到50%。并且要素市场发育程度不平衡,劳动力市场和技术市场的发育程度较高,而金融领域的市场化程度较低。

(3) 地区市场化。中国各省、市、自治区之间的市场化进程很不平衡,各地区的市场化程度差别很大,东部地区的市场化进程明显快于中西部地区,而中部地区又快于西部地区。中国市场化进程的不平衡性,表明中国统一大市场的进程还远没有完成。

6.2 市场机制及其作用

市场的基本特征就是交换,而商品是交换行为的客体。商品所有者是市场的原生主体,它表现为不同的角色:生产者和消费者。商品经济的规律反映到市场经济中,形成了市场经济的内在机制。这些机制,如价格机制、供求机制、竞争机制、决策机制等就是市场经济发展的一般规律。

6.2.1 价值规律

价值规律是市场经济的基本规律。其基本内容是商品的价值量决定于生产该产品的社会必要劳动时间,各种商品均以各自的价值量为基础进行等价交换。价值规律是市场经济最基本的规律,是其他规律的前提。

(1) 调节社会总劳动在生产和流通各部门之间的分配。价值规律对社会生产的调节,是通过市场价格的上下波动来实现的。一个产品在生产过程中,它的劳动消耗必须符合或低于社会必要劳动消耗,才能获得收益。市场价格与价值的高低,反映了商品的供求关系。价值规律正是通过这种手段起着调节社会劳动的作用。在市场经济下,该基本经济规律是通过价值规律的作用来实现的。价值规律作为一种强制力要求每一个生产者都要重视市场的需求,只有适应市场的需求,才能谈得上生产满足社会的需要。

（2）促进社会生产力的发展。价值规律的作用是通过竞争和个别劳动时间与社会必要劳动时间的矛盾运动实现的。个别劳动时间低于社会必要劳动时间越多，商品生产者就越有利可图，在竞争中处于有利地位。为了降低个别劳动时间，生产者必须不断地改进生产技术和经营管理，而这一过程也就是整个社会生产力不断提高的过程。

6.2.2 竞争规律

竞争从实质上说就是商品生产中劳动消耗的比较。竞争规律是指商品经济中各个不同的利益主体，为了获得最佳的经济效益，互相争取有利的投资场所和销售条件的客观必然性，它和价值规律一样，都是商品经济固有的规律。

（1）实现产品的价值与市场价格。商品的价值是在竞争即市场上商品生产者的劳动消耗比较中实现的。竞争决定商品价值的社会必要劳动时间，一个新的产品的价值也只有在市场竞争中形成。同时，它还促使平均利润和生产价格的形成，促进资源要素的流动和配置效率的提高。

（2）加速市场优胜劣汰与新陈代谢。自然淘汰的法则在市场竞争中起着同样的作用。通过优胜劣汰，产业结构得到最迅速、最有效、最彻底的调整，促进社会经济更加迅速、合理地发展。

（3）推动社会技术进步与企业创新。企业的创新是社会发展的根本动力，而其中技术创新又是根本的，谁的技术先进，谁就在竞争中处于领先地位，立于不败之地。

6.2.3 供求规律

供求变动引起价格变动。这种商品供求变化与价格变动的相互作用，供给与需求的相互适应，形成均衡价格。

（1）释放价格信号。商品的供求促使价格围绕价值上下波动，为市场提供不断变动的价格信号。商品的供求状况影响价格变动：

当商品的供给一定，需求增加会引起商品价格的升高，反之则会引起商品价格的下降；当商品的需求一定，供给增加会导致商品价格的下降，反之则会导致商品价格的升高；当商品的供给与需求同时增加，商品的需求增加快于供给增加会引起商品价格的升高，反之则会引起商品价格的下降。两者同步增加则不会影响价格的变动；当商品的供给与需求同时减少，商品的需求减少快于供给减少会导致商品价格的下降，反之则会导致商品价格的升高，而两者同步减少则不会影响价格的变动。

（2）影响市场结构。商品的供求直接决定市场总量与结构状况，推动市场在均衡和非均衡的状态中得到发展。

6.3 费率市场化国际趋势与经验

保险商品是一种以服务形态存在，具有经济补偿和社会保障的功能，体现一定经济利益关系的特殊商品。与一般商品不同，保险具有技术上的专业性和虚拟性、经营上的负债性和社会性、市场交易中的信息不完全性和不对称性，涉及广泛的公众利益，其价格决定主要受损失或然率的影响，存在典型的市场失灵。在较早期的保险监管实践中，一些国家政府将保险市场运行纳入了严格的政府规制之下，有些国家甚至采取了极为严格的监管。如美国，无论是保险条款还是保险费率，都采取了较为严格的监管方式，美国大部分州规定，各种形式的保险合同在销售前，必须经过州保险监管机构批准或备案。

对费率和保险条款的监管或控制，实际上就是对保险产品价格的控制或干预。然而，就市场本性来说，市场中产品的价格如何？应该是市场自愿交易的结果，应该受价值规律的自动调节。政府作为一种替代市场的配置资源方式，对保险产品和保险价格的直接干预，这与市场自愿交易的客观要求相违背，不利于实现保险市场资源的优化配置及提高保险市场的效率。从各国政府保险严格监管的实际效果看,不但没有消除市场失灵,反而招致"政府失败",扭曲了市场供求曲线,降低了行业效率。因此,随着市场的成熟与发展,实行和推进保险产品市场化,逐步成为各国提高保险市场效率的共识和现实选择。

6.3.1 欧美保险费率市场化

(1) 欧洲。欧洲费率市场化始于20世纪90年代。随着"欧洲1994"协议生效和欧洲统一保险市场的形成,保险条款、费率不再受政府管制,而是由保险企业自主决定,从而拉开了欧洲保险产品市场化的序幕。各国纷纷取消对保险产品的各种政府管制,推行产品市场化。以德国车险市场为例,从1995年开始,德国启动了车险改革,将车险条款费率制定权完全下放给保险公司,以实现车险市场化运作。同样的情形也发生在其他欧洲统一市场上。

(2) 美国。美国从20世纪70年代放松费率管制。1944～1970年,美国的保险费率受到普遍的管制,必须经过事前审查和批准,不论是自己单独订立,还是由若干保险人协商订立,有关订立保险费率的材料必须上报保险监管机构,经过批准以后才能正式使用。并且,为了保证保险机构批准决定的公正,还规定了相应的行政听审程序和司法审查程序。20世纪70年代后,对保险费率监管进行重新评估,开始放松对费率的管制。许多州开始着手废除"事前审批",改为"申请使用"或"完全不用申请"的方式,保险人不需要得到监管机构的批准,只需要向监管机构提出报告备案,自己就可以决定保险费率。

(3) 加拿大。在加拿大,保险公司的新产品只需向监管机构——加拿大金融管理局备案后即可销售,而不需要审核批准。同时,针对保险产品的设计、定价及销售可能带给保险公司的风险,加拿大金融管理局颁布了《稳健经营和财务实务标准:产品设计和定价管理》,对保险公司谨慎管理和控制产品涉及与定价风险所必需满足的最低要求做出规定。

6.3.2 亚洲保险费率市场化

在亚洲保险市场，以日本、韩国为代表，在近十几年来的发展中也呈现市场化的趋势。

(1) 韩国。韩国于1994年开始实行费率自由化改革。在此之前，各保险公司使用由财产保险费率制定委员会（现为保险开发院）制定的共同费率（即协定费率），根据监督部门批准的费率标准来统一进行风险分类，确定费率和展业标准，最终确定保险费。从1994年开始，韩国采取了循序渐进的保险费率自由化改革：1994年，启动浮动费率改革；1995年，对投保年限费率采用浮动费率；1996年，对基本保费采用浮动费率；1998年，扩大基本保费中浮动费率的浮动范围；2000年，实行附加保费的自由化，将基本保费中浮动费率的浮动范围予以废除。2000年后，发展到各公司对自己纯保费制定不同费率，实施纯保费的差别化，从而实现了费率自由化、市场化。

(2) 日本。日本从1998年开始实行费率自由化，并从车险起步。在此之前，日本车险市场上各保险公司统一使用"独立的机动车辆保险算定会"（AIRO）厘定的车险条款和费率。1998年7月1日，日本《财务制度改革法》获得批准后，有关非寿险费率厘定组织的法律相应进行了修改，启动了车险产品市场化。从此，日本机动车辆保险算定会只负责计算参考损失——成本费率（即建议性净保费率）。其成员保险公司可将上述费率作为基准费率，根据自身的经营状况，自主制订车险条款和费率，并无义务一定要使用由AIRO提出的建议性净保险费率。

6.4 中国保险费率市场化的必要性

6.4.1 市场机制与价值规律的客观要求

保险费率即保险产品的价格。合理的价格要求既反映价值，又调节供求。保险费率应当根据地域、保险消费者的风险度和保险公司的经营成本等不同情况由保险双方当事人制定，并且能够自动调节供给与需求。保险公司应根据风险高低不同提供相应的保险品种和保障水平。但在统一的费率管制下，会出现高风险保险标的以低费率获得高保障，低风险保险标的以高费率获得低保障的情况。风险的不一致性、费率与其风险等级的背离，导致保险公司多收或少收保费，影响了保险公司的财务稳定性，扰乱了市场秩序，加大了监管成本。由此可见，僵化单一的费率体制忽视了市场经济中的价值规律，扭曲了竞争、价格及供求的一般规律。

6.4.2 推进市场竞争的需要

目前，中国保险市场结构的基本特点是，保险公司数量较少，市场集中度高，不论是产险还是寿险，前4名保险公司市场份额超过70%；且大公司特别大，小公司特别小，与以日本和韩国为代表的大企业市场、以中国香港为代表的小企业市场以及以美国为代表的大小企业共存的市场有很大不同。在这种市场格局下，由于对费率实行严格管制，保险公司缺乏公平竞争、依法竞争的意识和能力，特别是抑制了小公司的发展，使得新成立的小公司不能充分利用在市场竞争中所具有的机制新、服务好、包袱轻的优势与大保险公司展开竞争，从而到头来只是保护了市场垄断局面，造成保险公司的竞争力低下，民众享受不到价廉物美的保险商品服务。特别是在统一费率这棵"大树"的保护下，实际上高手续费、高返还、低费率的不正当手段大打赔本的"价格战"无处不在，导致保险市场长期以来一直处在一个"市场保护"和"混乱竞争"同时存在的畸形状态。要改变这一状况，推进保险费率市场化改革非常必要。费率市场化，一方面保险市场的价格竞争将逐渐明朗化，不仅有利于监管部门加强监管，同时也有利于形成公平合理的竞争秩序；另一方面，一些经营好、成本低的保险公司将有效地拿起价格竞争的武器，更好地发挥自己的综合优势，通过市场竞争的优胜劣汰推动中国保险业整体竞争实力的增强。

6.4.3 促进保险公司创新发展的需要

严格管制费率容易使保险公司处于被动地位，导致保险公司的工作重点本末倒置。在统一费率下，保险公司不愿意花大力气去了解和研究投保人需要什么，市场需要什么，导致各公司在产品开发上积极性并不高，更谈不上进行积极的产品机构调整和体制创新，因为有高费率保护，保险公司赚钱无忧，既无内在压力，也无外在压力，极大地抑制了保险公司的灵活自主性和创新精神。

实行费率市场化，保险公司有了更多自主权，能够根据保险市场供求关系等因素对保险产品价格进行掌控，在差异化竞争环境下进行自主定价，进而自主针对市场需求开发出适合的险种，吸引更多的客户。同时，在竞争规律的作用下，保险费率的总体水平将趋于下降。因此，费率市场化有利于保险企业创新发展，更好地满足市场需要。

6.4.4 市场差异化发展的需要

我国幅员辽阔，各地区间经济发展水平差异较大，地理、气候、道路等风险状况存在较大的差异。同时，不同时间和空间上的不同风险单位，出险频率和损失幅度存在很大差异；即使对同一险种，也会面临不同的风险状况和投保人不同的购买能力。长期以来，我国绝大部分保险险种一直实行全国统一的费率，忽略了各地区保额损失率不同的客观现实，使被保险人实际面临的风险与所缴付的保险费缺乏对价关系。这种情况显然既不公平又不科学，在一定程度上损害了我国保险业的健康发展。

6.4.5 发挥保险中介人功能与作用的需要

保险经纪人是保险中介人的主要形式。保险经纪人的职能是应投保人或被保险人的要求，为投保人与保险人订立保险合同提供中介服务。与其他形式的保险中介人相比，保险经纪人具有更为深厚的专业知识，是保险中介市场的重要组成部分，对保险业的发展有重要的推动作用。对被保险人而言，保险经纪人可代其选择保险产品，有助于其以最小的保险费用取得最大的保险保障；对保险人而言，保险经纪人有助于保险人扩大保险业务，节约经营费用，稳定经营；对保险市场而言，保险经纪人有利于促进保险市场竞争，提高保险质量，进而提高保险保障程度，促进保险业的发展。目前，我国保险经纪人发展严重滞后，其中一个重要原因就是对保险费率实行严格监管，保险公司同类产品的条款、费率相同。为被保险人设计投保方案的保险经纪人在某种程度上失去了存在的价值，扼杀了保险经纪人的功能和作用。

6.5 中国保险费率市场化的有利条件

经过30年改革开放特别是近10年的发展，我国保险业整体实力明显增强，经营方式和经营理念发生了深刻变化，市场机制开始建立，市场化程度不断提高，开始进入新阶段、新起点，实行费率市场化的条件基本成熟。

6.5.1 完善的市场体系开始形成

自1998年中国保监会成立以来，我国保险市场主体不断增加，市场结构不断改善,有竞争的市场格局开始形成。截至2008年底,全国共有各类保险公司112家。按业务性质分,财产保险公司47家,人寿保险公司56家,再保险公司9家;按资本来源分,中资保险公司64家,外资保险公司48家;有保险集团公司8家,保险资产管理公司9家;有保险专业中介机构2 445家,保险兼业代理机构13.66万家,保险个人代理人256.05万人。市场主体的多元化和组织机构的健全,为保险费率市场化提供了前提条件。

6.5.2 现代保险企业制度开始形成

近年来,保险业在金融体系中率先进行国有保险公司股份制改革,中国人民保险公司、中国人寿保险公司、中国太平洋保险公司、中国再保险公司先后成功完成股份制改造。其中,中国人寿股份有限公司、中国人保产险股份有限公司、中国太平洋集团以及中国平安集团等在海内外成功上市。通过股份制改造和上市,保险业从整体看初步建立起完备的法人治理机构,搭建起现代保险企业制度的基本框架。在这一制度下,保险公司开始树立正确的经营理念,注重风险管理,注重追求利润和经济效益。现代企业制度的建立为保险费率市场化提供了制度保障。

6.5.3 精算队伍初具规模

多年来,为了提高保险经营的专业技术水平,保险业非常重视精算队伍建设。随着海外精算师的引进和本土精算师的不断培养,我国初步形成了一支素质精良的精算队伍。截至2009年一季度末,我国本土培养精算师141人,准精算师有839人,在中国大陆工作的北美精算师等外籍精算师186人,基本上适应我国保险业发展的需要。精算力量的加强,有利于保险公司对定价风险的控制,提升了保险公司产品定价与风险控制能力。

6.5.4 共享经验数据库开始建立

保险定价依据主要是大数法则，经验数据的积累是产品定价的基础。近年来，保险业开始重视历史数据的分类统计工作，建立和不断完善保险经验数据库。比如，在寿险业方面，2003年，中国保监会启动了"中国人寿保险业经验生命表（1990~1993）"修订工作，在原有的基于1990~1993年的保险数据订立的生命表的基础上，汇集了中国人寿、平安人寿、太平洋人寿、新华人寿、泰康人寿和美国友邦人寿6家公司数万条信息，对生命表进行了符合实际的调整与充实，使寿险产品费率的厘定更加科学，更趋合理。

6.5.5 监管水平显著提高

自1998年中国保监会成立以来，我国保险监管不论是组织体系还是专业水平都不断加强，监管科学性不断提高。比如，前些年面对我国保险市场的急剧变化，中国保监会积极应对，及时制定颁布《新型产品精算规定》，建立新型产品信息披露制度，叫停分红健康险。又如，近年来针对国外先进保险产品如投连险、分红险、万能险等的大量引入，中国保监会及时对保险产品报备制度进行改革，对大部分人身产品实施事后报备制度。这表明我国的保险监管对保险市场风险具有比较强的控制能力，也说明保险监管开始朝市场化的方向迈进。

6.6 中国保险费率市场化带来的挑战

费率市场化是一把"双刃剑"，在促进和推动保险业公平有效发展的同时，对我国保险业也带来巨大挑战。

6.6.1 对市场的挑战

在费率市场化下,众多的中小型保险公司急于提高各自的市场份额,在市场竞争方面不惜代价和成本,使出浑身解数争夺市场;而位居前列的保险公司为了保持既有的市场优势和份额,在市场竞争方面也会针锋相对,大展身手,使保险市场硝烟弥漫、风声鹤唳,各种非规范竞争层出不穷,保险市场的健康和有序发展受到消极影响。

当前,国内保险市场不规范竞争的主要表现有:在设立地区壁垒的同时跨地区开展保险业务;窃取竞争对手的商业秘密;诋毁竞争对手;利用行政手段干预保险市场等等。其中,通过高手续费、高返还率、低费率争揽保险业务、安全无事故返还等最为常见。这种自杀式的竞争手段不仅增大了保险公司的经营风险,而且严重扰乱了市场秩序。

非规范竞争手段的泛滥表明保险公司规范竞争手段的不足,保险公司还没有足够有效的手段特别是通过服务赢得竞争优势。费率市场化赋予保险公司自主确定条款和费率,然而我国大多数保险公司已经习惯于用价格竞争手段开拓市场,这有可能导致费率继续走低,出现竞相压低费率的恶性竞争局面,产生劣币驱逐良币的效应,使得各种规范化的竞争手段进一步受到排挤,费率市场化的真正意义不仅得不到实现,而且可能导致保险公司大面积亏损,加大了保险公司的经营风险。

从规范意义上看,竞争手段的丰富和完善是保险公司迎接费率市场化的有效途径,但在费率市场化迅速推进的条件下,保险公司没有足够的精力和技术条件去丰富和完善自己的竞争手段,而倾向于直接降低费率并导致恶性竞争。所以就短期而言,费率市场化对规范保险市场也是一个严峻的挑战。

6.6.2 对保险公司的挑战

费率市场化对保险公司可能造成的风险除了保费收入减少、支付困难以外，还会导致保险公司的保险责任相对增加；同时，由于费率下降，投保人可能会要求退保后依照低费率重新投保，使公司经营的稳定性受到影响。此外，由于费率市场化使市场稳定的"屏障"被冲破，保险市场会因费率的波动而波动，保险市场也会变得更加不确定。我国保险市场尚处于初级阶段，除少数几家保险公司因资本实力较强、市场份额较高而具有相对较强的抗御市场风险、应对不确定性的能力以外，绝大多数保险公司的实力较弱，难以抗御费率市场化后随时可能发生的风险。如果因费率市场化而使保险公司的稳定性受到影响，或者因费率市场化而使保险市场的波动性增强，都将会对保险公司抗御市场风险、应对市场不确定性构成挑战。

由于费率市场化导致费率水平的下降，从短期看，费率市场化会构成对保险公司盈利能力的重大考验，对保险公司特别是大型保险公司的盈利能力可能带来消极影响，保险公司的盈利能力在一定时期内可能出现下降的情况。同时，费率下降，必然要求保险公司资金运用收益相应提高，以弥补由于费率下降所造成的承保利润的亏空。然而，目前我国保险公司资金运用的结果不理想，补亏能力有限。因此，费率市场化的推进进程中，偿付能力下降会给保险公司特别是大型传统保险公司带来巨大压力。

6.6.3 对保险监管的挑战

有效的保险监管是费率市场化顺利推进的条件和保障。多年来，我国保险监管习惯于对保险机构设置和各种规章制度的审批，习惯于对有突出不良表现的市场行为的监管，而对于保险公司的偿付能力以及与偿付能力有密切关联的一系列指标体系的监管严重不足，使保险费率不能被有效纳入保险监管的范围。同时，由于信息

监控手段的缺乏和技术能力的缺乏，保险监管部门不能及时对保险市场的费率变动进行跟踪监控，不能对费率的调整做出科学合理的判断，也难以对各种保险产品的费率提供参考性的数量标准和指导，可能会导致保险市场的费率变动处于失控状态。此外，对于各种恶意降费行为，保险监管部门缺乏强有力的手段予以制止和制裁，而且执行的力度也不够，起不到应有的监管作用，也使费率监管效果大打折扣。因此，在现行监管体制下，如果费率市场化在更广的范围和更深的层次上展开，必将构成对保险监管的严峻挑战。

6.7 推进中国保险费率市场化改革的对策

尽管面临着严峻的挑战，但借鉴国际经验，考虑保险业进入新时期新阶段转型发展和产业升级的需要，费率市场化是必然选择，是当前必须走的一条正确之路。费率市场化有利于促使保险公司加快经营管理体制改革的步伐，强化内部管理，加快产品和服务创新的节奏，更加注意风险的防范和成本的控制，从而提高保险公司的竞争实力和我国保险业发展的整体水平。只要我们从容面对，精心实施，我国的费率市场化一定能取得预期的成效，达到预期的目的。

6.7.1 构建科学有效的费率管理机制

建立科学的费率管理机制，是费率市场化中必不可少的环节，特别是在费率市场化的初期尤为重要。为此，我们要建立由保险监管机构、保险行业协会、保险公司、保险中介机构共同参与、科学分工的保险费率管理体制。除关系社会公众利益的险种、依法实行强制保险的险种和新开发的人寿保险险种等的保险条款和保险费率实行事前向保险监督管理机构备案制外，其他险种的条款和费率一律市场化，由保险公司根据市场变化情况适时调整，监管部门不再干预。同时，注意发挥保险行业协会在条款和费率厘定方面的指导作用，形成沟通保险公司和监管部门之间的桥梁，协调保险公司市场行为，消除保险公司在费率和条款方面的过大差异和分歧，使保险费率既符合监管要求，也能反映和调节市场供求，保证市场运行的有效性。

6.7.2 提高保险公司适应市场的能力

保险费率市场化在形式上是对保险公司产品和服务评价的市场化，而实际上是对保险公司综合竞争能力评价的市场化。在现代市场经济条件下，企业的竞争能力除了受到资本、技术和劳动力的影响以外，更重要的影响因素是知识、信息、技术，特别是管理和机制，这是国内保险公司最为薄弱的方面。为此，保险公司需采取如下措施：一是应建立市场化的企业组织结构，建立现代企业法人治理结构，加快企业经营管理体制改革的步伐。二是加强管理的基础建设，优化企业内部部门结构配置，优化企业内部流程，建立各种数据与信息收集、集中与分析和控制系统；同时，要吸收优秀人才进入管理岗位，提高管理的知识和技术含量。三是强化公司在战略规划、人力资源、市场营销、资本运作以及风险控制等重点领域的管理，强化风险约束，时刻注意防范定价风险、利率风险和财务风险等各类风险。

6.7.3 转变保险监管方式

适应费率管制向费率市场化转变，保险监管部门要转变监管方式，切实加强偿付能力监管，完善相关制度，加强信息披露，提高监管透明度。建立完善信息系统，疏通信息渠道，将费率监管纳入偿付能力监控体系，对主要保险公司、主要险种的费率实施有效跟踪监控，对保险公司的精算制度和组织体系进行监管，建立精算报告制度，对保险公司精算部门的组建、精算人员的资格确认、精算工作规程以及精算工具与方法的选用（如寿险生命表）实施监督。

在特殊条件下,保险监管机构可以根据审慎例外的原则,实行短期的费率冻结和管制,对投保人和国内的保险公司进行必要的保护,以维持其偿付能力。公开费率监管政策、监管制度和监管内容以及监管工作规程,并将各类监管检查的结果公之于众,接受社会公众的监督。

6.7.4 加强保险精算体系建设

费率市场化要以完备的保险精算体系为基础。要制定和完善保险精算法规和精算制度,严格规范保险公司的精算行为;扩大保险精算人才的培养,壮大保险精算队伍,并通过严格的考试制度和精算资格认证制度,确保保险精算人员的质量;加强保险精算研究,注意充分吸收国内外保险精算研究成果,建立适应中国国情的保险精算模型;丰富保险精算体系,扩大保险精算的范围,使保险精算成为厘定保险费率的重要基础;通过迅速收集、加工整理和补充数据资料等方式,建立保险精算数据库,使保险精算建立在丰富、完整、真实的资料基础之上。

6.7.5 培育专业诚信的中介市场

保险中介机构在费率市场化过程中也起着重要作用,保险中介机构可以通过其熟悉市场、掌握大量信息和具有高素质专业化人才的优势,为保险公司的费率厘定进行指导和帮助,有些甚至可以代理保险公司的费率精算与厘定。为此,应充分考虑保险市场特殊性及保险产品市场化所要求的交易制度的特征,借鉴西方保险市场上发展相对成熟的保险交易制度模式,推动中介交易机制创新。根据我国保险中介市场中存在的问题,在规范发展兼业代理和个人代理的同时,应通过一系列制度创新加快专业中介机构发展,建立起能与产品市场化相配套的中介交易制度模式,提高保险市场的交易效率,保障产品市场化改革的预期效率改善。

7. 保险企业的竞争与合作

> 上善若水。水善利万物而不争，处众人之所恶，故几于道。
>
> ——老子《道德经》第 8 章

竞争是人类社会进步的产物，是推动时代前进的动力；而合作是通向成功的指向标，是铺向成功的基石。在现代市场经济条件下，竞争与合作是相互联系的：缺乏竞争的合作没有动力，而缺乏合作的竞争必然混乱。只有竞争与合作并存，才能使竞争双方扬长避短，共同提高。保险业要做大做强，推进竞争、加强合作是必然的选择。

7.1 企业竞争

7.1.1 竞争基础：核心竞争力

企业的竞争力和战略优势是通过将企业的核心竞争力最大化和

将企业的弱势最小化,并以强有力的姿态迎接外来挑战而获得的。所谓核心竞争力,是指为企业带来相对于竞争对手的竞争优势的资源和动力。作为企业竞争优势的来源,核心竞争力使企业在竞争中脱颖而出而且能够反映企业的特性。作为一种行为的能力,核心竞争力能使企业超越竞争对手。企业通过这些核心竞争力,在一定的时间内给产品和服务增加价值。

当然,并不是所有的资源或能力都能成为核心竞争力。在实际操作中,一种资源或能力要想成为核心竞争力,必须是:从客户的角度出发,有价值且不可替代;从竞争者的角度出发,独特且不可模仿。只有在企业的能力无法被竞争对手抄袭、模仿的情况下,企业才能形成持久性的竞争优势。因此,判断一个企业是否有核心竞争力,应同时具备四项能力:有价值的能力、稀有的能力、难于模仿的能力以及不可替代的能力。

(1)有价值的能力。有价值的能力是指那些能够为企业在外部环境中利用机会、降低威胁而创造价值的能力,也是指为客户创造价值的能力。如索尼公司曾利用有价值的能力来设计、生产并销售微型电子技术,捕捉一系列的市场机会,这些机会包括那些便携式的 CD 播放机和 8mm 的摄像机。

(2)稀有的能力。稀有的能力是指那些极少数现有或潜在竞争对手能拥有的能力。如果一种能力被许多竞争对手所拥有,对于它们中的任意一个,都不太可能会产生竞争优势。相反,有价值而普遍存在的资源和能力可能会造成对等的竞争。只有当企业创造并发展了那些与竞争对手之间共有能力不一样的能力时,才会产生竞争优势。比如,戴尔公司的直销商业模式使它比竞争对手更有效率,也使它的增长率高于同行业的水平。

(3)难于模仿的能力。难于模仿的能力是其他企业不能轻易建立起来的能力。有三种情况可能产生难于模仿的能力:

其一,企业有时基于特定的历史条件而发展的别人难以模仿的自身能力。企业在早期历史所形成的独特和珍贵的组织文化可能会让企业拥有在其他历史时期成立的企业所不能模仿的优势。

其二，企业的竞争能力和竞争优势的界限有时比较模糊，竞争对手无法清楚地了解企业怎样利用它的竞争能力作为竞争优势的基础，其结果是竞争者们不能确定他们需要建立什么样的竞争能力才能得到与竞争对手的战略所获得的同样利益。

其三，由于社会关系的复杂性，许多企业的能力是复杂社会现象的产物，这种复杂性包括经理们之间以及经理与雇员之间的人际关系、信任、友谊以及企业在供应商和客户之间的声誉。

（4）不可替代的能力。不可替代的能力是指那些不具有战略对等资源的能力。一种能力越难被替代，它所产生的战略价值就越高。能力越是不可见，别的企业就越难找到它的替代能力，竞争对手就越难模仿它。企业的专有知识以及建立在经理和非经理员工之间信任基础上的工作关系就是很难被了解、也很难被替代的能力。

7.1.2 企业竞争的主要内容

（1）产品与价格竞争。为了占领市场，取得市场优势地位，各保险公司都力图提供比同业更低价位的产品，这是保险企业竞争的重要方面，也是各家保险公司采取的最为普遍的竞争手段。保险业内的产品和价格竞争主要发生在各保险公司费率厘定阶段。在这个阶段，企业尽可能设计比较低的费率，以吸引客户，迅速推向市场，形成竞争优势。

价格的制定是由保险公司决定的，而保险代理人一般不参与保险产品的价格制定（如果佣金的多少是协商制定的，并且计入最后的保险费率中，则代理人也会参与保险产品的价格制定）。但是，代理人之间也有价格竞争，这是基于他们所代表的公司进行的竞争。不同的保险公司的产品往往存在差异，选择所代理的公司也会有差异。

与其他产品价格一样，保险产品的价格也是成本的函数。保险公司的产品成本由以下几部分组成：

第一,损失和损失调整支出。该项成本在不同的公司有比较大的差异。有的公司通过有选择性的承保可以极大地降低损失成本。这种有选择性的承保意味着这类保险公司提供差异产品。"保险的价格竞争主要建立在这样一个容易被人忽视的因素之上,即保险产品的购买对象某种意义上就是保险人所售卖的产品。"① 如果保险人能够以低于平均损失率的水平选择客户,则说明他以较低的成本销售保险产品,收取较低的保费。

第二,佣金支出。从传统上说,保险产品最主要的生产成本是代理人佣金。有些公司,尤其是直接承保人,可以通过减少或消除代理人的佣金来降低保险的成本。在寿险领域,代理人佣金在承保的头几年里往往成本比较高,降低该项成本是实现产品低保费的重要途径。

第三,行政和管理费用。包括保险人提供产品时发生损失成本和佣金以外的那些支出。一般来说,行政管理费是相对稳定的,属固定成本,它对最终保费的影响程度根据不同保险人经营效率的不同而不同。而经营效率取决于一般管理费用的绝对数量、保险公司的人员素质以及固定成本所补偿的保费部分。

第四,税收。尽管税收在全部保费收入中只占很小的一部分,但也是构成保险成本的重要方面,是保险公司之间成本差异的一个影响因素。由于保险营业税(或保费税)是按照全部保费收入的一定比例收取的,因此它比其他成本项目更易于放大各保险公司之间的成本差异。

(2)服务与质量竞争。服务与质量的竞争是保险企业较高层次的竞争,是现代企业竞争的核心,是企业实现可持续发展的战略选择。服务与质量的竞争发生在两个层次:首先是保险公司之间的竞争。保险公司通过提供更广泛的承保范围和迅速的理赔服务进行

---

① 埃米特·J.沃恩、特丽莎·M.沃恩著,张洪涛译:《危险原理与保险》,中国人民大学出版社 2002 年版,第 87 页。

竞争。对于有些保险种类，保险产品的服务还包括保险人提供的调查和防灾防损服务。其次是发生在代理人或经纪人之间的竞争，这是服务和质量竞争最为主要的方面。

购买保险时，可以通过代理人或经纪人，也可以直接向保险公司购买。如果消费者选择通过代理人或经纪人而不是直接向保险公司购买，那么保险公司的成本就会提高，这一部分增加的成本是消费者对代理人服务所给予的补偿。

7.1.3 企业竞争策略

（1）成本领先策略。成本领先是企业获得竞争优势最为重要的一个方面，是企业在激烈的市场竞争中立于不败之地的核心所在。成本领先策略是通过设计一套行动计划，以最低的成本生产并提供一种为顾客或客户所接受的产品或服务。也就是说，采取该战略，要求公司能够提供成本比竞争对手低的产品或服务。通过成本领先寻求竞争优势的公司，往往向行业内最典型的顾客销售无任何附加的标准化的产品或服务。

完全致力于成本领先策略的公司通常采取以下方式来降低成本：投资相对于生产规模最为有效的设备；压缩直接成本，控制管理费用；降低服务、销售和研究开发成本等。采取成本领先战略，能够使公司在激烈的市场竞争中获取超过平均水平的利润，从而在市场中处于有利的地位。

当然，采取成本领先策略不是没有风险的。风险之一在于生产设备可能因竞争对手的技术创新而过时，而这些创新可能使竞争对手能够以比原成本领先者更低的成本进行生产或提供服务。风险之二在于强调削减成本可能会导致公司忽视顾客需求，因为一味强调不断削减成本，有可能会导致企业难以洞察顾客需求的重大变化以及竞争对手在本来无差异的产品上所做的差异化的努力。风险之三在于自己的产品容易被竞争对手仿效。因此，采取成本领先策略的企业一定要注意防范上述风险的发生，以保持自己的竞争优势。

（2）差异化策略。差异化策略是指通过设计一整套行动计划，生产并提供顾客认为很重要的、与众不同的产品或服务。该策略要求公司向具有独特需求的顾客销售非标准化产品。也就是说，通过差异化寻求竞争优势的公司应不断使产品或服务升级，以具有顾客认为有价值的差异化特征。由于差异化的产品能够满足顾客的独特需求，因而采取差异化策略的企业通常能够收取额外的价格。如果企业能够以比创造产品差异化特征所支付的费用更高的价格销售产品或服务，那么该企业就可以超越竞争对手，赚取超过平均水平的利润。

差异化策略的重点不是成本，而是不断地投资和开发顾客认为重要的产品或服务。采取差异化策略的企业可以在很多方面使自己的产品或服务不同于竞争对手。企业的产品或服务与竞争对手之间的相似性越少，企业受竞争对手的影响就越少。

实现差异化的方式多种多样。与众不同的特征、及时的客户服务、迅速的产品创新、技术上的领先、在顾客中的声誉和地位、不同的设计和性能等都可能成为差异化的途径。企业可做的能为顾客创造价值的一切行为，都可以作为差异化的基础，只是挑战在于如何识别能够为顾客创造价值的特征。

差异化竞争策略也是有风险的。

其一，差异化竞争策略可能会导致差异者与成本领先者的价格之差过于悬殊，从而使得企业所提供的差异化特征可能不是顾客所需要的。在此时，企业很难经得住竞争对手的挑战，因为竞争对手所提供的产品在性能价格比上更能满足顾客的需求。

其二，如果企业差异化方式已不能为顾客创造价值，顾客不愿为此多付钱，那么差异化策略的价值也就不大。

其三，由于科技的发展，模仿或"克隆"会降低差异化竞争策略者在市场竞争中的优势，因为被模仿或被"克隆"产品成本往往非常低而性能差别不大，因而该产品反而在市场上有竞争

7. 保险企业的竞争与合作

优势。

（3）集中化策略。与采取成本领先策略和差异化策略不同，集中化策略主要是通过设计一整套行动计划来生产并提供产品或服务，来满足某一特定竞争性细分市场的需求。所谓细分市场，是指某一特定的购买群体，或某一特定地域的市场等。该策略的精髓在于重点开发某一狭窄的目标市场的差异化需求，而不考虑行业内的其他市场。如美国 Grief & Company 投资银行把自己定义为"创业家的投资银行"，它主要为美国西部的中型企业提供兼并与收购的顾问服务。

集中化策略的基础在于一家企业可以比业内的其他竞争对手更好、更有效率地服务于某一特定细分市场，它需要企业去发现需求非常独特并且专业化的细分市场，包括一般竞争对手根本未去服务的细分市场，或者竞争对手做得很差的细分市场。

（4）多元化策略。为了增强企业战略竞争优势，许多企业实施多元化竞争策略。1950年，在《财富》杂志选出的美国500强公司中，只有38.1%的公司收入来自多元化业务。到1974年，多元化业务的公司比例上升到63%。多元化分两种类型：相关多元化和非相关多元化。相关多元化是企业增强或扩展其已有的资源、能力而有意识采取的一种战略，它是企业利用不同业务之间的范围经济，从一项业务传递到另一项业务实现的。通过范围经济实现企业经营成本的节约，从而提升企业的竞争力。非相关多元化，是指企业借助于公司内部或外部投资，通过企业资本的优化配置，实现企业成本的节约。

7.2 企业合作

进入21世纪，激烈的市场竞争要求每一家企业都要不断地进行自我创新，才能在竞争中取得成功。那些无法做到这一点的企业必将会被市场无情地淘汰。然而，在竞争过程中，企业间的相互合作也非常重要。从20世纪80年代中期开始，合作战略越来越多地成为企业获得竞争力的新的战略手段，并至少使企业自身在局部领域获得新生。在20世纪末，在世界范围内，有2万多企业联盟形成，其中一大半是在直接竞争对手之间形成的。① 通过合作，竞争者之间获得共赢，从而提升整个产业的竞争力。

7.2.1 业务层面合作战略

业务层面战略合作主要包括三种形式：互补型合作战略、竞争减少合作战略和风险降低合作战略。

（1）互补型合作战略。企业之间在业务层面形成互补型合作联盟是指两家企业将彼此的资产通过互补的方式结合在一起，从而更好地利用市场机会创造新的价值。该合作方式又分为纵向互补型合作战略和横向互补型合作战略。前者是企业间同意将其在行业价值链不同位置上的技术和能力共享而形成的。后者是指合作者同意共同享受彼此的资源和能力，从而在价值链的同一层次创造价值。企业间建立横向互补型合作战略，通常主要是注重于长期的产品或服务技术的发展。

（2）竞争减少合作战略。当竞争达到白热化的时候，很多企业都会试图寻找避免破坏性竞争或过度竞争的方法。在许多国家，政府都通过制定政策以影响企业对减少竞争所做出的努力。在美国，联邦政府被要求寻找合适的方法"在不触犯反垄断法的前提下允许企业间的合作"。

（3）风险降低合作战略。为了规避风险，企业间往往也会达成合作共识。例如，由于确认自己有足够能力获得重要客户群体，博士库普（Drkoop.com）公司选择了在4年期间向美国在线支付

---

① J. R. Harbison & P. Pekar, Jr. , Institutionalizing Alliance Skills: Secrets of Repeatable Success, *Strategy & Business*, 1998(11): 79~94。

8 900万美元从而成为其首要的在健康领域的合作伙伴。又如，全球的产量过剩和激烈的成本竞争，使得西门子和富士在全球个人计算机市场的竞争能力受到影响。为降低这一风险，两家公司共同投资成立了一家新公司——富士西门子计算机公司，这家公司是目前欧洲第二大计算机公司。

上述合作战略具有不同的竞争优势。以减少竞争为目的的联盟注重竞争中的公平性和企业在行业中的平均回报，而不是增加自己的竞争优势。因此，减少竞争战略一般都是短期战略，其目的是为了消除或减少竞争者的战略性或战术性竞争活动的负面影响。互补型联盟则注重于创造自己的竞争优势，并致力于获得超额回报。当企业间通过组合彼此的互补资源来降低成本或创造新的竞争优势时，往往可以达到比较积极的效果。而降低风险战略联盟目的是为了规避激烈的竞争带来的风险，这一战略通常会带来公平竞争和行业的平均回报。

7.2.2 公司层面合作战略

公司层面合作战略是指企业为了促进产品或市场的多样性而形成的战略联盟。该战略联盟包括多元化战略、协同战略和特许经营战略。

（1）多元化战略联盟。为了自身发展，企业可以选择将自己的业务拓展到新的产品或市场领域。多元化战略使企业在没有并购的情况下仍然可以进入新的产品或市场领域。多元化战略比合并或并购另外一家企业更具有吸引力，因为它可以提供并购所带来的协同优势，但风险与并购相比却比较小，具有更大的灵活性。如果没有达到预期的目的，退出一个战略联盟比消化一个不成功的并购企业要容易和经济得多。况且，很多国家政府对企业并购有严格限制，特别是横向企业并购。

（2）协同战略联盟。协同战略联盟是通过在合作伙伴间多种功能或业务之间的协同效应创造价值。比如，两家企业可以共同使用它们的研究和制造设备形成共同的竞争优势。该合作可以为两家或多家企业带来由于业务范围扩大而产生的规模效应。例如,拉博银行(Rabobank)和 DG Bank 分别是荷兰和德国的金融企业,它们共同投资建立了一家金融机构 DG-Rabo International。这家金融机构将两家公司在投资银行和公司金融服务领域的优势结合在一起,被认为是欧洲金融企业中最为成功的跨国合作。

(3)特许经营战略。当企业具有剩余的资源、能力时,就会向多元化发展,从而在新的产品或新的市场创造新的价值,或用以减少业务单一所带来的风险。特许经营是指"两家在法律上独立的企业通过合约确定下来,在一定时期内,其中一家企业(授权企业)允许另一家企业(被授权企业)销售授权企业的产品或使用授权企业的商标进行商业活动。"[①] 该项合作是建立在合约的基础上,企业无需并购另一家企业就可以分散风险,并利用剩余的资源、能力发展多元化业务。通过特许经营,企业可以在无需投入大量资本的前提下转让企业的经营技能并同时保持一定的集中控制。这一合作战略能否获得成功,取决于企业是否有能力通过组成多个营运组织获得规模效应,以及这些组织共同在其各自的市场竞争时获得营运效率的能力。在全球市场,特许经营已越来越受到商界的青睐。在美国,零售收入的 40% 来自于特许经营;在英国,零售收入的 32% 来自于特许经营;在澳大利亚,零售收入的 25% 来自于特许经营。

通过采取上述合作战略,企业可以发展自己的竞争优势,获得行业平均回报,减少经营风险。然而,公司层面合作战略的实施是有一定条件的,企业必须有强有力的管理机制来保证它真正符合投资者和其他相关利益者的利益。

---

① 迈克尔·A. 希特、R. 杜安·爱尔兰、罗伯特·E. 霍斯基森著,吕巍译:《战略管理:竞争与全球化》,机械工业出版社 2002 年版,第 359 页。

7.2.3 国际合作战略

伴随着经济全球化，企业跨国经营是世界各国特别是发达资本主义国家的重要战略选择。因此，跨国战略联盟也是企业合作的重要方式之一。跨国战略联盟是指在总部设在不同国家的企业间的合作。对比国内合作，该种合作方式由于经营空间大，使得跨国企业的经营业绩往往比局限于国内业务的企业更为出色。

然而，跨国战略联盟比国内联盟更为复杂，也面临更大的风险。跨国联盟失败的比例比其他进入国际市场的方式（如企业在国外建立全资子公司）要高。虽然在战略联盟中成员企业共同承担风险，但其管理和运作比全资子公司要困难得多。战略联盟需要合作企业间共享技能和知识，这使成员企业的所有管理人员对各种信息的处理提出了很高的要求。

当然，尽管面临许多困难，但有证据表明，重要合作对象选择适当，管理措施到位，跨国联盟还是可以获得成功的。

7.3 企业的竞争与合作

7.3.1 合作竞争理论

（1）合作竞争理论形成。自20世纪末开始，西方企业战略已从"纯竞争战略"为主导向"合作竞争战略"为主导转变，"和平"与"战争"同时存在或交替出现。不少成功的经营者建立在他人成功的基础上，共同创建一个实现共赢的市场。竞争不以伤害竞争对手为目的，这就是合作竞争所反映的竞争理念精髓所在。

合作竞争理论，源于对竞争对抗性本身固有的缺点的认识和适应当今复杂经营环境的考量。该理论的代表人物是耶鲁大学管理学教授拜瑞·内勒巴夫（Barry J. Nalebuff）和哈佛大学企业管理学教授亚当·布兰登勃格（Adam M. Brandenburger），他们提出了合作竞争（Co-competition）的新理念。他们认为，企业经营活动是一种特殊的博弈，是一种可以实现双赢的非零和博弈。企业的经营活动不仅要进行竞争，更要合作。合作竞争是在网络经济时代下企业创造价值和获取价值的新途径，是有效克服传统企业战略过分强调竞争弊端的新思维。合作竞争战略管理理论的核心逻辑是共赢性，反映了企业战略在网络信息环境下要以博弈思想分析各种商业互动关系、与商业博弈活动所有参与者建立起公平合理的合作竞争关系为重点。

玛丽亚本特松（Maria Bengtsson）和瑟伦科克（Soren Kock）也将既包含竞争又包含合作的现象称为合作竞争，并共同研究了企业网络的合作竞争。Mar 等人认为，合作中利益主体把其他利益群体的活动视为正外部条件，竞争中利益主体则将其他活动视为负外部条件。肯尼旦普瑞斯（Kenneth Preiss）、史蒂芬戈德曼（Steven L. Goldman）和罗杰内格尔（Roger N. Nagel）认为新型企业没有明确的界线划分，其作业过程、运行系统、操作及全体职工都应与顾客、供应商、合作伙伴、竞争对手相互作用和有机联系在一起；企业必须走出孤立交易的圈子，进入相互联合的王国，获取竞争优势。麦肯锡高级咨询专家乔尔·布列克（Jole Bleeke）和戴维·厄恩斯特（David Ernst）认为，未来的企业将日益以合作而非单纯的竞争为依据，企业会把合作竞争视为企业长期的发展战略之一。

（2）合作竞争的内涵。合作竞争是企业的长期发展战略，它从组织的长远发展角度，通过企业自身资源、核心竞争力的整合，通过组织之间的合作和相互学习，进行产品、服务、技术、经营管理等各方面的创新，从而使企业形成持久的竞争优势。

企业经营活动中的竞争与合作是一种动态关系，而不是"竞争"和"合作"的单独运动状态。合作竞争要求建立和保持与所有参与者的一种动态合作竞争关系，最终实现各参与主体之间的共赢局面。商业博弈的参与者除了竞争者、供应商、顾客外，还有互

补者。博弈的参与者之间存在相互依存、互惠互利的关系,要创造价值,就要与顾客、供应商、雇员及其他人密切合作,企业的生存与发展离不开其他组织的支持和合作。

(3) 合作竞争的效应分析。企业的合作竞争联合了若干企业的优势,共同开拓市场、参与市场竞争,增强了企业在市场上的竞争力。

第一,协同效应。同一类型的资源在不同企业中表现出很强的异质性,这就对企业资源互补融合提出了要求。合作竞争扩大了企业的资源边界,不仅可以充分利用对方的异质性资源,而且可以提高本企业资源的利用效率。此外,合作竞争节约了企业在资源方面的投入,减少了企业的沉没成本,提高了企业战略的灵活性,通过双方资源和能力的互补,产生了 $1+1>2$ 的协同效应,使企业整体的竞争力得到了提升。

第二,规模效应。合作竞争使企业实现了规模经济。首先,单个企业各自的相对优势在合作竞争的条件下得到了更大程度的发挥,降低了企业的单位成本;其次,合作使专业化和分工程度提高,对合作伙伴在零部件生产、成品组装、研发和营销等各个环节的优势进行了优化组合,放大了规模效应;最后,企业通过合作制定行业技术标准,形成了格式系统,增强了网络的外部性。

第三,成本效应。合作竞争降低了企业的外部交易成本和内部组织成本。企业通过相关的契约,建立起稳定的交易关系,降低了因市场的不确定和频繁的交易而导致的较高的交易费用。同时,由于合作企业间要进行信息交流,实现沟通,从而缓解了信息不完全的问题,减少了信息费用。合作企业间的信息共享也有助于降低内部管理成本,提高组织效率。

第四,创新效应。合作竞争使企业可以近距离相互学习,从而有利于合作企业间传播知识、创新知识和应用知识,同时也有利于企业将自身的能力与合作企业的能力相结合创造出新的能力。此外,合作组织整体的信息搜集、沟通成本较低,可以更加关注行业竞争对手的动向和产业发展动态、跟踪外部技术、管理创新等，为企业提供了新的思想和活力，大大增强了企业的创新能力和应对外部环境的能力。

7.3.2 保险业的竞争与合作——以美国为例

美国是世界保险业的一流强国。2007年，美国有保险公司5 000多家，保费收入占世界市场的30.28%，保险密度为4 087美元/人，保险深度达8.9%。美国保险企业众多，市场规模巨大，但市场秩序井然，众多保险企业之间既存在激烈竞争、又存在广泛密切合作。

（1）保险业的竞争。美国保险业的竞争，主要表现在以下三个方面：

第一，保险产品质量竞争策略。保险产品质量竞争，主要是指各保险公司利用自身的技术优势和特长，不断推出适销对路的保险险种，以适应社会经济形势的变化，满足社会各阶层、单位和家庭的不同保险需求。以美国寿险业为例，其最大特点就是产品花样翻新快，市场应变力强，新险种层出不穷，可满足人们的不同需求。如20世纪80年代推出的家庭收入保单、家庭抚养保单、子女保险、联合抵押保险、可调整的变额寿险、终身寿险和综合寿险等颇受青睐；90年代开发的保费灵活的变额寿险、变额综合寿险，利率灵活的终身寿险、长期护理保险等，也广受欢迎，满足了不同阶层的经济保障需求，促进了保险业务的稳步发展。

第二，保险服务竞争策略。保险服务竞争，是指保险企业通过向客户提供优质高效的保前、保中及保后服务来与同行一比高低，争夺市场。美国保险企业都信奉"顾客是上帝"的经营理念，并以灵活多样的经营方式及种类繁多的新险种吸引顾客，运用各种手段耐心细致地进行保险咨询和宣传，指导投保人挑选合适的险种、协助办理投保手续。承保后又将防灾防损和风险管理工作放在首位，为保户提供防灾防损技术指导，定时查验保险标的的安全状况,并将标的损失限制在最低程度。一旦保险事故发生,则能急保户之所急,迅速、准确、合理地做好定损及赔付工作,赢得保户的信赖。

第三,保险价格竞争策略。保险价格竞争,是指保险企业以降低保险产品价格即保险费率来吸引顾客、招揽保险业务。由于保险价格与大多数商品价格一样是保险费用的函数,保险价格必然随保险费用的变化而变化。保险公司的费用一般包括损害赔付金、理算费用、营销费用、管理费用、税收、盈余等项目。保险公司若能在经营过程中将这些费用降到最低限度(损害赔付金除外),其产品价格便有回旋余地,在市场竞争中就占有优势。因此,任何一家保险公司都会尽其所能,积极运用各种技术和手段不断降低保险成本,从而推动保险行业技术的创新。

(2)保险业的合作。由于风险的广泛性,保险就其本质来说具有合作性质。从美国的情况看,虽然各家保险经营主体之间是一种竞争关系,但出于分散风险、提高资源配置效率、改善公共关系以及提高从业人员素质等方面的需要,他们之间往往需要开展各种形式的合作。

第一,保险费率厘定机构。保险费率厘定机构是美国保险同业合作的重要体现。美国保险费率厘定局是最重要的费率厘定机构,是由会员公司发起成立的专门机构。该局以各会员公司长期提供的损失统计资料为依据,由精算专家科学测算,厘定出不同险种的费率,以供各保险公司参考或使用。会员公司有权使用费率局的设施,按照费率局厘定的费率及形式来办理保险业务。当然,许多非会员公司也可有偿享用该局提供的服务,使用该局的设施及公布的费率。认购者既可使用费率局的全部费率,也可在保险监管当局的许可下根据自身需要调整费率。

第二,教育培训合作组织。在美国,由于保险市场上求职竞争激烈,录用条件较高,因而保险领域的培训教育市场广阔。许多专为保险雇员和代理人提供培训教育的服务机构,都是由多家保险公司联合开办的,以发挥规模效应,提高教学质量。美国人寿保险人大学就是寿险领域的主要教育机构,负责注册人寿保险师(CLU)的培训考核,并提供其他教育培训服务。CLU 资格证书不但在美国很有名,而且具有国际权威性,想取得此资格十分不易。在财产和责任险领域,最有名的教育培训机构是美国财产和责任保险人协会。该协会的功能与人寿保险人大学大体相同,它所提供的注册财产和意外伤害保险师(CPCU)资格证书与寿险的 CLU 资格证书一样名扬美国与世界。此外,美国还有许多其他保险教育培训组织。例如,以"服务、友谊和教育"为宗旨,只接纳从事保险业妇女参加的全国保险妇女联合会;美国保险研究所、人寿保险人培训委员会、保险培训理事会等组织,也提供保险教育培训方面的服务。

第三,共保组织。从美国的情况看,一般有以下几种形式:

- 机动车特定风险分担。有些司机由于过去记录不佳,或者这些记录暗示未来可能有较大损失,他们的投保要求一般不会被正常经营的保险人所接受。然而,若让这些司机在无保险的情况下行车会对社会产生不利影响,因此保险业便建立起一种分担机制,共同承担风险。如美国实施机动车保险分配危险计划,通过负担承保人进行,即每个机动车保险人根据整个承保的机动车保险数额的一定比例,接受通常情况下不被承保的司机。目前,在美国有 42 个州开展该项计划。

- 医疗过失责任共保。在美国,20 世纪 70 年代中期,由于损失不断增长,很多保险人退出医疗过失保险领域,使得很多医生无论以怎样的价格都购买不到职业责任保险,出现医疗过失危机。为此,美国大多数州都强制要求所有的责任保险人参与再保险集团,共同负担与医疗过失相关的保费和损失。

- 健康保险计划。在美国,一些州提出健康保险可获得性问题,并针对那些不可保的情况创立了辅助性质的州健康保险共保。不符合联邦健康保险计划的个人以及无力购买私营健康保险的个人,通常可以按补助费率从该共保计划中获得保险保障,包括住院服务、专业护理和药品采购等。

第四，保险行业协会。就美国的情况看，在寿险领域，最主要的保险人协会当属美国寿险理事会，其职责主要是为成员公司提供调查和游说服务；就财产和责任保险而言，保险人组成美国保险协会、美国保险人协会和美国独立保险人协会。保险行业协会是保险企业的联合体，为保障其成员利益发挥了很有价值的作用。它的主要职责是：对成员提供政策咨询；负责成员间的意见交流和收集；参与职业培训；参与保险立法；代表成员与政府部门进行沟通；统一协调成员与投保人、保险中介之间的利益；参与国际合作与交往等。在德国，保险行业协会的职能还包括：进行损失统计和其他企业管理方面至关重要的统计；建立和完善保险基本条款范本；促进管理技术方面的合理化；跨企业实施特殊任务，如在驾驶员肇事后逃逸的情况下，或保险企业破产的情况下，免除履行合同义务时进行汽车运输责任损失的理赔；提供问讯与咨询服务。①

7.4 推进中国保险企业合作竞争的政策建议

7.4.1 中国保险业不规范竞争问题

目前，我国保险市场未建立起必要的合作机制，导致游戏规则缺乏，竞争不规范，难以形成保险企业的核心竞争优势。

（1）产品雷同：竞争缺乏差异性。以财产保险为例，各家保险公司重点推广的主要险种为机动车辆险、企财险和货运险。由于汽车险保费数额起点较高，为众矢之的，诸多基层展业单位视其为骨干险种，其占总保费的比重一般在60%以上，各公司对此亦投注相当精力。而对于占据西方保险市场重头的责任险，因其推广难

---

① D. 法尼著，张庆洪、陆新译：《保险企业管理学》，经济科学出版社2002年版，第190页。

度大且易被"克隆",保险公司一般不积极。因而,我们的市场竞争主要集中在单一雷同的有限险种上。

(2) 价格战:竞争缺乏理性。目前,国内保险公司大多不是在服务上下功夫,竞争主要体现在价格上,价格战被各展业单位视为首选。财产保险公司之间往往想方设法探听竞争对手的报价,据以调低自己的费率,导致价格无序竞争,破坏性竞争。

(3) 借行政力量展业:垄断竞争。目前,保险市场竞争的无序性使得诸多基层保险公司将目光投向借各类政府部门行政力量展业,限制投保人签订保险合同的自愿性,忽视投保人的真正需求,严重损害了保险消费者的利益。

7.4.2 推进我国保险业合作竞争的途径

保险企业必须确立全局观念,树立战略眼光,建立合作意识,立足当前,着眼长远,努力探索出一条有效合作竞争之路。

(1) 建立保险行业数据分析系统。充分的数据是科学测算保险费率的基础。依靠单个或几家保险公司收集数据建立模型显然心有余而力不足,特别是在分析中考虑地域特征指标时,单家保险人的有限信息往往影响其评估的可靠性。为此,应发挥保险行业各家企业的作用,加强数据集体采集,共同建立保险业基础数据库与风险模型,建立行业数据分析系统,为开发适应中国国情的承保技术打好基础。

(2) 适当保护产品开发。保险产品开发,在一定意义上具有专利属性。抄袭他家保险人的条款或只在费率上做修改应属于不正当竞争。竞争要靠自己的拳头产品,靠自己用理论和数据考证过的险种。为此,应给予保险公司新产品开发适当保护,鼓励开发新产品,打击产品抄袭与模仿行为,形成产品创新的良好机制。

(3) 推行大项目共保制。新工程、新项目历来是保险人的"兵家必争之地",相似的承保条件和不同的游说背景常使投保人难于抉择。为集中产业优势更好地为社会服务,保险业应合作建立

7. 保险企业的竞争与合作

共保制度,这样不仅有利于节约公关费用,而且可以取长补短、群策群力为顾客提供富有竞争力的承保条件,同时也有利于顾客忠诚度的培育。

(4) 合作进行人才培养。人才是保险事业发展的基础,先进的承保技术和优质的服务离不开具有专业知识的员工队伍。保险业应探索专业合作培训之路,依托保险学会、保险行业协会、科研院校等组织或机构,整合优秀师资力量,开展集中培训、联合培训,互动学习,促进保险专业人才在学习中进步、在实践中成长。

8. 保险投资与资本市场

> 知其雄，守其雌，为天下豀。知其白，守其黑，为天下式。知其荣，守其辱，为天下谷。
>
> ——老子《道德经》第 28 章

保险经营靠两条腿走路：一是风险承担与理赔业务；二是资金运用，即保险投资业务。投资是连结保险与资本市场的纽带，保险与资本市场具有良性互动的利益关系。资本市场是保险投资的重要渠道，是保险价值增值与价值扩张的平台；同时，保险也是资本市场的重要支撑，是资本市场的战略性资金来源。

8.1 投资：保险连接资本市场的纽带

8.1.1 保险投资的地位与作用

保险人是专业的风险管理者，既可自己接受客户的风险转嫁，也可通过再保险将自己承担的风险在其他保险人之间进行分散。然而，保险人毕竟是保险风险集合的承担者，风险的不确定性决定其财务仅靠保险业务的经营难以实现利益的最大化，必须另找减轻风险、稳定财务的途径。特别是随着保险市场竞争的加剧，保险人收取的纯保费往往难以弥补赔款、给付支出，这使保险投资更为重要。所谓保险投资（也称为保险资金运用），是指保险公司为扩充保险补偿能力，利用自己所筹集的保险资金，在资本市场进行运作，以求实现资金的增值。保险投资对现代保险企业具有十分重要的地位与作用。

国际经验表明，保险投资是现代保险业得以生存和发展的重要支柱。保险投资好，保险业就发达，保险业的偿付能力就高，保险经营的稳定性也就越高。如果说提供风险保障是保险公司赖以生存的基础，那么保险投资则是保险公司发展壮大的重要保证。因此，现代保险业保险投资与保险主业——财产与人身险业务经营具有同等重要的地位，犹如飞机的两翼，缺一不可，共同构成保险公司管理与运作的重要内容。保险投资对保险业发展具有十分重要的地位与作用。

（1）保险投资直接推动保险业的发展。保险公司以直接保险业务为手段积聚保险基金，同时把积聚起来的长期性资金运用于投资以增加盈利。然而，通过投资增加的盈利反过来增加了保险公司的偿付能力，这进而促使保险公司不断开拓新险种、扩大承保面，推动直接保险业务的发展。因此，保险投资业务与直接保险业务是相辅相成、水乳交融的关系，两者是互相促进的，发展保险投资业务，有利于保险直接业务的发展。

（2）保险投资能够缓解保险费率与保险公司利润之间的矛盾。当保险公司的管理费用相对稳定时，保险公司的费率高低与其利润成正相关关系，费率越高，利润则越高。考虑到风险偶然性对利润的影响，保险公司一般不会轻易降低费率。然而，由于激烈的市场竞争及刺激市场需求的需要，保险公司有时不得不降低费率。降低费率的结果是保险公司直接业务即保险业务的利润下降,甚至降到临界点以下。在这种情况下,保险公司只有通过间接业务即投资业务来获取利润,抵补直接业务发生的亏损。如,1982年,英国保险公会成员非寿险业务亏损12.5亿英镑,而投资业务盈利17.34英镑,两者相抵,净盈余4.84亿英镑;美国非寿险业务亏损98.2亿美元,而其投资业务收入达150.5亿美元,两者相抵净盈余52.3亿美元。可以看出,保险投资是企业盈利的重要来源,并成为价格竞争的物质基础。

(3)保险投资有助于保险公司的风险管理。保险企业在业务经营及资金运用过程中均存在各种各样的风险。在业务经营方面,保险公司所依赖的不仅仅是再保险。欧美国家出现的巨灾债券、巨灾期货等是现代分散风险的新方法。在资金运用方面,除国债的投资风险趋于零外,其他投资方式都必须有适当的避险工具。当今世界,保险业已不再局限于传统的避免、隔离方式,纷纷采用期货、选择权等衍生工具,出现风险管理工具多元化趋势。投资工具的多元化对保险产品的组合与创新带来积极作用,有助于提升保险业本身的风险管理水平。

(4)保险投资是资本市场的重要组成部分。保险是储蓄的重要工具。保险投资活动的开展,实际上是在提高储蓄向投资转化的规模和效率。从发达国家的情况来看,证券市场是保险公司开展投资业务的重要领域,而保险公司是证券市场的重要机构投资者。因此,保险投资与证券市场之间是一种相互促进的良性关系,证券市场为保险公司提供较高的投资收益,而保险公司的证券投资也有利于资本市场的稳定与发展。

8.1.2 保险投资与资本市场

保险投资离不开资本市场。资本市场是保险投资有效运作的重要前提。没有资本市场,保险投资就会大打折扣。要提高保险投资的有效性,建立完善和规范的资本市场十分重要。资本市场

8. 保险投资与资本市场

与保险具有良性互动的关系。

(1) 保险是证券市场重要机构投资者。在成熟的资本市场，机构投资者占据主导地位。所谓机构投资者，是指以自有资金或通过各种金融工具所筹资金在金融市场对金融工具进行投资的专业化机构，包括保险基金、养老基金、投资基金、信托基金以及进行投资交易的投资银行和商业银行等。特别是保险资金，早已成为资本市场的重要力量，在资本市场上发挥着十分重要的作用。保险资金由于具有长期性和稳定性的特点，特别适合进行股票、债券投资。在发达的证券市场，保险资金是资本市场的重要资金来源。从国际上看，如美国，保险公司是目前美国债券市场最大的公司债券持有人，是股票市场的重要持有人（如表8-1）。1997年，欧洲、日本的保险公司持有的上市公司股票价值占股票市场总值的比重分别为40%和50%。

表8-1　20世纪80年代后期至90年代美国投资者对各类资产持有的比例结构　　单位:%

名称	存款机构	保险公司	养老基金	投资基金	信托基金	个人和非盈利组织	其他投资者
政府证券	5.43	2.56	8.60	7.71	0.44	35.68	39.58
政府机构债券	20.59	7.08	8.60	13.68	1.06	7.23	41.76
市政债券	7.37	12.39	0.05	35.21	6.33	34.60	4.05
公司债券	8.06	27.03	12.16	10.75	1.04	12.32	28.64
股票	0.24	7.38	20.53	19.44	1.49	39.24	11.68

资料来源:《保险研究》，2003年第4期。

保险投资对资本市场发展的巨大推动作用主要表现在三个方面:

其一，保险投资是资本市场长期稳定的资金来源，有利于资本市场的扩张。保险公司积累的保险基金具有长期稳定特点，经过精确测算、合理的期限安排和资产组合后进入资本市场，既增加了资本市场资金供给，又刺激资本市场筹资主体的资金需求，从而促进资本市场规模扩大。

其二，保险公司进入资本市场，可以促进市场主体的发育成熟和市场效率的提高。保险公司特别是寿险公司作为资本市场的长期投资者，其投资遵循的首要原则就是安全性。保险资金进入资本市场因其长期稳定和数额巨大，可以大大削弱投机者带来的市场大幅度波动风险，是稳定市场的重要力量。

其三，保险投资可以促进资本市场机构的完善。保险公司为了保证自身投资的安全和获得理想的投资收益，必然通过持有人和股东地位增加对上市公司和基金公司的话语权、监督权和否决权，从而有利于改善上市公司和基金公司的法人治理结构。

（2）资本市场是保险投资的重要渠道。20世纪80年代以来，保险资金运用的资产证券化不断加强，资本市场是保险投资的重要渠道。保险投资一般包括储蓄存款、有价证券、贷款、不动产投资、项目投资等，其中股票、债券等有价证券的投资占有重要地位。从股票投资看，如在美国，1997年寿险公司的投资资产中股票投资占70.6%，产险公司的投资资产中股票投资占19.77%；在日本，1996年该国保险公司的投资中股票占34%；1996年英国保险投资中股票占60.28%。从债券投资看，以美国为例，该国财产与责任保险公司债券投资一般占其全部投资的70%以上，其中，1984年为73.38%，1989年为76.67%，1994年为77.98%；寿险公司债券投资一般占总投资的30%~35%。

资本市场对保险市场发展的积极作用主要表现在：一方面，资本市场的壮大与成熟，可有力推动保险市场发展。成熟的资本市场，利率波动较小，并在很大程度上可以进行合理预期，这有利于保险公司减少利率估计失误，避免保险准备金提取不足导致的负债风险，从而保证保险投资来源的稳定。另一方面，成熟的资本市场可以提供多样化的投资方式，交易中介机构完善，资产清算风险小，可有效分散保险投资风险，获取稳定高额的投资收益。

8.2 中国保险投资与资本市场运行情况

8.2.1 保险投资

(1) 历史回顾。自 1980 年恢复国内保险业务以来，伴随国内宏观经济发展状况以及保险资金运用政策的不断变化，我国保险投资经历了一个从无到有、从无序到规范的发展过程。这一发展过程大致分为四个阶段：

第一，1980~1984 年无投资阶段。

1980~1984 年，虽明确了保险企业归属于金融业，但在资金运用上仍沿用原计划经济时代的模式，即保险资金由财政统收统支，要么作为财政收入的一个来源由财政安排使用，要么存入银行作为银行的信贷资金来源由银行运用。因此，在这一阶段，保险企业无权自主运用保险资金，也就不存在保险投资的问题。

第二，1985~1995 年投资启动阶段。

• 1984 年 11 月，国务院批转中国人民保险公司《关于加快发展我国保险事业的报告》，明确："中国保险公司总分公司收入的保险费，扣除赔款、赔款准备金、费用开支和缴纳税金后，余下的可以自己运用。"1985 年 3 月，国务院颁布《保险企业管理暂行条例》，规定保险企业可以自主运用保险资金。从此，我国保险投资开始启动。

• 1987~1991 年，对保险投资进行治理整顿，保险投资的范围被限定为流动资金贷款、企业技术改造贷款、购买金融债券和银行同业拆借，原有的固定资产投资和贷款业务被取消。

• 1991 年开始，保险投资政策上给予了很大程度的放松，资金投资渠道非常广泛。但这一阶段由于经济发展过热，保险投资具有盲目性。投资面过宽，房地产、证券、信托，甚至借贷，无所不及。由于管理跟不上，形成了大量不良资产。直到1995年，这一阶段我国保险投资基本处于无序发展的状况。

第三，1995~2003年投资限制发展阶段。

• 1995年10月开始，我国颁布实施第一部《保险法》，在保险投资方面明确规定："保险业的投资方式仅限于：银行存款、买卖政府债券、买卖金融债券和国务院规定的其他资金运用形式。保险公司的资金不得用于设立证券经营机构和向企业投资。"这一规定使我国保险资金的绝大部分以银行存款的方式存在，在一定程度上保证了资金的安全性，比较有效地控制了此前的无序状态。但是，随着宏观经济态势的不断变化，尤其是1996年以来利率的7次下调，导致保险业投资收益下降，特别是寿险公司利差损日益扩大。

• 1999年10月，经国务院同意，中国保监会批准保险公司购买证券投资基金间接进入证券市场，入市资金比例不能超过保险公司总资产的5%。其具体的操作方式有两种：一是在二级市场上买卖经中国证监会批准设立的已上市投资基金；二是在一级市场上配售新发行的证券投资基金。同时，中国证监会新发行的基金，将按照不超过基金规模的30%供保险公司申请配售，并根据保险公司的投资需求发行新基金。

• 2000年3月，中国保监会又批准平安保险、新华人寿、泰康人寿和华泰财产4家保险公司将入市比例提高到10%；同年8月，批准太平洋安泰、友邦广州、安联大众3家外资保险公司投资比例提高到10%；太平洋保险公司获准将入市资金比例提高到15%。

• 2001年，经中国保监会批准，又陆续有一些保险公司投资证券投资基金的资金限额比例提高。平安、泰康人寿、华安财险和金盛人寿投资证券投资基金的资金限额由2000年末总资产的10%提高到15%，友邦保险上海分公司由5%提高到15%，新华人寿和华泰财险由10%提高到12%，中国人寿、中国再保险由5%提高到10%，天安、大众、永安、中宏人寿、信诚人寿、中保康联等其余9家公司的投资比例也均已达到了10%。此外，中国平安保险公司、新华人寿保险公司、中宏人寿保险有限公司投资连结类保险在证券投资基金上的投资比例已经由中国保监会批准放宽至100%。除了在基金方面踊跃投资以外，保险公司在其他投资领域也表现得很积极。

● 2003年，按照集中统一和专业化管理要求，实现保险业务与投资业务相分离，一些有条件的保险公司开始探索成立保险资产管理公司。

第四，2004年以来保险投资渠道拓宽阶段。

2004年至今，随着我国加入WTO以后金融保险行业发展不断深化，监管部门对保险资金的投资渠道限制逐步放松，允许其直接投资于股票市场、基础设施建设等。

（2）基本现状。据统计，截至2008年底，我国各保险公司资金运用余额30 552.77亿元，同比增长14.34%。其中，银行存款8 087.55亿元，占全部保险投资的26.47%；债券17 684.17亿元，占57.88%；证券投资基金1 646.46亿元，占5.39%；股票（股权）2 425.36亿元，占7.94%；贷款309亿元，占1.01%；房地产86.55亿元，占0.28%。2008年，我国保险企业投资实现收益529.87亿元，投资收益率为1.91%。其中，银行存款收益率3.85%，债券4.68%，证券投资基金－8.52%，股票－9.88%，贷款5.55%，房地产3.9%（详见表8－2）。

表8－2　　　　　　　　2008年中国保险投资情况

	投资余额（亿元）	较年初增长（%）	占比（%）	收益率（%）
一、银行存款	8 087.55	24.11	26.47	3.85
二、债券	17 684.17	50.47	57.88	4.68
1. 国债	4 208.26	6.24	13.77	4.46
2. 金融债	8 754.06	77.29	28.65	4.71

续表

	投资余额 （亿元）	较年初增长 （%）	占比 （%）	收益率 （%）
3. 企业债	4 598.46	64.13	15.05	4.89
三、证券投资基金	1 646.46	-34.93	5.39	-8.52
四、买入返售金融资产	67.46	-87.00	0.22	1.68
五、股票（股权）	2 425.36	-48.57	7.94	-9.88
六、金融衍生工具	3.24	2 461.76	0.01	917.83
七、贷款	309.51	-8.26	1.01	5.55
八、房地产	86.55	24.91	0.28	3.90
九、拆借资金	2.58	-82.68	0.01	6.59
十、其他	239.89	-9.85	0.79	5.81
合　计	30 552.77	14.34	100.00	1.91

资料来源：中国保监会《2008年保险统计》。

(3) 主要问题。

第一，投资渠道过窄。1995年颁布实施的《保险法》规定："保险公司的资金运用，限于在银行存款、买卖政府债券、金融债券和国务院规定的其他资金运用形式。保险公司的资金不得用于设立证券经营机构和向企业投资。" 2002年10月修订《保险法》对保险资金运用政策没有进行大的调整，仍规定："保险公司的资金运用，限于在银行存款、买卖政府债券、金融债券和国务院规定的其他资金运用形式。" 2009年新《保险法》规定："保险公司的资金运用限于下列形式：（一）银行存款；（二）买卖债券、股票、证券投资基金份额等有价证券；（三）投资不动产；（四）国务院规定的其他资金运用形式。"虽然投资渠道有所放宽，但与国外通常做法还有一定的差距。国外保险资金运用渠道除债券、股票、不动产外，还包括抵押贷款和直接投资等（见表8-3）。随着市场的发展，我国保险投资渠道有待进一步拓宽。

表 8－3　　世界主要国家或地区保险投资方式及比例

国家或地区	保险投资形式	保险投资比例
美国	债券、股票、抵押贷款或保单抵押贷款、不动产、海外投资。	股票及公司债券不超过总资产的 20%，不动产 10%，海外投资 10%。
英国	无具体规定。	无具体规定。
日本	有价证券，不动产，黄金债券，银行存款，信贷，信托，金融期货、期权，利息货币互换，外汇预约交易，外汇期货。	国内股票不超过总资产的 30%，不动产 20%，外汇计价资产 30%，债券贷款 10%，其他 3%。
德国	国内外债券、股票、抵押贷款、消费信贷、不动产。	国内债券不超过认可资产的 5%，股票 25%，不动产 10%，外国股票债券 20%。
韩国	有价证券、股票、房地产、贷款及票据贴现、存款、信托。	股票不超过总资产 40%，房地产 15%，对同一公司的债权及股票持有或者以此为担保的贷款 5%，对同一人的贷款 5%，海外投资 10%。
中国台湾	存款、股票、不动产、贷款、国外投资、专项资金运用和公共投资。	有价证券不超过 35%，不动产 39%，贷款 35%，海外投资 5%，专项资金 10%，存放于同一机构的资金不超过 10%。
中国内地	存款、债券、股票、证券投资基金、基础设施建设、境外投资。	企业债券不超过 20%，股票不超过 5%，证券投资基金 15%，基础设施建设不超过 5%，境外投资不超过 15%。

资料来源：《上海金融》2008 年第 6 期。

第二，投资收益率低。从前面谈到的情况看，我国保险投资的收益率极其低下，且呈下降的态势。2002 年，保险公司投资收益率仅为 3.14%，比 2001 年下降 1.16 个百分点。2008 年，我国保险投资进一步下降到 1.91%。而从国外看，在过去的 100 多年的时间里，发达国家的保险资金投资收益率平均在 8% 以上，其中美国、英国、法国甚至在 13% 以上。① 可见，我国保险投资收益率与

---

① 李杰：《我国保险资金运用的老问题和新变化》，载于《中国保险市场热点问题评析 2008—2009》，北京大学出版社 2009 年版。

国外有比较大的差距。

第三,投资环境有待改善。保险投资主要依赖证券市场的成熟与否。目前,我国的证券市场还很不成熟,一定程度上制约了保险业的发展。从我国证券市场的现状来看,散户占绝大多数,机构投资者数目较少,这使得证券市场上的"投机"气氛比较浓厚。特别是一部分机构投资者利用资金优势肆意进行恶意炒作,大大加剧了证券市场的波动和投机性。保险投资一般是在专业化下进行的长线投资,其对分散风险以及有效运用投资组合的强烈愿望必然要求有一个成熟且规范的证券市场。因此,目前,我国不规范的证券市场难以满足保险投资流动性需求,证券市场与保险投资尚未形成一种良性互动的机制。

8.2.2 资本市场

(1)基本情况。我国资本市场主要包括债券市场和股票市场。经过10多年特别是近5年的建设,我国资本市场得到巨大发展,实现了重大突破,在经济社会发展中发挥日益突出的作用。

从债券市场看,全国债券托管总量由1997年的4 780亿元,增加到2007年底的12.33万亿元;债券品种也由1997年的43个,发展到2007年的997个。从股票市场看,从1990年设立股票市场以来,我国上市公司家数由1990年的10家,增加到2007年的1 550家;股票市场年筹资额由1991年5亿元,增加到2007年5 450亿元。[①]

2007年,上海证券交易所和深圳证券交易所A股市场总市值创出新高,比2006年增幅高达269%,两市股票市场总市值达32.71万亿元,名列全球第4位,仅次于美国、日本和英国;进入二级市场流通的市值9.31万亿元,投资者开设的有效证券账户总数达9 200万户。进入2008年,由于全球经济回落特别是世界性

---

① 《数据30年:中国金融改革历程》,《金融时报》,2008年9月25日。

金融危机的影响，中国经济增速开始回落，导致我国资本市场跌入谷底，股票市值大幅度缩水。2008年，上海证券交易所综合指数和深圳证券交易所综合指数分别较2007年末下跌65.4%和61.8%；全年上市公司通过境内市场筹资3 396亿元，比2007年减少3 947亿元。

（2）主要问题。总体看，当前我国资本市场开始走向成熟，进入一个新的阶段，但仍处于发展的初级阶段，还存在不少问题，与社会主义市场经济的需要还很不适应。

第一，市场结构失衡，资本配置不够合理。完整的金融市场除包括债券市场和股票市场外，还应包括长期借贷市场和产权市场。目前，我国金融市场结构配置很不均衡。一是市场发展不均衡，银行的长期借贷市场和产权市场不发达或有其名无其实，明显滞后于股票市场和债券市场；证券市场中的股票市场滞后于债券市场；债券市场中的企业债券市场严重滞后于国债市场。二是股权结构不合理。目前，我国股份制企业公司的股权按照投资主体可分为国有股、法人股、社会公众股、内部职工股和外资股（B股）五种，只有社会公众股和B股可以上市流通，占总股本70%以上的国有股和法人股被拒绝上市交易。

第二，运作不规范，监督管理不够有效。由于法律体系和监管体系还不完善，目前我国金融市场运作还不够规范。一是股份公司运作不规范。部分上市公司只是把上市作为"圈钱"手段，而没有建立起股份制所要求的内部约束机制与公司治理结构；个股规模过小，法人股特别是国家股不流通，大大削弱了资本市场对国有资产结构调整的功能；同股不同利，国家权益没有得到保障。二是投资机构运作不规范。一些银行和证券公司违规操作，导致股市投机过度，股票价格严重背离价值。三是市场管理不规范，市场准入不公平，同等条件的企业并不能同时进入市场。

第三，金融市场的运行机制尚未形成，利率作用不够明显。利率是资金价格，利率机制是金融市场有效运转的前提。长期以来，我国的利率由中央银行统一控制，企业债券、股票的利率、股息率都受到上限的限制。这在国有银行尚未建立起有效的运营机制的情况下有一定的必要性。然而，随着国有银行商业化，而利率仍控制较死，利率不能反映资金供求状况，不利于商业银行之间的竞争，特别是不利于金融市场的形成与发展。

8.2.3 我国保险投资与资本市场互动情况

自1998年以来，我国保险市场与资本市场的联系越来越密切。一是保险资金进入资本市场的规模不断扩大。1998年10月，经国务院批准，保险公司被允许投资证券投资基金，投资比例从最初的公司资产的5%提高到10%~15%，而且投资连结保险投资于证券投资基金的比例提高到100%。2008年，保险投资于证券投资基金和股票（股权）分别为1 646.46亿元和2 425.36亿元，分别占保险资金运用总额的5.39%和7.94%。二是大型保险公司陆续上市，成为资本市场的重要主体。2007年是我国大型保险公司上市年，中国人寿保险公司、中国平安保险公司和中国太平洋保险公司分别于当年1月、3月和12月在A股上市。通过上市，既增强了保险公司资本实力，也改善了资本市场结构。但总体来看，保险与资本市场相互渗透的力量还比较弱，发展的潜力比较大。

8.3 完善保险投资与资本市场的政策思考

8.3.1 保险投资政策选择

（1）基本原则。

第一，风险和回报原则。任何投资都要求有回报，保险投资也不例外。所有保险产品的定价都要考虑投资的预期回报，这是保险投资最基本的原则。保险是现期交纳保费而保证未来利益给付的一种制度安排，资金的时间价值非常重要。投资回报越高，现期支付的价格（即保险费）越低。因此，保险投资回报对保险业的发展起着非常重要的作用。

然而，投资回报包含投资价值的变动。如果投资项目选择不当，投资价值有可能下跌，投资回报会出现负值。这就是说，保险投资存在到期不足以满足索赔的风险和偿付能力的风险。一般来讲，预期回报越高的投资，投资回报不稳定的风险越高，即投资具有较高的波动性。风险与回报往往难以两全。保险公司在选择投资项目时，一定要将风险与回报进行权衡，既要获得比较高的投资回报，又不至于有较大的投资风险。

第二，分散原则。投资分散化，是投资组合风险控制的一个古老而又必须始终坚持的重要原则。如果投资组合由众多的投资项目组成，任一单项投资只占很小比例，一旦某一项目发生风险，对保险公司的财务状况不会产生大的影响。因此，投资足够分散化，有利于保险公司的稳健经营和业务的持续健康发展。

第三，资产负债匹配原则。所谓资产与负债的匹配，是指保险公司的资产分布状况与负债达到同一水平，当受共同因素作用时，其影响程度相同。为保证保险偿付，进而保持偿付能力，由投资形成的资产应与负债相匹配。对匹配性的要求涉及投资期限和获取投资回报的时间，以及资产和负债在财务状况下发生相应变化的趋势。由于市场变化日益复杂，完全意义上的匹配往往难以达到。因此，保险公司必须根据投资项目情况，对各项财务项目的余额进行不断管理和监控，经过不断努力，才能实现资产与负债的匹配要求。

（2）运作模式。从国外看，保险投资的运作一般有三种形式：

第一，投资管理公司模式。国际上的大型寿险公司大多采取设立全资或控股资产管理公司的方式，实现保险投资专业化运作。

第二，投资部运作模式。保险公司在内部设立专门的资产管理部门，按事业部制进行运作。

第三，委托投资模式。保险公司以信托或委托的方式将资金交由专门的投资机构来管理。

以上三种形式各有利弊。投资部运作模式因不能适应管理专业化和服务多样化的要求，逐渐被大多数保险公司放弃。委托投资运作模式一般被一些资金量较小的财产险保险公司、再保险公司和小型寿险公司所采用，以充分利用专业机构的专业化优势和成熟经验，减少资产管理和运作成本。多数大型保险集团或寿险公司大多采用投资管理公司运作模式，将保险资金运用业务与保险业务严格分开。这一方面可以更好地吸引人才，提高资金运用效率；另一方面，可以通过管理第三方资产，成为保险公司新的业务和利润增长点。

借鉴国际经验，结合我国实际，我国保险投资运作可以根据不同公司的业务性质和规模情况分别选择不同的模式，如对小型保险公司特别是小的财产保险公司可以选择投资部和委托投资模式，但发展方向是鼓励各家公司设立资产管理公司，特别是对中大型保险公司尤其是大型寿险公司更应如此。设立单独的资产管理公司，一是有利于明确保险公司与投资管理机构的责任与权利，促进保险投资专业化运作和管理，提高资金收益率；二是有助于保险公司扩大资产管理范围，为第三方管理资产，提升保险公司市场控制能力；三是有利于吸收和培养优秀人才，带动保险队伍素质的整体提高。

资产管理公司可以在现有保险公司的资金运用部或投资管理中心等内设职能部门的基础上组建，但必须按照现代企业制度建立科学的法人治理结构，实行规范的公司制。由于资产管理公司的特殊性，管理团队是资产管理公司成功与否的关键。可以借鉴国际通行做法，适当考虑吸纳管理团队参股资产管理公司。同时，引入独立董事制度，设立投资决策委员会及风险控制委员会，对投资决策、执行交易、结算交收、风险控制、财务核算、绩效评估等实行严格的分类管理。并且，借鉴国际标准制定严格规范的内部管理制度，建立更加完备的内部管理控制机制。通过以上措施，保障资产管理公司规范运作，保障保险资金的安全和增值。

（3）风险控制。

第一，对部分投资领域进行严格限制。拓宽保险资金运用渠道，放松保险投资管制，并不是保险投资的自由化，而是要把握好一定的度，该控制的一定要严格控制。比如，对流动性较差和风险较高的非上市公司的股票和非抵押或非担保贷款，主要采取禁止的办法。

第二，规定严格的投资比例。借鉴国外做法，在放宽保险公司资金运用渠道的同时，为了控制投资风险，保证偿付能力，我国应实行严格的投资比例管理。比如，鉴于股票投资的高风险、高收益、系统风险比较大的特点，可以对股票投资规定其占总投资的最高比例，保险公司任何时候不能突破这一界限，否则会受到保险监管部门的严厉查处。证券监管部门要加强保险资金进入股市后的信息披露监管，使保险公司定期公布其投资组合等方面的信息。

8.3.2 资本市场政策选择

（1）改革和完善所有制，推进国有企业股份化。我国实行的是社会主义市场经济。社会主义的本质特征是共同富裕、公平分配，所有制与否并不是社会主义本质性的东西。但在社会主义条件下，所有制问题不能回避。对于社会主义所有制我们要重新认识。在社会主义条件下，所有制有两个层次：从居民个人层次看，应是私有制，因为在现实中，每个人的财产都归个人所有，别人不能侵犯。从企业组织层次看，应是公有制。国有制和集体所有制是传统意义上的公有制形式。现代企业组织大多是股份制，这是一种共有经济形式，具有公有制的基本特征，是公有制的实现形式。我们应更新所有制观念，正确看待私有制，同时也不应否定公有制，在肯定私有制的前提下，大力发展股份经济，为金融市场的发展构筑坚实的微观基础。搞好股份制改革，关键是要在机制上下工夫，不能做表面文章，搞形式主义，既要为股份制改革创造良好的运行环境，又要建立起股份制企业外部监督与内部约束的良性运行机制。

（2）建立居民储蓄转化投资的新机制，积极稳妥地拓展直接融资。扩大直接融资的比重，继续大力发展证券市场，在体现宏观控制的前提下，进一步扩大其市场容量。选择一批在国民经济中占有重要地位、在行业中处于领先位置、成长性好的大型国有企业，在一定的期限内逐步上市；同时逐步使上市公司的国有股份和法人股份进入市场流通。扩大公司债券发行，只要不违反国家法律，企业可根据业务需要随时到证券市场通过发行债券筹资。当然，在发展直接融资的同时，要协调好直接融资与银行储蓄的关系，发展直接融资应以保证银行储蓄继续增长为前提，避免银行资金过分流到证券市场，以维护银行业的稳定，避免金融风险。

（3）加强法制建设，完善监管体系。要加强对直接融资的管理，严格控制社会乱集资，把不规范的直接融资引导到规范化的轨道上来。要改进和加强证券宏观管理，实行公平的市场准入制度，只要符合条件，都应批准入市。积极创造条件，使企业上市和公司债券发行的审批制改为国际上通常实行的资格登记制，使企业和中介机构把精力主要放在提高自身素质和提高服务质量而不是放在打通关系上，避免由于寻租导致社会资源的浪费。进一步加快与资本市场有关的法制建设，按照社会主义市场经济的要求，特别是要借鉴国际上通常做法，完善我国的法律体系，从法律上规范市场行为。

8.3.3 保险投资与资本市场的协调运作

（1）推进综合经营。在金融一体化的趋势下，深化两个市场的互动需要进一步推进微观主体开展综合性经营。建立保险（金融）控股公司，充分利用金融资产专属性程度低的特点，建立保险、银行、证券、信托等专业化子公司，共享品牌、营销网络及信息资源，推进综合性经营。鼓励保险企业在海外开展收购、兼并、参股等资本运作，快速扩充实力。

（2）建立金融分业监管的协调机制。两大市场的互动容易形成金融子公司间的风险传递和渗透。为此，应对分割的金融监管体系进行有效协调，避免出现监管信息分散、多重监管、监管真空和监管资源浪费的现象。统一监管指标体系和核算体系，保持监管口径和监管政策的一致，共享监管信息，提高监管效率。探索建立牵头监管或合作监管的形式，解决交叉领域金融产品的有效监管问题。实现从机构性监管向功能性监管转变，以功能为主线，建立跨产品、跨机构、跨市场的金融监管模式。

9. 金融融合与保险集团化经营

> 天地相合以降甘露，民莫之令而自均。
>
> ——老子《道德经》第 32 章

当今世界，以组建能量巨大的金融控股集团为主要形式的全球金融由分业经营走向综合经营的趋势愈发明显，作为一种显性现象已是大势所趋。金融控股集团最大的优势在于整合分散的金融资源，以规模化、大型化和完善的功能来提升其市场竞争能力。近年来，保险集团化的发展方兴未艾，其市场竞争优势日趋显现。但保险集团化发展也蕴藏着风险，如何趋利避害是集团化热中必须冷静思考的问题。

9.1 金融融合

世界各国由于历史、文化背景、经济基础以及法律环境的不同，金融保险制度的安排有所差异。金融的分业与融合，世界各国在不同的历史时期、不同的发展阶段有不同的选择。

9.1.1 分业制与融合制

金融分业制源于立法机关对银行权限进行限制的制度。这种制度是19世纪初由英格兰银行首创,后来引进到美国,并在美国最终得以形成。因此,从历史的角度看,金融分业制始于美国。金融分业制有广义和狭义两种。狭义的分业制是指自1933年《银行法》制定之后,美国实行的银行业务与投资银行业务相隔离及禁止银行董事兼职的制度。广义的金融分业制是指银行与其他金融机构之间相互分离的制度,其基本特点是"一个法人,一个执照,一种业务"。

金融融合制有两种形式:第一种是业务交叉模式,指金融业务在一个法人机构内的混合与交叉经营,即金融机构可设置内部业务部门全面经营银行、证券和保险业务,其特点是"一个法人,一个执照,多种业务"。该种形式也称"一级法人制"。第二种是金融控股模式,即通过金融控股公司,按照金融业务类别分别设立子公司,实现在一个集团公司下的综合经营,其特点是:"多个法人,多个执照,多种业务"。该种形式也称"二级法人制"。控股公司是一级法人,被控股的子公司是二级法人。

9.1.2 分业制向融合制的国际转换

以美国1999年终止实施60年之久的《分业经营法案》为标志,世界各国(地区)金融业从分业经营转向综合经营(混业经营)成为潮流。除美国外,英国、日本、中国香港等国家和地区纷纷允许金融业的综合经营。世界部分国家和地区分业或混业经营的基本情况如表9-1所示:

表 9-1　世界部分国家和地区分业或混业经营的基本情况

国家和地区	过去	现在
美国	分业	混业经营，分业监管。
英国	分业	自1986年：混业经营，统一监管。
日本	分业	自1996年：混业经营，统一监管。
德国	混业	混业经营，统一监管。
瑞士	混业	混业经营（但银行业与保险业例外，仍实行分业），统一监管。
法国	分业	分业经营（但银行可以持非银行20%以下的股份），分业监管。
韩国	分业	分业经营（但业务范围不断放开），统一监管。
中国香港	分业	混业经营，分业监管。

20世纪30年代以前，美、英等许多西方国家对金融业实行混业经营。然而，30年代发生的那场空前的经济危机，使人们对金融混业经营提出了质疑。1930年，美国国会专门成立了银行调查委员会，对商业银行经营证券业务进行调查，认为混业经营刺激了商业银行在证券市场上的投机行为，降低了金融市场的稳定性，是导致金融混乱、银行倒闭的重要原因。基于这一调查结论以及对商业银行在投资银行业务中不道德行为的揭露，促使美国国会于1933年通过《格拉斯—斯蒂格尔法》。该法案提出以下四项措施：

（1）实行分业经营，将商业银行业务与投资银行业务分开。商业银行只能经营存款和贷款业务，禁止兼营股票、债券及其他证券的发行、包销及分售业务；投资银行只能从事证券买卖和包销业务，禁止经营商业性存款和贷款业务。

（2）限制利率水平。禁止商业银行支付活期存款利息，并对定期存款利息加以限制。

（3）建立存款保险制度。创立联邦存款保险公司，规定联储系统的所有成员银行都必须参加保险。

（4）严格限制设立新银行，禁止跨州设立银行分行。

《格拉斯—斯蒂格尔法》的实施，一方面强化了金融监管，规范了金融秩序；另一方面也影响了金融业特别是银行业的发展，导致其经营空间过窄，甚至出现经营困难，在国际竞争中处于不利地位。比如，20世纪80年代初，在世界前十大银行排名中，第1至第6名均为日本银行，而享有盛名的美国花旗银行却排在第9名。

从20世纪80年代起，美国开始重新认识30年代大危机，认为当时银行大规模倒闭的罪魁祸首并非"混业经营"，而是货币供应量的减少和单一银行的资本充足率过低。德国的经验提醒了美国。以德国为代表的欧洲大陆国家一直实行综合化的银行制度，这些国家的金融体系并未显现效率差、安全性低的问题。1997年，美国财政部长鲁宾提出《金融服务现代化法案》。该法案于1999年11月4日获得国会众参两院通过。其主要内容是：

（1）允许银行、证券公司、保险公司间业务相互交叉。

（2）银行参与承购证券的业务，承揽保险业务及不动产开发。

（3）保险公司、证券公司从事银行业务可以以控股公司的形式进行。

（4）禁止一般企业通过收购存款金融机构而从事金融业务。

从此，金融混业经营的模式开始在美国确立。

与此同时，西方其他主要资本主义国家也先后由分业经营向混业经营过渡与转轨。1986年，英国通过金融改革允许银行兼并证券公司进而形成经营多种金融业务的金融集团。1998年，日本提出类似的金融改革方案。1999年11月4日，美国参众两院通过《金融服务现代化法》，规定商业银行、证券公司和保险公司可以跨业经营。

9.1.3　保险业与银行业融合

20世纪90年代以来，保险业与银行融合趋势越来越明显，其典型类型有两种：银行保险和综合业务银行。

（1）综合业务银行（Universal Bank）。所谓综合业务银行，是指银行提供银行、证券、保险等一揽子金融服务。

（2）银行保险。所谓银行保险（Bancassurance），是指银行和保险人之间为通过银行推销保险而作出的一种制度安排。通常采取以下四种形式：

• 银行建立自己的保险公司。如英国 TBS 银行、法国 Credit Agricole 银行、德国 Deutsche Bank、英国 Barclays Bank 等都设立了自己的保险公司。

• 合并收购，即两个独立公司的合并及一体化。如 1991 年丹麦第三大银行 NMB Postbank 与该国最大保险公司 Natned 合并，1985 年英国第三大银行 Lloyds 与该国第 15 大寿险公司 Abbey Life 合并，1990 年丹麦的第二大银行 Rabobank 与丹麦第 15 大保险公司 Interpolis 合并。

• 合资，即两个公司一起承保或销售保险产品。如 1990 年英国第 6 大银行 Royal Bank of Scotland 与 Equitable 保险公司设立合资公司承保和销售保险产品。

• 销售联盟。如 1989 年法国第四大银行 Banque Nationle de Paris 和法国当时最大保险公司 UAP、1989 年德国第二大银行 Dredner 和欧洲最大的保险公司 Allianz、1989 英国 Bank of Scotland 和第二大保险公司 Standard Life 都建立起保险产品销售联盟。通过上述方式，银行保险在欧盟许多国家占有十分重要的地位。1994 年，法国和西班牙的银行保险占市场份额的 50%，英国和荷兰分别超过 10%，德国和意大利分别接近 10%。

在银行与保险融合过程中，集团控股经营最为典型。所谓金融集团控股经营，是指在一个公司统一领导下的多个不同类型公司的集合，这些公司提供超越任何传统部门界限综合化的金融（保险）服务。

9.2 保险（金融）集团模式

集团控股公司（Holding Company 或 Proprietary Company）是指

以资本为纽带联系在一起的一组公司的联合体。所谓控股，指一公司持有另一公司的全部或大部分股票，从而具有对其控制力。世界各国或地区对控股的量有不同的规定。如日本和英国规定，对子公司股票取得价额的合计超过该公司总资产的50%谓为控股；美国对控股权的解释则是持有子公司25%以上拥有表决权的股票或拥有选任过半数董事的权利。中国台湾在"金融控股法"中关于"控制性持股"的法律含义与美国完全相同。

9.2.1 组织架构

集团控股公司的基本组织架构是母子公司结构，持股公司通常被称为母公司（Parent Company），受控制的公司被称作子公司（Subsidiary Company）或附属公司。母公司只有掌握了对子公司具有支配权的股份之后，才能确定其对子公司的法律地位。一般来说，取得子公司支配权的基本方法就是取得过半数的股权。母公司或附属公司都是独立法人。母公司虽然对子公司或附属公司进行严格的控制，但子公司有独立进行商务活动的权力，并且有独立的资产负债表和公司章程。母公司虽然向公司或附属公司注入资本，但对子公司的债务不负任何责任。

在保险集团控股公司组织架构上，一般是采取两分离的设置模式，即将保险业务与投资业务分离，保险业务中产寿险分离，分别设立独立的具有法人资格的子公司，实现内部专业化管理。

9.2.2 基本类型

控股公司可分为事业型控股公司（Operating Holding Companies）和纯粹型控股公司（Pure Holding Companies）两种形式。当控股公司选择集约型多角化经营战略时，较多采用事业部制，则该母公司为事业型控股公司；当控股公司选择战略撤退或开发风险性新兴事业时，则较多采取纯粹型控股公司形式。事业型控股公司是母公司拥有自己的事业领域，除此之外还通过持有其他事业领域的子公司的股份,来支配管理子公司的经营活动。纯粹型控股公司则是母公司没有自己特有的事业领域,而仅仅是一个公司经营战略的决策部门。在集团控股公司中,金融集团控股公司是重要的组织形式。

金融控股公司是指以银行、保险、证券等金融机构为子公司的一种控股公司的形式。其中,以银行为子公司的金融控股公司通常称作银行控股公司;以证券为子公司的金融控股公司通常称作证券控股公司;以保险为子公司的金融控股公司通常称作保险控股公司;若同时拥有银行、证券、保险两种以上子公司,则称为金融服务控股公司(Financial Services Holding Company)。

保险控股集团是指以保险公司作为子公司的控股公司。保险控股集团公司的设立必须经过金融保险监管当局的认可、批准。保险控股子公司的营业范围,在欧美一般不受限制,而在日本曾经仅限于以下8种情况:

- 生命保险公司;
- 财产保险公司;
- 证券公司;
- 经营保险业的外国公司;
- 经营证券业的外国公司;
- 从属于保险业或证券业,或与上述业务有关联的公司;
- 持有一定范围的风险投资基金单位的风险投资公司;
- 以上述公司作为子公司的控股公司。

从2001年开始,日本的银行与保险业严格的分业状况开始被打破,可以通过控股公司子公司的方式相互进入对方业务领域。自2002年4月1日以后,日本所有的银行窗口都可以销售保险产品。

9.2.3 风险控制与管理

(1)面临的风险。在集团控股公司模式下,保险业务与投资业务的有效分离，实现了专业化经营，防止了混业风险；同时，集团内部合理的组织构架和运作流程，也有效防范和化解了资金风险。但是，由于金融控股集团内部复杂的控股关系和资金往来，这种模式如果管理不到位，除作为金融机构面临一般性的问题和风险外，也会带来新的问题，产生新的风险。

第一，内部交易风险。在金融控股架构下，最大的风险问题是金融集团的内部交易问题。所谓内部交易（Intra-group Transactions），是指集团成员之间发生的资产和负债的转换。这些资产和负债可以是确定的，也可能是或有的。比如，集团成员之间的交叉控股；集团成员之间的交易往来；集团成员之间的贷款、担保和承诺；集团内部的转移定价；集团成员提供的服务和管理，统一的风险管理中一家向另一家集团成员转移风险等。随着集团组织结构的复杂化，内部交易规模可能越来越大。不仅监管当局难以了解其风险，而且集团总部也难以全面把握。金融集团的内部交易虽通过内部交易可以为集团带来协同效应，降低交易成本，增加利润，但也可能导致风险的传递与扩散。因为，当一个集团成员陷入财务困难时，由于成员之间具有密切的资金往来关系，必然会波及集团其他成员，某一集团成员发生的经营事故会引发另一成员的流动性困难，或大幅度地影响后者的业务量。

与此同时，金融控股公司内部不正当交易也会滋生腐败现象。20世纪80年代~90年代，在日本和韩国的一些大财团内出现的一些异常情况就是金融控股公司内部的不正当交易，这些不正当交易大多是腐败行为。

第二，规模过大风险。由于规模过大，金融控股公司有可能出现规模不经济的问题。不论通过何种方式形成的控股公司，由于该控股公司具有比单一公司关系更为复杂、业务更为繁多的特性，冲突更容易发生，如果处理不好，其规模经济则难以发挥出来，甚至会出现规模不经济的问题。因此，在集团模式下，并不是规模越大越好，理想的业务规模必须考虑公司的管控能力与经营水平相适应。

同样，由于规模过大，也可能出现资本不充足的风险。如果母公司资本投资一金融子公司，该子公司注册投资一个不受金融监管的工商企业，该工商企业又转而持有母公司的股份。这时，母公司与子公司之间的资本就有重复计算之嫌。当前，由于我国三个金融监管部门对市场准入时的股权资本监管缺乏协调，有些母公司、子公司、孙子公司之间互相持股，股权结构混乱，隐藏着资本不充足的风险。

（2）风险控制。金融控股公司由于金融资产规模巨大，使得金融属性本身所固有的风险变得具有更大危害性。因此，加强金融集团控股公司的内部管理和外部监督非常重要。

①内部控制。对于单一法人来说，内部控制是指为了保证稳健经营而设立的一系列工作程序和制度，包括企业内部各个层次授权与责任的结构，业务流程中的规章制度和操作规则。一个完善的内控制度必须回答和解决下列问题：该公司所经营业务的风险特征是什么？一项业务流程各个环节的风险分布如何？风险控制的政策和程序是什么？公司总部的风险管理的指导原则？各业务单位的具体控制措施？集团控股公司的内部控制对比单一法人实体来说更为复杂，不仅要督促各子公司建立内控制度，还要落实对整个集团公司的内控制度。

根据巴塞尔委员会关于内控制度的框架性文件，金融控股公司的内部控制制度有三个目标：其一，体现集团的协同效应，实现高效运转的效率目标；其二，提高集团的透明度，保证对外信息的及时性、可靠性和恰当性；其三，保证整个集团公司的经营活动既符合公司的战略意图和政策程序，也符合有关法律和监管要求。

实现上述目标，金融控股集团内控制度建设的主要内容包括以下几个方面：

首先，控股公司管理层要予以高度重视，营造良好的氛围。内部控制建设是集团控股公司稳健、高效运转的前提，控股公司领导层对此必须要予以高度重视，重点是要建立包括严格的预算管理制度、风险评价系统、内部审计制度、责任追究制度等各项制度，保证集团公司内部运作的规范化、程序化。

其次，建立责任制，明确各层次、各环节在风险控制与管理方面的职责。授权是现代管理中的重要内容，而对被授权人行为的监管同样重要。作为集团公司最高权力机构的董事会和高层经营班子，对建立一个有效的内部控制系统负有重要责任，他们之间应有明确的分工。公司董事会在内控建设方面的主要职责是：批准和定期审查公司整体经营战略和重大决策；了解公司的主要风险，设立可接受的风险上限，保证管理层采取切实的步骤对这些风险进行监测和控制。而公司高层经营班子的主要职责是：实施董事会批准的战略和政策；建立识别、度量、监测和控制风险的流程；建立授权明确、职责清晰、上下级关系明确的组织结构；保证被授权的工作得到有效地实施。同时，所有员工都应了解自己在内部控制流程中的作用，自觉遵守内部控制制度和程序，保证内控制度得到有效落实。

第三，建立信息系统，加强内部沟通与联系。一个有效的信息系统，要求决策者能够及时得到有关财务、经营状况的综合信息以及与决策有关的外部信息。集团控股公司应当建立一个涉及全部业务活动、可靠的管理信息系统。同时，建立有效的沟通渠道，使所有员工充分了解与他们履行职责有关的政策和程序。对任何未能遵守制度和程序的行为，都应向上一级管理者报告，并做出解释。所有的工作制度和程序都应以书面形式予以公布，使相关人员得以知晓。

第四，做好风险监测，加强内部审计，及时纠正内部控制缺陷。对主要风险进行监测是金融企业特别是金融控股公司日常工作的重要组成部分，应当由公司一线管理人员和内部审计人员定期评估这种监测的有效性。内控系统的实时监测可以及时发现和纠正内控系统的缺陷。建立独立且具有权威的内部审计部门，加强对内控执行情况的审计。

②金融控股公司的外部监管。对于金融控股公司的监管，从国外看，一般采取以下措施：一是对集团公司的治理结构和内部控制提出要求，对金融集团的内部交易予以高度关注，尤其是关注那些业务领域和法人结构不一致的内部交易。二是要求金融集团披露自己组织结构和重大的内部交易，特别是那些对集团财务带来不利影响的内部交易，增加内部交易的透明度。三是对某些交易在法律上予以禁止。一经发现有违规的内部交易，主要责任公司将受到处罚。

9.3 国内外保险（金融）集团模式的实践与探索

9.3.1 国际经验借鉴

综观全球金融保险控股集团的形成途径，大致有三种：兼并收购型、行政干预型、自我成长型。

（1）兼并收购型。通过兼并形成的金融保险集团，是世界上比较普遍的一种形式。例如，美国花旗银行与旅行者集团合并形成花旗集团（Citygroup）。1998年4月6日，花旗集团与旅行者集团宣布合并，开创了在美国本土全能化金融服务的先河，也是金融控股公司全面解禁的里程碑。合并后的花旗集团总资产达7 000亿美元，净收入为500亿美元，营业收入为750亿美元，股东权益为440亿美元，股票市值超过1 400亿美元，业务遍及100多个国家的1亿多个客户，雇员达160 700名。合并后的花旗集团集银行、保险、证券、信托、基金、租赁等全方位的金融业务于一身，形成"一条龙"式金融服务。

通过兼并收购形成的金融保险集团，其所需的技术、对管控的要求、对人才的需求等标准比较高，如果处理不当，很可能会对金融集团长远发展留下隐患。而且，由于合并的两家企业文化以及机制的不同等原因，也会需要一段较长的磨合期和震荡期。

（2）行政干预型。在发展中国家以及一些前计划经济国家，通过行政撮合的方式形成的企业集团或金融保险集团也是一种较为普遍的现象。这种形式形成的金融保险集团或其他形式企业集团，往往具有较强的政治背景，政府能够在一定程度上扶助集团的发展。但这种形式形成的集团企业，往往缺乏经营和竞争的市场动力，内部管理上往往过于行政化和官僚化，容易产生内部暗箱操作和风险。尤其是由于其与政府部门之间有千丝万缕的关系，往往也是滋生腐败的温床。20 世纪 90 年代后期以来，日本金融机构的大量倒闭、金融丑闻的频频揭露，从某种意义上与日本政府在 20 世纪 60~70 年代产融一体、政企不分、通过行政手段实现企业间的联合与并购不无关系。

（3）自我成长型。根据自身经营发展需要，企业自我成长起来的金融集团，往往更具有上下一致的文化、统一的管理、统一的风险控制体系和统一的经营战略等，在组织上更具有完整性，比较容易形成和发挥规模经济和范围经济效益。这是西方发达国家形成金融保险集团比较多的形式。对于发展中国家，如果政府能够建立一个公平、公正、有序的市场竞争环境，鼓励好的金融企业根据自身发展的要求，不断改革与创新，应该说不失为金融保险集团形成的最佳途径。

9.3.2 我国金融集团的实践与探索

从 20 世纪 90 年代末期开始，我国陆续出现了中信集团、光大集团、平安集团等模式不一的大型金融控股集团（见表 9-2）。它们通过资本运作将商业银行、保险公司、证券公司、基金公司等不同性质的金融机构招致麾下，搭建统一业务平台，为消费者提供综合金融服务。

表 9-2　　　　　　　国内主要金融控股集团公司

名称	金融子公司或控股金融机构
中信控股	中信银行、中信证券、中信国际金融控股公司、信诚保险公司、中信信托公司、中信期货公司、中信资产管理公司。
光大金控	光大银行、光大证券、永明保险、光大国投、光大控股（香港）、申银万国证券。
平安集团	平安人寿保险、平安财产保险、平安海外保险、平安信托、平安证券、平安银行。
中银控股	中国银行、中银保险。
工商银行	工商银行、工商银行（亚洲）、工商银行（香港）、工商银行（国际）、香港友联银行。
建设银行	建设银行、中国国际金融公司、香港建新银行、中信嘉华银行。

从保险业的情况看，截至 2008 年底，我国包括平安保险集团在内共有 8 家保险集团（控股）公司，另 7 家分别是：中国人保集团、中国人寿集团、中再集团、中国太平集团（原中保集团）、太保集团、中华联合集团和阳光保险集团。截至 2007 年底，8 家保险集团公司资产总规模占全国保险业总资产的 78%，实现保费收入也占全国总保费的 78%。

9.4　中国保险集团的发展思路

伴随着我国经济市场化和国际化的推进，为了适应竞争的需要，学习和借鉴国际保险业的成功管理方式和组织模式，发展以保险为核心的综合金融服务集团，是提升我国保险业竞争力的重要途径。

9.4.1　必要性

（1）发展保险控股集团是适应保险市场国际竞争的需要。中国已经加入了 WTO，保险市场正以前所未有的态势和强度稳步向外开放。国外特别是西方国家具有上百年甚至几百年经营历史、资本实力雄厚、技术装备先进的知名保险公司（这些保险公司大多是保险财团或保险集团控股公司）纷纷登陆抢滩，在中国设立了和即将设立大量保险经营机构。适应世界金融保险业发展趋势，迎接国际竞争，保险企业需要通过走集团化的道路以提高其竞争力。为此，国家应采取扶持政策支持保险市场的资本并购与重组，组建若干大型的具有国际竞争力的保险（金融）航空母舰，迎接来自国际金融大鳄的挑战。

（2）发展保险控股集团是适应客户多元化金融服务的需要。随着社会主义市场经济体制改革的深化和国民经济的发展，我国居民收入将加速度增长，其投资理财意识会不断增强，除银行存款外，国债、股票、基金、金银首饰，特别是保险在居民投资中的比重逐步增加。适应这一变化，通过组建综合性金融保险服务集团，为客户提供一揽子服务，从而满足客户多样化需求。

（3）发展金融保险集团是稳定市场运作的需要。从西方国家金融保险市场发展的经验看，由少数部分具有国际竞争力和运作规范的大集团公司占据市场的主要份额，是市场运作结构稳定的重要因素。保险是影响公众利益的行业，其稳定与否关系到老百姓的救命钱是否有保障，更关系到国民经济的发展。通过培育具有国际竞争力的金融保险集团，有利于抗衡来自外部世界对我国金融安全的冲击。

（4）发展保险（金融）集团有利于获取规模效益和范围经济。集团化、大型化、综合化是世界金融的发展趋势。通过组建保险（金融）控股公司，可以在较短时间内形成规模巨大且业务多样化的大型企业，实现大型集团规模经济、范围经济、风险分散和协同效应的优势。这有利于提高金融保险企业的国际竞争力。

9.4.2 路径选择

借鉴国际经验，依据一国经济发展水平和金融市场发育状况，金融控股公司的组建可通过以下三种途径来实现：

（1）通过国家授权等行政方式组建金融保险控股集团。目前，我国金融经营机构大多数为国有企业，国家可以借助行政手段组建我国金融控股公司。采取这一形式，有两种选择：其一是借鉴全国性行业总公司和行业管理部门改组为控股公司及企业集团授权经营国有资产的试点经验，通过对金融企业进行股份制改造和改组，通过成立一个控股公司来控制下属子公司，组建国家级的金融控股公司。其二是依托某一金融企业，以其为核心，通过控股和参股其他公司来组建金融控股公司。国家通过对金融企业（银行、证券公司、保险公司等）进行股份制改造，在资产评估的基础上，通过国家授权的方式来组建国家级金融控股公司，内部形成以资本为纽带的母子公司经营管理体制关系。

（2）通过资本市场以资本经营的方式组建金融控股集团。随着我国资本市场的不断发展和完善，政府应当选择一批符合条件的金融企业在国内上海和深圳两地的A股证券交易市场挂牌上市，或者到境外的证券交易市场挂牌上市，让有实力的金融企业借助资本市场通过兼并与收购的方式来组建金融控股公司。

（3）通过自身积累发展成金融控股公司。根据产业经济学理论，一般来说，企业的发展有两种途径：一种是外部扩张，即企业主要采取购并（包括兼并、合并和购买）手段扩大企业的经营领域；另一种是内部扩张，即企业主要依靠自身积累扩大其经营规模。因此，对于一些具有相当实力的金融企业，可以通过自身积累逐步发展成金融控股公司。

比较上述三种途径，各有利弊。根据我国保险企业比较少的实际情况，为了促进竞争，提高保险企业竞争力，应通过创造良好的外部环境，鼓励现有保险公司向集团化方向发展，这是提高我国保险企业竞争力的现实选择。

9.4.3 配套措施

（1）建立相适应的现代企业制度。要充分发挥金融控股优势，

9. 金融融合与保险集团化经营

首先必须在制度上下功夫。要建立与金融控股公司相适应的现代企业制度,全面提升控股集团的经营管理水平,充分发挥专业子公司在保险技术上的专业优势,不断开发适应市场需求的高技术含量、高透明和灵活性强的保险新产品,实现传统业务向非传统业务创新的跨越。

(2) 设计合理的组织架构。金融控股公司的优势主要体现在综合经营银行、保险、证券等不同金融业务所带来的协同效应,但要达到"1+1>2"的理想效果,还需要理顺经营不同金融业务的子公司之间的相互关系。要在组织结构、股权结构、人事管理、决策流程、责权界定等方面做出科学的安排,真正发挥金融控股公司的作用,提升整个集团公司的市场竞争力。

(3) 形成以保险为核心的相关多元化业务结构。对国内外多元化经营案例的研究发现,在没有形成主业优势的情况下进入其他行业,将会分散企业的有限资源,带来较大的不确定性的风险,很容易导致多元化战略的失败。国际保险金融集团大部分都有强大的主营业务与清晰、稳定的盈利模式。如果对世界500强中的德国安联保险集团、美国保德信、伯克希尔以及我国台湾国泰2006年的资产和业务结构进行分析,可以看出,这些以保险为主业的金融服务集团皆符合惠廷顿和麦耶对相关多元化的定义:任何一项业务都不能占到销售额的70%,而且不同业务之间应具有较强相关性。

中国保险业恢复性发展只有20余年时间,且大部分保险公司成立只有几年,驾驭集团发展的能力还比较弱,尚不具备大规模异业扩张的资本实力和足够的能力,集团化发展应该是一个渐进的相关多元化的发展过程,即首先要促进企业自己所熟悉和擅长的保险业务的精细化运营,把实现内部资源的有效配置、增强保险业务的竞争力作为第一目标;然后在此基础上再向其他相关领域扩展,以求保险业的进一步发展。

(4) 加强集团风险控制与管理。要在借鉴境外同行经验的基础上,结合自身实际,从制度、技术、组织和人员等各方面对原风险控制体系做相应调整，建立完善的内控机制，有效利用集团双重风险监控体系防范和化解经营风险，并通过再保险、证券化及金融衍生产品转移风险，保证集团公司稳健经营。要积极探索与调整集团控股模式下公司的成长策略与运作模式，优化资源配置，实现公司在品牌形象、技术手段、产品价格、超值服务等方面的比较优势，提升集团整体经营效率。

（5）实行金融协同监管机制。首先，要加快我国金融控股公司监管立法的步伐，建立健全金融控股公司监管法律体系，制定《金融控股公司监督管理办法》及相关金融控股公司监管行政法规和规章，明确对金融控股公司的监管机构、监管程序、监管范围、监管目标、监管手段、监管责任等，使金融控股公司监管程序化、标准化。其次，建立跨行业监管信息共享机制，强化金融监管当局联席会议制度，加大定期或不定期就监管中的一些重大问题的磋商、信息交流力度，实行信息共享。最后，建立"防火墙"制度，严格信息披露，谨防内部不正当关联交易。此外，要建立风险预警机制，及时监控和适时掌握金融控股公司的业务和风险状况，出现风险及时预警，防患于未然。

10. 保险中介：保险产业链重要环节

> 天之道利而不害，圣人之道为而不争。
>
> ——老子《道德经》第81章

保险界有一句名言："保险不是由投保人来购买的，而是由保险中介人卖出的。"现代社会开始步入中介社会，中介已经渗透到社会生活的方方面面。组织之间、民众之间、组织与个体之间，通过中介间接发生关系，或维护共同利益，或表达祈求，或减少纠纷，或追求效率……往来因间接而简单，经济因专业而发展，社会因组织而有序，利益因整合而协调。这就是现代社会中介存在并不断发展壮大的原因和意义。

10.1 保险中介在保险市场中的地位与作用

10.1.1 保险中介的内涵

在现代市场经济条件下，发展与代价、风险与保险是相伴相生

的。要达到降低发展的代价和风险，就必须建立和健全保险机制，以此来分解风险，降低各经济主体的风险压力，保持发展的稳定性。保险对于经济社会发展起到稳定器的作用。保险是市场经济发展的客观需要，是风险社会的必然选择。但是，保险作为一个巨大的需求市场，不是自发形成与自行发展的，它的发展与扩张在很大程度上要通过多种中介形式来完成与实现。中介对于保险业发展具有加速器的功效与作用，保险市场发育如何，在很大程度上取决于中介产业的发展趋势，庞大的保险市场需要由成规模发展的中介产业来维系与推动。

发达国家保险业的发展经验证明，保险市场要保持健康和谐运转，离不开保险中介组织的参与。一个健全的保险市场体系一般包括三类市场主体：一个是既具有充足的偿付能力，又具有良好经营管理经验的保险经营机构，即保险市场的供给主体；另一个是既具有风险转嫁需求，又具有购买能力的投保群体，即保险需求主体；再一个是能够为保险关系双方提供保险服务的保险服务机构，即保险中介主体。

保险中介人可以分成狭义的保险中介人和广义的保险中介人。狭义的保险中介人包括保险代理人、保险经纪人和保险公估人。广义的保险中介人，除了包括上述三种类型的中介主体以外，还包括与保险中介服务有直接关系的机构和个人，比如保险精算人员、保险顾问人员、保险咨询服务人员、保险法律服务人员、保险行业协会、保险考试机构、保险评级机构、保险会计、保险审计机构及其从业人员等。

10.1.2 保险中介的作用

保险中介是保险市场不可或缺的重要组成部分，是联系保险人与被保险人的桥梁与纽带。保险中介是随着保险市场的深化而不断发展的，是保险市场精细分工的必然结果；而保险中介的出现，又极大地推动了保险业的发展。保险业越发达，保险中介越重要。发达的保险中介是成熟保险市场的重要标志。

在市场化程度较高的西方国家的保险市场上，保险公司主要承担产品开发、核保核赔、业务管理等保险业务的经营，而将产品的销售、承保、售后服务交由保险经纪公司或保险代理公司办理，将理赔案件中的估损及理算交由保险公估公司办理。在英国，保险经纪十分发达，是保险销售的主要渠道，其招揽的业务占总保费收入的60%，其中非寿险为70%，寿险为48%；在美国，大型商业保险69%是经纪公司销售的，人身保险业务大多是通过代理人招揽的；在日本，财产保险一般性业务90%是通过代理店办理。保险中介人在保险市场中的作用主要表现在以下几个方面：

（1）减少交易费用，促进保险资源的优化配置。通过中介活动，减少了保险供需双方的辗转劳动，既满足了被保险人的需求，方便了投保人投保，又可以减少保险人的交易费用，降低保险企业的经营成本，从而提高保险经营的效率，促进保险资源的优化配置。

（2）激活保险需求，拓展保险市场。发挥保险中介人的作用，一方面可以让保险人致力于保险商品的开发、防灾防损以及理赔等环节的工作，从而有利于提高保险人的承保能力；另一方面，通过保险中介人特有的专长和技术优势，可以解决投保人或被保险人对保险专业知识缺乏的问题，最大限度地帮助客户获得适合自身需要的保险服务，从而推动保险业务向纵深发展。

（3）促进保险企业经营模式转换，实现中国保险与国际接轨。专业化经营是保险市场竞争的必然结果，也是国际保险业发展典型趋势。长期以来，我国的保险企业习惯于"一条龙"服务，经营效率低下。随着中介市场的引入和发展，上述传统的经营模式必然会受到冲击，取而代之的必然是保险服务社会化、市场经营。这是国际保险业发展的典型趋势。

（4）避免利益冲突，保障保险交易的和谐运作。通过保险中介，为交易双方提供保险服务，可以避免保险人和被保险人的直接利益冲突，减少交易双方的矛盾与摩擦，有利于维护保险交易各当事人的合法权益。

10.1.3 保险中介的主要职能——以保险经纪为例

在保险市场中，保单一般通过经纪公司或者保险公司控制的直接渠道销售。与专属代理人不同，经纪公司代表着投保人的利益，一般为面临重大复杂风险的公司客户服务。而直接分销渠道较适合于个人险种和小型商业风险。

在不同国家，经纪公司分销渠道的重要性有所不同：在盎格鲁－撒克逊市场中，保险经纪占有重要地位，拥有长期的、稳定的市场份额；在欧洲大陆的一些国家，保险经纪公司的市场份额不断上升；在拉丁美洲和东南亚市场，保险经纪的作用越来越重要；而东亚国家包括日本、韩国、中国以及印度，保险经纪的作用不明显。

从国际市场看，保险经纪业处于高度集中状态。比如，2002年全球商业保险经纪公司总收入约为270亿美元。其中，世界前两家保险经纪公司Marsh和美国怡安（Aon）的经纪收入都分别超过80亿美元和60亿美元，两家公司收入占全球经纪总收入的54%；世界第三和第四的经纪公司业务收入都在10亿美元以上。前4家保险经纪公司占全球经纪总收入的65%。[①]

近20年来，保险经纪公司的角色已经从市场媒介变为客户和保险公司的服务供应商。这些服务包括超越保险保障设计和安排之外的理赔服务、风险管理服务。经纪公司也逐步在非传统风险转移（ART）市场（专业自保解决方案等）中占据重要地位，一些大型保险经纪公司还能够为企业提供员工养老金解决方案。

具体来说，保险经纪的职能主要包括以下几个方面：
- 评估和分析客户所面临的风险。
- 提供市场调查和分析。

---

① 瑞士再保险：《Sigma》，2004年第2期。

- 设计、推销和磋商保险计划，包括总保单限额、免赔额或自留额水平以及保障条款。
- 将客户的要求与一家或几家合适的保险公司对照，帮助买方选择正确的产品和供应商。
- 提供保险精算、损失控制和理赔管理等服务。

通过上述职能，保险经纪具有十分重要作用：一方面，保险经纪能够降低保险买方寻求保险公司、保险公司寻找保险买方所需要的资源和成本，克服交易过程中的信息不对称性问题；另一方面，保险经纪具有平衡市场讨价还价的能力，改变中小型保险买方对于大型保险卖方的弱势地位。

10.2 国际保险中介发展经验借鉴

10.2.1 主要国家（地区）保险中介市场基本情况

国际保险中介市场一般有三种模式：一是以经纪为主的中介模式，典型类型国家有英国。二是以代理为主的中介模式，典型类型国家有日本。三是以代理、经纪并存为特点的中介模式，典型类型国家有美国。

（1）英国。英国是世界上最发达的保险经纪市场，现有3 200多家独立的保险经纪公司，是保险公司的4倍，近8万名保险经纪人，业务范围涉及财产保险、人寿保险和再保险领域，市场份额占财产保险业务量的60%以上，占一般人寿保险业务量的20%，占养老金保险业务量的80%。劳合社的业务更是必须由保险经纪人来安排。英国经纪人组织形式主要包括个人、合伙企业和股份有限公司等。

第一，法律框架。英国1977年颁布的《保险经纪人注册法》规定，保险经纪人应由保险经纪人注册委员会（IBRC）负责登记后才可开展业务。1986 年颁布的《金融服务法》规定,寿险经纪人必须由个人投资管理协会直接颁发营业执照。劳合社经纪人的注册则依据劳合社经纪人的特有章程即《保险经纪人细则》实施。1998 年,英国政府取消《保险经纪人登记法》,要求保险业建立自身的监管体系。英国保险中介监管法律法规体系主要发展阶段详见表 10 – 1:

表 10 – 1　　　　　　英国保险中介市场发展情况

年代	保险业发展阶段	保险中介发展状况	保险中介的监管与自律
18 世纪以前	早期保险业发展(海上保险)。	经纪人开展业务。	保险公会成立。 伦敦保险人协会成立。 劳合社成立。 保险经纪人同业公会成立。
18 世纪末期至 20 世纪中期	保险业海外扩张期。	保险经纪、代理、公证制度在海外发展。	1906 年,第一家保险经纪公司成立。 英国特许保险学会成立。 1961 年"特许公证人学会"成立。
20 世纪中期以后	保险业成熟发展期。	保险经纪、代理、公证制度进一步完善。	1974 年《保险公司法》颁布。 1975 年《保单持有人保护法》颁布。 1977 年《保险经纪人注册法》颁布。 1978 年保险经纪人协会成立。 1986 年《金融服务法》颁布实施。 1988 年《劳合社保险经纪人细则》颁布。 2000 年《金融服务和市场法》颁布。 2003 年《保险营销规则》颁布。

第二,监管机制。英国对保险经纪人的管理相当严格,其主要表现:一是英国在取消《保险经纪人注册法》后,由英国保险和投资经纪人协会、劳合社保险经纪人委员会、英国保险人协会负责对保险经纪人监管。根据现行规定,经纪人应独立于保险人,为客户安排最佳保险合同;经纪人应定期向协会提供交易统计表,说明它与每家寿险公司交易的比例情况。二是进行严格的财务管理。根

据1977年《保险经纪人法》规定,保险经纪人运营资本的最低金额为1 000英镑;保险经纪人每年要向注册理事会提交审计过的财务报告;保险经纪人必须提交最低金额为1 000英镑的偿付保证金和购买规定金额的职业责任保险。三是严厉的惩罚条例。注册委员会最严厉也是唯一的处罚办法就是将违法者除名。除名后的公司或个人不得再利用保险经纪人名义从事保险经纪活动。

英国采取了以保险经纪为主的中介模式,有两方面的原因:从英国商业历史看,借助于经纪人开展业务是英国商人的独特习惯,而劳合社在英国保险业的特殊地位造就了英国的保险经纪人及经纪制度,形成了经纪人特有的历史背景。从社会环境看,经纪人有着独特的法律地位,与代理人相比有更高的灵活性和自由性。

(2)美国。美国是世界上第一大保险市场,拥有30多万保险代理人,形成寿险及非寿险公司的主要销售体系。美国的保险代理人分为人寿保险代理人、事故及健康险代理人和财产责任险代理人。按保险代理人代表保险公司数量的多寡,分为专业代理人与独立代理人。专业代理人只能为一家保险公司代理业务,主要被寿险公司所采用。独立代理人可同时为几家保险公司代理业务,主要被非寿险公司采用。美国保险公司对于代理人的管理采用总代理制、分公司制、直接报告制三种方式。总代理制是保险公司仅与总代理人签订代理契约,授权其在一定地区和范围内从事有关业务,在寿险和非寿险领域广泛采用。分公司制是保险公司在各地设置分支机构,以完成总代理所承担的各项任务,应用于寿险和非寿险领域。一些经济实力雄厚、分支机构众多的保险公司采用这种制度。直接报告制是保险代理人直接与总公司签订代理合同,地方代理人通常保持其营业区内的独占权力,主要是提供续期保费和拓展业务等服务。美国的保险经纪人主要活跃在财产与责任保险领域,招揽大企业或大项目的保险业务。在财产保险经纪人中,有独立经纪人和经纪公司。由于各州立法不同,在美国有些州,当财产保险的独立代理人领有15家以上公司代理的执照时,会被称为独立经纪人。经纪公司一般规模较大，例如 Marsh 是全美乃至全球排名第一的保险经纪公司，在世界范围内从事保险经纪业务，为大工商企业提供保险服务和风险管理咨询服务。在美国寿险业中，为一家以上公司推销保险的代理人称为经纪人，因此，大多数经纪人本身也是代理人。美国各州对经纪人都有准入资格和领取执照的规定，法律及自律规则对经纪人的职业道德、销售行为的要求同对代理人的要求基本一致。

第一，法律框架。美国保险立法是分散的，联邦政府同各州都制定了行之有效的保险法律法规。由于各州都有自己独立的立法权，因此，对保险中介人的立法管理，无论在范围上还是在具体内容上均存在很大差异。

1871 年，美国全国保险监督官协会（NAIC）成立。NAIC 颁布的《保险代理人及保险经纪人执照标准条例》对保险代理人及经纪人的定义做了统一规定。1945 年通过的《麦克伦—福克森保险监管法》，再次申明保险业务由各州监管，保险中介人必须在他们执行的每个州取得执照才能执业。

美国的保险中介经历了相当长的发展历程，法律框架也随着保险业的发展而相应完善起来。其主要发展阶段详见表 10-2：

表 10-2　　　　　　　　美国保险中介发展

年代	保险业发展阶段	保险中介发展状况	保险中介人监管和自律
19 世纪中期以前	早期保险开始发展，英国保险商在美开始拓展业务。	代理人开展业务。	19 世纪初以前，保险监管由州政府执行。
19 世纪中期~20 世纪初期	民族保险业的产生和发展。成立第一批人寿保险相互公司。	代理人制度发展并完善。	1871 年，设立全国保险监督官协会，制定并公布示范法律，为统一各州监管奠定基础。
20 世纪初期~20 世纪中期	保险业的快速发展期。汽车保险和工业保险开始发展。	20 世纪初期，开始引入经纪人制度。	1937 年，全美独立保险公估师协会（NSIIAA）成立。1945 年通过《麦克伦—福克森保险监管法》。

据 1977 年《保险经纪人法》规定，保险经纪人运营资本的最低金额为 1 000 英镑；保险经纪人每年要向注册理事会提交审计过的财务报告；保险经纪人必须提交最低金额为 1 000 英镑的偿付保证金和购买规定金额的职业责任保险。三是严厉的惩罚条例。注册委员会最严厉也是唯一的处罚办法就是将违法者除名。除名后的公司或个人不得再利用保险经纪人名义从事保险经纪活动。

英国采取了以保险经纪为主的中介模式，有两方面的原因：从英国商业历史看，借助于经纪人开展业务是英国商人的独特习惯，而劳合社在英国保险业的特殊地位造就了英国的保险经纪人及经纪制度，形成了经纪人特有的历史背景。从社会环境看，经纪人有着独特的法律地位，与代理人相比有更高的灵活性和自由性。

（2）美国。美国是世界上第一大保险市场，拥有 30 多万保险代理人，形成寿险及非寿险公司的主要销售体系。美国的保险代理人分为人寿保险代理人、事故及健康险代理人和财产责任险代理人。按保险代理人代表保险公司数量的多寡，分为专业代理人与独立代理人。专业代理人只能为一家保险公司代理业务，主要被寿险公司所采用。独立代理人可同时为几家保险公司代理业务，主要被非寿险公司采用。美国保险公司对于代理人的管理采用总代理制、分公司制、直接报告制三种方式。总代理制是保险公司仅与总代理人签订代理契约，授权其在一定地区和范围内从事有关业务，在寿险和非寿险领域广泛采用。分公司制是保险公司在各地设置分支机构，以完成总代理所承担的各项任务，应用于寿险和非寿险领域。一些经济实力雄厚、分支机构众多的保险公司采用这种制度。直接报告制是保险代理人直接与总公司签订代理合同，地方代理人通常保持其营业区内的独占权力，主要是提供续期保费和拓展业务等服务。美国的保险经纪人主要活跃在财产与责任保险领域，招揽大企业或大项目的保险业务。在财产保险经纪人中，有独立经纪人和经纪公司。由于各州立法不同，在美国有些州，当财产保险的独立代理人领有 15 家以上公司代理的执照时，会被称为独立经纪人。经纪公司一般规模较大，例如 Marsh 是全美乃至全球排名第一的保险经纪公司，在世界范围内从事保险经纪业务，为大工商企业提供保险服务和风险管理咨询服务。在美国寿险业中，为一家以上公司推销保险的代理人称为经纪人，因此，大多数经纪人本身也是代理人。美国各州对经纪人都有准入资格和领取执照的规定，法律及自律规则对经纪人的职业道德、销售行为的要求同对代理人的要求基本一致。

第一，法律框架。美国保险立法是分散的，联邦政府同各州都制定了行之有效的保险法律法规。由于各州都有自己独立的立法权，因此，对保险中介人的立法管理，无论在范围上还是在具体内容上均存在很大差异。

1871 年，美国全国保险监督官协会（NAIC）成立。NAIC 颁布的《保险代理人及保险经纪人执照标准条例》对保险代理人及经纪人的定义做了统一规定。1945 年通过的《麦克伦—福克森保险监管法》，再次申明保险业务由各州监管，保险中介人必须在他们执行的每个州取得执照才能执业。

美国的保险中介经历了相当长的发展历程，法律框架也随着保险业的发展而相应完善起来。其主要发展阶段详见表 10-2：

表 10-2   美国保险中介发展

年代	保险业发展阶段	保险中介发展状况	保险中介人监管和自律
19 世纪中期以前	早期保险开始发展，英国保险商在美开始拓展业务。	代理人开展业务。	19 世纪初以前，保险监管由州政府执行。
19 世纪中期~20 世纪初期	民族保险业的产生和发展。成立第一批人寿保险相互公司。	代理人制度发展并完善。	1871 年，设立全国保险监督官协会，制定并公布示范法律，为统一各州监管奠定基础。
20 世纪初期~20 世纪中期	保险业的快速发展期。汽车保险和工业保险开始发展。	20 世纪初期，开始引入经纪人制度。	1937 年，全美独立保险公估师协会（NSIIAA）成立。1945 年通过《麦克伦—福克森保险监管法》。

10. 保险中介：保险产业链重要环节

续表

年代	保险业发展阶段	保险中介发展状况	保险中介人监管和自律
20 世纪中期以后	保险业的成熟发展期。		《1992 年联邦偿付能力保障法》颁布，根据该法成立全国注册代理人和经纪人协会（NARAB）。1996 年《保险经纪人示范法规》颁布。

第二，监管机制。美国保险监管是分散式的，采取政府管理与行业自律相结合的保险中介双重管理机制。联邦政府成立了全国保险监督官协会（NAIC），以对全国保险业各方面予以协调。各州设立了保险监管局，制定了保险监管相关法律法规，对保险中介人进行监管。

行业自律组织也是保险中介制度正常运行的重要保证。中介自律组织包括美国保险代理人协会、全国公共保险公证人、全国人寿保险协会等。保险中介人需要遵守的自律性守则包括：全国人寿保险协会职业道德守则、美国特许人寿保险经销商（CIU）和特许金融顾问协会（CHFC）的职业道德守则，以及百万美元圆桌会的职业道德守则。自律组织通过制定行业自律条例及守则对从业人员的业务水平、销售职业道德、日常行为规范等加以约束。除此之外，还通过建立保险中介人信息档案库、对保险中介人的执业情况进行全面记录，并接受社会公众对保险中介人的查询和投诉。

美国采取的是保险代理人和保险经纪人并存的中介制度模式，并确立了以保险代理人为主体的中介制度体系。这是与其高度发达的市场经济、完善的保险市场、数量众多的保险公司和完备的法律体系等相适应的。

（3）日本。1996 年《保险业法》修订之前，日本保险市场上进行营销的中介人仅仅是保险代理人，这也是日本保险中介制度明显区别于英美保险中介制度之所在。随着 20 世纪 90 年代初保险市

场的开放和保险主体的增加，日本也引进了保险经纪人制度，但保险代理制度目前在日本保险市场上仍然占据绝对主导地位。

日本是世界上第二大保险市场，有财产险公司48家，寿险公司39家。保险代理人分为生命保险营销人和损害保险代理店两种。生命保险营销人是"为生命保险公司而进行缔结保险公司的代理或中介活动的生命保险合同的管理人员、从业人员，或受该公司委托的单位以及受委托单位的管理人员、从业人员"。损害保险代理店是"接受损害保险公司委托为该公司从事保险合同的订立代理或订立中介的个人或法人"。

日本的寿险公司采取的是生命保险营销人制度。营销人制度与代理人制度极为相似，主要区别在于营销员的报酬中含有固定工资部分，他们与公司签订的合同属劳务合同而不是代理合同。生命保险营销人必须向金融厅登记。在1996年《保险业法》修改之前，营销人只能为一家生命保险公司销售业务。《保险业法》颁布后，具备条件的生命保险营销人可同时代理两家以上生命保险公司的业务。

日本的财产险公司主要采用的是代理店制度。截至2004年末，日本共有损害险保险代理店28.6万家，保费收入占财产险保费收入的92.9%。损害保险代理店按照不同的标准可分为"特别A""特别B""甲""乙"四个等级，根据不同的等级为一家或数家保险公司提供销售服务。代理店展业前必须向金融厅注册。

日本的各类代理人都必须诚实地为顾客提供中介服务。客户可直接向保险公司、金融厅、日本人寿保险协会或消费者组织投诉。当保险代理人违反有关规定时，内阁总理大臣可取消登记，或者命令其于不超过6个月的规定期内停止全部或部分业务，情节严重者，将被判以徒刑并处以罚金。

第一，法律框架。日本在1900年《保险法》修改后，对保险中介人的管理趋于规范。1915年，寿险公会制定了《代理人管理规定》，并于1929年决议重新修正。同年，以防止不当竞争为目的制定了《销售管理规定》,但因1947年新宪法实施而失效。随后多年中,火灾代理人等级制度和非水险代理人制度相应建立。到1996年新的《保险业法》修改和实施,日本对保险中介的监管法律框架已经基本建立。日本保险中介监管法律法规体系主要发展阶段详见表10-3:

表10-3　　　　　　　　日本保险中介发展一览表

年代	保险业发展阶段	保险中介发展状况	保险中介人的监管和自律
19世纪60年代至20世纪中期	早期保险的发展。明治维新后,开始发展民族寿险与非寿险业务。	代理人开展业务。	寿险公会成立。 1900年《保险法》颁布。 1915年《代理人管理规定》颁布。 1929年《销售管理规定》颁布。 1939年《保险业法》颁布实施。 1947年《销售管理规定》实施。
20世纪中期至1996年	民族保险业的产生和发展。成立第一批人寿保险相互公司,发展人寿保险业务。	代理人制度的发展和完善。	1948年《保险销售管理法》颁布。 1951年火灾保险代理人等级制度开始建立。 1973年非水险代理人制度建立。 1980年新非水险代理人制度建立。
1996年以后	保险业的对外开放。	20世纪初期,开始引入经纪人制度。	1996年《保险业法》实施。

第二,监管机制。日本拥有相对稳定的政府机构,保证了政策的连续性、一贯性和稳定性。政府强调立法,对经济活动的管理全面、严格,同时也十分注重对企业的扶持和与民间的共同管理。因此,日本在保险监管方面强调政府管理,其管理机关是金融厅,从事保险中介活动要经过保险监管机关批准,监管较严。

日本是一个民族化很强的国家,保险公司数量不多,产、寿险公司加起来不过80多家,其经营策略一直立足于国内市场,参与国际间的竞争较少。在保险销售方面沿袭历史做法擅长自我推销,借助于代理人开展业务,代理店制度也就是在这一传统习惯下发展起来的。另外,日本企业注重信誉,重视提高自身的业务水准和员

工的素质，擅长于自我推销，容易接受保险代理服务。因此，代理在保险市场上一直起着主导地位。

（4）韩国。韩国是世界保险业发达国家，2007年韩国保费收入1 169.9亿美元，世界排名第七位，在亚洲地区仅次于日本。其保险中介市场采取以保险代理为主的中介模式。

韩国在1997年引入保险经纪人制度（非寿险领域），并且在1998年4月全方位开放保险中介市场，允许外国保险经纪人直接在韩国进行保险中介业务。保险经纪人必须通过金融监督院实施的评价考核，并到金融监督委员会注册。截至2001年11月末，韩国共有保险经纪机构94家。保险经纪的保费收入所占保险市场份额不大。以三星火灾为例，2001年经纪人的保费收入只占到2.7%。韩国《保险法》对保险经纪人的注册标准、业务范围、经纪人的权利和义务等有较为详细的规定，同时也是监管机关的执法依据。

韩国的寿险主要是靠个人代理人拓展业务，非寿险主要是以保险代理公司拓展业务。代理公司根据其营业范围、营业权利等分为初级代理公司、普通代理公司、总代理公司。设立保险代理公司应到金融监管委员会注册，在1995年《保险法》修改之前为许可制，但现在放宽为注册制。截至2004年末，韩国共有保险代理公司52 625家，代理保费100亿美元，占总保费的14.8%，占财产险总保费的50%。监管机关依据《保险法》对保险代理公司进行监管。

（5）中国台湾。台湾的保险中介市场包括业务员、代理人、经纪人和公证人四大类。台湾的保险中介市场采取以保险代理为主、保险经纪为辅的保险中介模式。

台湾的保险代理人、经纪人和公证人的组织形式，可以分为个人形式和公司形式两大类。凡具备资格认证者均可申请以个人形式开业。以公司形式申请的，应雇佣1名以上具有资格认证的人员担任签署工作，并需要办理许可登记。2007年，代理人保费收入2 432.59亿新台币，占总保费收入的12.23%；经纪人保费收入

1 725.05亿新台币，占总保费收入的8.68%。

台湾保险中介制度的约束性规则主要体现在法律法规方面，主要有"保险法""保险代理人经纪人公证人管理规则""保险业务员管理规则""业务经营自律准则既招揽体制阶段改善计划"等。台湾对保险中介监管采取以政府监管为主，行业自律为辅的机制。政府设有专门的机构管理中介人，负责保险中介人的登记、日常行为管理、奖惩等。保险代理人、经纪人、公证人商业工会也对中介人进行管理，制定职业道德规范，要求会员遵守。

（6）中国香港。在香港的保险市场中，保险代理人占据重要地位，根据保险代理登记委员会2005年10月31日的数据，香港的保险代理人达到48 734人。其中，保险代理商（保险代理公司）1 842家，雇佣的保险代理人18 781人；个人代理人28 074人。在上述所有登记的代理人中，从事寿险代理业务的12 796人、从事非寿险代理业务的4 521人，产寿兼做的为31 417人。

保险经纪人是香港保险市场上的另一重要力量。截至2004年末，共有476名保险经纪人注册。在港外资保险集团80%的保险业务来自保险经纪人。

香港对中介人监管的有关法例十分清楚地界定了保险经纪人和保险代理人，一个中介人只允许其中一种身份的存在，不允许存在既是经纪人又是代理人双重身份；禁止未获委任或授权人士出任保险中介人，规定保险公司不得与非认可中介人订立保险合约。香港政府对保险监管奉行"最大的支持，最小的干预"，采用政府监管和自律并重的实施机制。隶属于财政司的保险业监理处是保险中介监管的政府实施机构，其保险监管专员实施管理权利和职责，主要规定有《香港保险公司条例》及其附则和监理处制定的对保险经纪人的最低要求准则。香港保险业联合会是香港主要的保险中介自律实施机构，制定经政府同意的《保险代理管理守则》，设立保险代理人登记委员会和保险代理人中央登记处，实施对保险代理人行为的约束和监管。

10.2.2 国际保险中介的基本特点

纵观各国（地区）保险中介市场，有以下共同特点：

（1）保险中介牢牢占据保险销售的主渠道。发达国家（地区）的保险业比较成熟，保险销售基本上都是靠保险中介来实现的。例如，美国是世界上第一大保险市场，除少数业务是保险公司直销外，其余都是由保险代理人和经纪人完成的。日本市场上90%以上的财产险业务是由保险代理店获得的。英国的保险经纪人为保险公司招揽了80%以上的业务，举世闻名的保险巨人劳合社更是只接受劳合社保险经纪人安排的业务。

（2）教育培训体系完备，从业人员素质较高。发达国家根据各自国家保险市场的不同，设置了不同的考试等级制度，以确保中介从业人员的基本素质。为满足市场发展的需要，还建立了完备的培训体系，各保险监管当局不仅自己开办学院，还聘请相关院校和保险、法律专家等来培训高素质的保险中介人才。

（3）有完善的法律体系和行业自律机制。发达国家保险中介市场经过了上百年的发展，有着较为完善法律法规体系，政府通过法律来规范保险中介人的市场行为。另外，发达国家已实现高度市场化，面对"优胜劣汰"的市场竞争，职业化的保险中介人都自觉地约束自己的行为，行业自律机制较为健全。

10.3 中国保险中介市场发展的主要特点及存在问题

近年来，伴随着保险业的发展，我国保险中介市场开始起步，市场准入不断扩大，业务规模不断扩张，经济效益逐步好转，服务能力不断增强，完整的市场体系和竞争的市场格局初步形成，为经济社会发展和保险业做大做强发挥出越来越重要作用。2008年，全国保险业通过保险中介渠道实现的保费收入8 043.5亿元，比

2007 年增长 38.84%，占全国总保费收入的 82.21%。

10.3.1 基本特点

（1）专业中介快速成长，经营效益明显改善。自 2002 年以来，由于实行以需求为导向的市场化准入政策，我国专业保险中介机构迅速增加，业务规模高速增长，实现了从蹒跚起步到快速稳定发展的历史性跨越。截至 2008 年底，全国共有专业保险中介机构 2 445 家，其中保险代理公司 1 822 家，保险经纪公司 350 家，保险公估公司 273 家，有竞争、优胜劣汰的保险中介市场格局初步形成。2008 年，保险代理公司实现代理保费收入 269.70 亿元，较 2007 年增长 41.52%；保险经纪公司实现保费收入 245.34 亿元，较 2007 年增长 47.02%；保险公估公司估损金额 264.96 亿元，同比增长 94.31%。2008 年，全国保险专业中介机构实现营业收入 71.45 亿元，同比增长 46.20%；实现利润 25 502.19 万元，增长 30.81%。其中，保险代理公司实现营业收入（佣金）33.53 亿元，实现利润 406.84 万元（这是保险代理公司首年出现盈利）；保险经纪公司实现营业收入 26.50 亿元，实现利润 21 402.54 万元；保险公估公司实现业务收入 11.42 亿元，实现利润 3 692 万元。

（2）营销员队伍快速扩张，对保险业贡献举足轻重。自 1992 年引入个人营销模式以来，个人营销对保险业的贡献越来越大，是我国保险业极为重要的销售渠道。截至 2008 年底，全国有保险营销员 256.05 万人，比年初增加 54.56 万人，增长 27%；保险营销员持证率由 2005 年的 77% 提高到近 100%。2007 年，全国保险营销员实现保费收入 3 193.9 亿元，占总保费比重高达 45.4%；2008 年，全国保险营销员实现保费收入 3 380 亿元，占总保费收入的 34.55%。

（3）保险兼业代理异军突起，分布结构趋向集中。2008 年，全国有保险兼业代理机构 13.66 万家，实现保费收入 4 148.46 亿元，同比增长高达 85.05%，占总保费收入的比重为 42.40%。从业务分布看，银行、邮政和车商三类兼业代理机构数量分别为 75 861家、17 994家和12 061家，分别占兼业代理机构总数的 55.52%、13.17%和11.02%；实现保费收入分别为2 912.47亿元、634.05亿元和215.59亿元，分别占兼业代理总保费的 70.21%、15.28%和5.2%（见表10-4）。

表10-4　　　　　　2008年保险兼业代理基本情况

类型	兼业机构数		实现保费收入	
	总数（家）	占比（%）	总额（亿元）	占比（%）
银行	75 861	55.52	2 912.47	70.21
邮政	17 994	13.17	634.05	15.28
铁路	461	0.34	5.52	0.13
航空	1 804	1.32	1.86	0.04
车商	15 061	11.02	215.59	5.20
其他	25 453	18.63	378.97	9.14
合计	136 634	100.00	4 148.46	100.00

资料来源：中国保监会：《保险中介市场发展报告（2008）》。

（4）保险中介服务社会的能力有所增强，市场认可度不断提高。近年来，保险中介大量参与国家重大项目、重要行业和重点领域的风险管理服务；积极探索和参与社会主义新农村建设，扎实推进服务"三农"保险，提高服务"三农"的有效性。值得一提的是，2008年我国发生南方雨雪冰冻灾害和四川汶川地震等重大自然灾害时，保险中介机构及时深入灾区一线查勘定损、协助理赔，为灾区生产生活的顺利恢复与重建做出了贡献，得到社会各方面的积极评价。

由于服务与专业水准的提升，保险中介开始普遍得到市场的认可。众多保险公司将展业和理赔的一部分或全部业务委托专业中介机构，开展与中介渠道的战略性合作，实现双赢。如，天平汽车保险公司成立之初就将"让最专业的人做他们最专业的事"作为"天平模式"的精髓，将所有销售委托中介渠道，将全部查勘理赔委托公估机构。又如，中英人寿将经纪代理渠道作为其公司重要的销售渠道之一，不仅专门成立中介机构管理部门，还开发中英经代 AutoRun 自我培训系统、经代（"保险经纪和保险代理"之简称，下同）BIS 信息查询系统、电子建议书系统、经代电子报等一系列中介业务支持系统，在产品、培训、后援服务方面给予中介机构全方位的支持。

（5）保险中介监管力度不断加大，市场风险得到有效控制。一是加强制度建设。2000 年颁布了《保险代理机构管理规定》《保险经纪公司管理规定》和《保险公估公司管理规定》三个专业中介机构监管规定和《保险兼业代理管理暂行办法》，2004 年重新修订三个专业中介机构监管规定，2009 年又进行了第三次修订。2006 年 6 月颁布《保险营销员管理规定》，加强营销员资格管理，进一步规范了保险营销服务行为。

二是加大中介违法违规行为查处力度。重点查处销售误导、虚假批退、制作假保单或伪造保险合同、公估不公等侵害被保险人利益的违法违规行为，着力查处保险中介机构的商业贿赂行为以及利用行政权力或行业垄断地位进行不正当竞争等行为。2006 年和 2007 年，全国共检查 955 家保险中介机构，处罚 254 家机构。在 2008 年的保险中介摸底普查中，对 234 家专业中介机构，108 家兼业代理，1 家继续教育机构进行了处理，还延伸查处了 25 家保险公司。

10.3.2 主要问题

总体看，当前我国保险中介市场发展是好的，但由于起步较晚，也存在着一些问题，与经济社会特别是保险业发展的需要还很不适应，有比较大的差距。

（1）专业中介缺乏专业水准。专业是保险中介生存和发展的根本。然而，从整体上看，目前我国保险中介由于成立时间较短，实际运作经验积累不足，专业服务特色尚不明显，没有形成一支专业能力很强的保险中介从业队伍，往往靠关系展业，靠关系营销，与国外成熟的保险中介市场相比，专业化水平属于较低的阶段。

同时，专业中介对保险业的贡献度较低。2008年，我国专业保险中介机构（代理公司和经纪公司）实现保费收入515.04亿元，占全国总保费收入仅为5.26%，而西方发达国家专业中介对保险的贡献一般超过60%。

（2）职业化队伍缺乏职业素质。由于准入过于宽松、资格管理不严，加之培训不到位，保险中介从业人员特别是保险代理人的素质普遍偏低，高中以下学历占相当比重，其专业水平和职业道德水准有比较大的差距。保险专业中介机构缺乏必要的人才积累和沉淀，经营管理、专业技术、风险管理等方面人才匮乏，导致中介机构的专业化服务水准远远不能满足保险业和社会公众的需求。受"盲目增员型"业务经营方式的影响，保险公司营销员缺乏必要的筛选和培训，营销队伍整体素质长期处于较低水平，很难得到社会的认可和尊重。由于人员素质普遍不高，误导甚至欺骗消费者时有发生，保险业面临诚信危机。

（3）市场风险不容忽视。近年来，保险中介市场行为很不规范，违法违规甚至涉嫌犯罪行为屡屡发生，潜伏着较大风险。有的中介机构或个人假冒保险公司名义，非法从事保险经营，包括销售假保单；有的搞非法集资和传销活动，严重扰乱保险市场；有的虚开中介发票，为保险公司非法套取费用提供便利；有的挪用保费，侵吞公司资财，等等。

特别值得关注的是，保险营销存在体制性风险。现行保险营销体制是以佣金制和多层级组织发展为基本特征的管理模式，其核心是以人缘关系为纽带的激励机制，易滑入非法传销陷阱。在目前的营销模式下，保险营销员法律定位不清，与保险公司的关系没有理顺，利益对立矛盾不利于营销队伍的稳定，一旦风吹草动，可能引发危机。

10.4 中国保险中介市场发展思路和政策取向

10.4.1 基本思路

随着经济社会发展,特别是保险业的快速发展,保险中介将显现出广阔的发展前景。今后一个时期,保险中介市场发展的基本思路是:以科学发展观为指导,以服务经济社会为出发点,坚持诚实信用和专业化经营为立业基石,坚持市场化、职业化、国际化为发展方向,不断提高保险中介行业核心竞争力,不断提升保险中介行业社会信誉,实现保险中介持续快速健康协调发展,为保险业做大做强又好又快发展做出贡献。

(1)坚持服务保险业发展和经济社会建设作为保险中介发展的根本目的。保险中介存在的价值在于能够为经济社会建设、为保险业发展提供服务。如果保险中介不能为社会、为保险业创造价值,对保险中介的需求就会逐渐萎缩,保险中介的发展就会成为无源之水、无本之木。保险中介必须始终体现服务保险业发展、服务经济社会建设两个大局,在服务中提升竞争能力,在服务中做大做强。

(2)坚持推进市场化和专业化作为保险中介发展的目标方向。市场化是我国经济发展取得成功的关键,也是我国保险中介发展的一条重要经验。以市场需求为基础的中介市场准入与退出机制,形成了平稳有序的市场格局;市场化的价格发现机制,有利于按照市场原则规范和引导中介服务价格。市场化是保险中介市场保持生机与活力的制度保障;专业化是保险中介核心竞争力的重要体现,是保险行业日趋成熟的标志。保险中介必须始终按照市场化、专业化方向发展,努力形成与保险公司共赢并进的局面。

(3)坚持注重诚信建设和队伍建设作为保险中介发展的关键

环节。诚信建设事关行业信誉，事关行业生存发展大计，是保险业的生命线。保险中介市场是展现保险业行业面貌的重要载体，其诚信状况直接决定了整个社会对保险业的评价，对整个保险市场的健康运行有重要影响。保险中介必须始终以诚为本，以信立业，以诚取信社会，以信立足市场。

（4）坚持推进创新与开放作为保险中介发展的不竭动力。创新是保险中介市场发展的灵魂，开放是保险中介发展的重要推力。在尊重市场规律和维护消费者利益的前提下，要积极鼓励创新、支持创新，以更加宽容的态度对待创新，努力营造有利于创新发展的政策环境。要积极推进保险中介对外开放，加快引进国外（境外）保险中介先进技术、先进管理，特别是先进经营理念、先进运营机制，不断提高我国保险中介国际竞争力。保险中介必须始终注重创新，适应开放，走创新发展和国际化发展之路。

10.4.2 政策取向

（1）推进保险公司社会化与专业化经营，拓展保险中介发展空间。保险公司和保险中介机构之间是一种战略合作伙伴关系，双方的合作是一种互惠双赢的选择。保险公司应该转变观念，走社会化、专业化经营之路，抓住核心优势，剥离部分职能，不失时机地将工作重心进行战略调整，借助保险中介机构促进产业发展，以提高经营效益，更好地发挥自己在保险市场中的核心竞争力。

（2）优化中介市场结构，进一步完善保险中介市场体系。继续大力发展专业中介机构。按照市场化原则，继续扩大专业中介机构市场准入，鼓励有条件的地区、企业及社会资本积极投资设立保险中介机构，鼓励中介公司通过增资扩股、吸收民间资本和上市等多种方式壮大自身实力，鼓励有条件的中介公司通过联合和资本购并形成强有力的保险中介集团，努力构建一个经营规范、机制灵活、富有竞争力的专业保险中介市场。

整合兼业代理资源。鼓励有条件的保险兼业代理机构向保险专

10. 保险中介：保险产业链重要环节

业代理公司转变，提高保险中介专业化水平；改革保险兼业代理依靠垄断保险资源开展保险代理业务的基本做法，积极发展银行邮政保险业务，实现银行邮政与保险业的战略性合作。

（3）注重诚信建设，不断提升保险中介行业信誉和服务水准。加强保险中介队伍建设。按照分类考试的原则，逐步建立起多层次的保险中介从业资格管理体系；借鉴国际成熟经验，推动建立保险中介从业人员执业标准，推行专业资质水平考试体系，引导从业人员向具有较高专业素质的方向发展。加强保险中介从业人员持续教育，建立持续教育教材体系、培训师资认证制度，并借助社会力量，广开持续教育培训渠道。理顺保险营销员管理体制，明确营销员法律地位，改善营销员社会福利，保护保险营销员的合法权益。

推进保险中介诚信建设。建立起失信行为的发现和惩戒机制，发挥惩戒机制的警示作用；建立正面宣传引导机制，加强职业道德的教育和引导。加快保险中介信息化建设，有步骤分类建立全国保险中介信息系统，发挥信息技术在促进保险中介市场发展中的作用；广泛搜集、管理保险中介市场的相关信息，提高对基础信息的分析管理和有效利用的能力。完善保险中介信息披露制度，建立重要基础信息的强制社会发布制度，建立违规信息的公告制度，建立从业人员基本信息的查询系统，通过信息披露减少信息不对称性，提高消费者的自我保护能力和意识，保护买卖双方的合法权益。

（4）加强现场和非现场检查，切实提高保险中介监管的有效性。适应保险中介加速发展的需要，将加强基础制度建设作为保险中介监管的首要任务，努力形成一套包括市场准入与退出制度、从业人员资格管理制度、保证金和职业责任保险制度、信息披露制度、惩罚制度等在内的完整的基础性制度体系。针对保险中介市场发展过程中暴露出来的损害被保险人利益和影响保险业发展大局的突出问题，整合资源，突出重点，采取有效措施，严厉打击重大违法违规行为，维护保险中介市场秩序。以检查为契机，查找产生问题的深层次原因和制度性因素，采取有针对性措施，逐步建立起保险中介市场规范运行的长效机制。充分发挥市场机制的基础性作用，充分发挥监管政策的导向作用，引领市场规范竞争，为保险中介市场发展创造良好的外部环境。

（5）借鉴国际经验，逐步实现我国保险中介与国际接轨。积极学习和借鉴发达国家保险中介发展的成功做法，提高国内保险中介机构的经营水平，缩短国内保险中介机构与国际先进水平的差距。加大保险中介对外开放力度，扩大保险经纪对外开放，适时开放保险代理市场和公估市场，不断提升中资保险中介机构的国际竞争力。

加强保险中介行业协会建设，探索研究我国保险中介行业组织发展模式，理顺保险中介行业组织与保险公司行业组织的关系，成立独立的保险中介行业协会，发挥其行业自我约束与行为规范导向作用。重视新闻媒体与社会舆论的监督功能，研究引入社会资信评估机构，建立保险中介的资信评估制度，形成第三方独立公正的外部评价机制，强化保险中介对自身信誉形象的重视和维护。

11. 中国保险营销制度分析与改革思路

> 重为轻根，静为躁君。是以君子终日行不离辎重。
>
> ——老子《道德经》第 26 章

近 10 年来，伴随改革开放和国民经济的发展，我国保险业快速成长。保险业的快速成长，保险营销功不可没。"存在就是合理。"保险营销制作为一种与业绩挂钩的有效率的制度，适应了处于初级阶段保险业的发展需要，为保险业做大做强做出了巨大贡献。但是，随着消费者需求的升级，国家政策法律环境的变化（如新《劳动合同法》的颁布对用工制度提出新的要求），粗放式的营销模式面临巨大挑战，开始危及保险行业信誉和影响其可持续发展。

11.1 保险营销制度的基本特点

我国保险营销（主要指寿险个人营销）是自 20 世纪 90 年代中期从美国友邦保险公司引入并逐步成为国内各寿险公司的重要销售模式。

11.1.1 保险营销组织结构

（1）机构组织结构。目前，我国寿险公司大多采取直线职能型的组织结构（如图 11-1）。这种组织结构有利于保险公司对营销的直接管控与纵向协调，也有利于发挥保险营销的专业优势与协同效率。

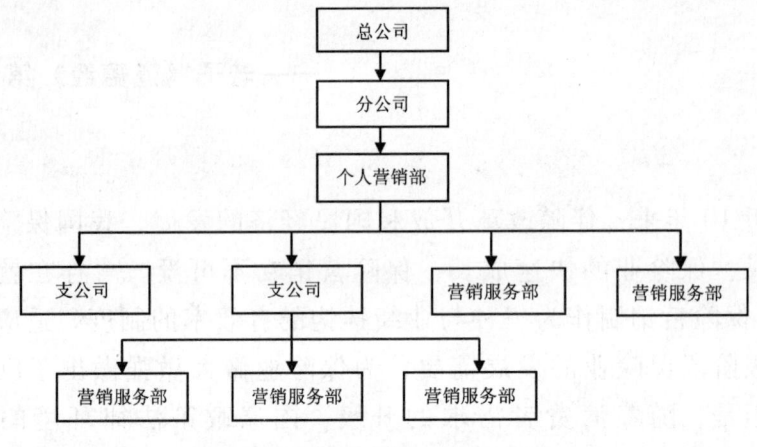

图 11-1　保险营销组织结构图

（2）队伍组织结构。

第一，以家族增援为核心的组织管理模式。

寿险公司营销员队伍组织结构一般分个人销售系列和组织发展系列，目的在于为不同类型的营销员提供不同的发展环境和成长道路。个人销售系列注重营销员个人的自我发展，由低到高一般包括三个层次：营销员——高级营销员——资深营销员。组织发展系列则注重团队的发展，重视团队管理，其晋升路径一般包括五个系列：营销员——业务主任——业务经理——部经理——业务总监。组织发展系列一般组织结构如图11-2所示：

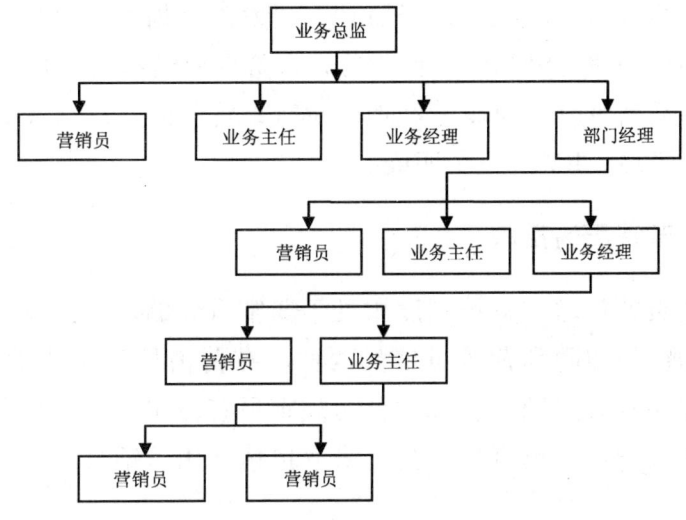

图11-2　保险营销系列结构图

在组织发展系列的组织结构中，存在"直辖组/非直辖组"及"家族"的概念。直辖组指业务主管以及其直接管理的营销员组成的团队。非直辖组则指业务主管直接或间接管理的下级业务主管的直辖组所组成的团队。家族则是指包括直辖组、非直辖组及其直接或间接育成的直辖组和非直辖组在内所有的营销员所组成的团队。

目前，我国保险市场上的绝大多数寿险公司都采取以上模式，如中国人寿、平安、太平洋人寿、新华、泰康、友邦等。

第二，以专业双轨制的核心组织管理模式。

采取专业双轨制组织结构的业务人员被严格区分为两个系列，即行销系列和管理系列。行销系列的主要职责是寻找客户，销售保单，服务客户和参加进修学习。管理系列的主要职责是增员选材、训练发展、领导和管理。其中管理系列是由公司在行销系列中选择适合该岗位工作的人员转任,且一旦转任管理系列后就不得从事个人业务拓展,而专职从事团队的管理,并从团队整体经营中获得管理津贴和奖金。如美国大都会保险公司采取该种模式。

行销系列一般分为"寿险规划师（LP）""资深寿险规划师（CLP）""首席寿险规划师（SCLP）""寿险规划经理（ELP）""资深寿险规划经理（SELP）"和"首席寿险规划经理（PLP）"六个职级。管理系列一般分为业务经理（SM）、营业处经理（AM）、顾问行销副总经理（RM）三个职级。

11.1.2 营销员的招聘

营销员的招聘在营销制度中处于非常重要的环节。从招聘渠道看,分为公司招聘和营销员增员两种。在营销员为主体的增员中,各公司存在较大差别,较多的公司规定只有公司正式营销员或业务主管才有权增员,也有少数公司采取包括试用营销员在内的全员增员法。

从招聘标准来看,招聘营销员一般要求年龄在 20~50 周岁之间。在学历方面,中资公司对营销员的学历要求偏向以初中或高中为主,外资公司和新进入市场的公司则偏向以大专以上为主,个别公司要求本科以上学历。在从业经验方面,仅有少数公司明确要求只招聘没有从业经验的人员。

11.1.3 营销员的薪酬制度

营销队伍的组织结构和薪酬制度是营销制度的核心。金字塔型的营销组织结构以及与之相配套的薪酬制度,使得寿险公司营销员队伍迅速壮大起来。营销员的薪酬制度主要由佣金和津贴/奖金两部分组成。

（1）佣金。一般而言,佣金可以分为首年度佣金和续年度佣金。首年度佣金是当营销员承揽保险业务并收取首年度保费后,保险公司按照保费的一定比例计提佣金。从第二年开始,如果保单继续生效，且营销员仍在职，则寿险公司将给付营销员续年度佣金。

（2）津贴与奖金。在佣金制度的基础上，各寿险公司结合本公司营销员组织体系的特点，设计了符合公司营销员体系发展战略的津贴和奖金制度，保证金字塔型的营销团队组织持续、快速增长。津贴和奖金制度按激励的对象可分为个人津贴和奖金制度、团队津贴和奖金制度。

同时，各保险公司为扩大队伍，对于新人的招揽、团队的增员也给予了高度重视，普遍建立了增员的奖金/津贴制度，以鼓励营销团队增员。

11.1.4 营销员的考核制度

寿险公司主要根据营销员在一定考核期间内的业绩、人力、续保等方面的综合表现，评定其职级。个人销售系列营销员的考核内容相对集中于首年度佣金、件数及个人续保率等方面。组织发展系列营销员的考核内容则相对复杂，主要包括以下内容：

（1）业绩考核。寿险公司对营销员在一定时间内有最低业绩要求。通常，寿险公司采用首年度保费（FYP）和首年度佣金（FYC）作为衡量指标。

（2）人力考核。人力考核是指对业务主管所属人员数量的考核。一般包括两方面的内容：一是要求各职级业务主管要维持最低下属的人数；二是业务主管必须保持一定数量的直属下一级业务主管，以维持团队合理的组织结构。寿险公司通过周期性的考核来衡量营销员的发展状况，达到晋升标准则晋级，达不到维持标准则降级。

（3）续保率考核。在对组织发展系列营销员的考核中，各公司对于个人续保率和团体续保率的考核标准各有侧重，但多对团体续保率更为重视，这也反映出各公司对营销员队伍组织发展的重视。

11.1.5 营销员的培训制度

营销员培训质量关系到营销制度的健康发展，是营销员体系的重要组成部分。各寿险公司都设有独立的培训部，并依照不同情况划分若干子部门。培训体系可分成两大部分：一部分是制式培训，或称为职级培训，即符合公司晋升标准的各职级者必须相应参加的培训；另一部分是非制式培训，或称为专业培训，即提升营销员在保险职业生涯中所必备的专业技能。

11.1.6 营销员的激励措施

在营销员的激励措施方面，各寿险公司表现出不同的特点，大致分为成立各种类型的荣誉组织、开展名目繁多的业务竞赛两大类。在奖励措施方面，主要包括物质奖励、旅游奖励、培训奖励、荣誉奖励，给予更多的营运支持奖励等。

11.2 中国现行保险营销制度运行的基本情况与突出问题

11.2.1 保险营销制度为我国保险业发展做出了历史性贡献

保险营销制度对于促进我国保险业的发展发挥了重要作用，是推动我国保险业快速发展的重要力量，是各寿险公司首选的营销模式和核心竞争力。

（1）保险营销促进了中国保险业的超常规发展。自1992年美国友邦保险公司上海分公司率先实行寿险营销制度之后，国内各寿险公司纷纷跟进，个人营销逐步成为寿险的主要销售渠道，大大促进了业务的发展。1997年全国人身险保费占比首次超过财产保险（达到55%），个人营销功不可没。此后十余年的快速发展，这种销售方式对保险业的贡献越来越大。2008年，全国保险营销保费收入3 380亿元,占总保费收入的比重提高到35%,2006年最高达47%(见图11-3)。

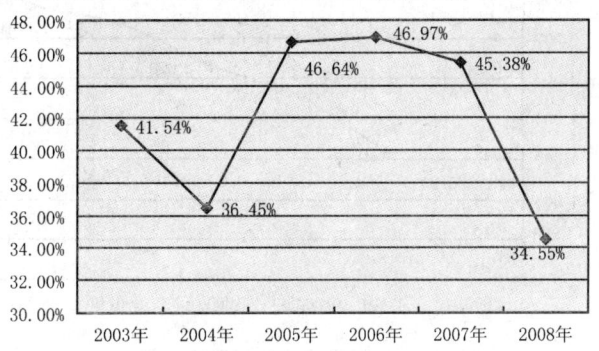

图11-3 营销员保费收入占总收入的比重

(2)保险营销促进了保险销售和服务理念的创新。保险营销制度的引入革新了保险经营的传统落后观念,改变了保险公司固守的传统销售和服务模式,由被动服务变为主动服务,由柜台服务变为上门服务。这种服务理念的变化使保险业更贴近市场、贴近广大保险消费者,有利于提高保险服务的深度和广度。

(3)保险营销对于满足经济转轨时期人们的保障需求发挥了巨大作用。保险营销制度引入并得以迅速发展的时期,正是我国经济体制的转轨时期。收入分配、社会保障、金融、教育、医疗等各种体制改革不断深入,各类社会主体和城乡居民面临着未来收入和支出的不确定性增加,对转移风险、获得保障的需求日益加大。因此,正是由于保险营销员深入千家万户推销寿险产品,使得在短短十余年的时间内,约有1.3亿的人群获得了商业保险的保障,对于转轨时期的社会稳定发挥了重要作用。

2003~2008年保险营销员保费收入情况见图11-4。

11.2.2 现行保险营销制度的先天性缺陷不利于保险业可持续发展

保险营销制度有两大先天性缺陷。一是营销员法律定位不清。保险营销员是保险公司招聘的,为保险公司推销保险产品,并接受

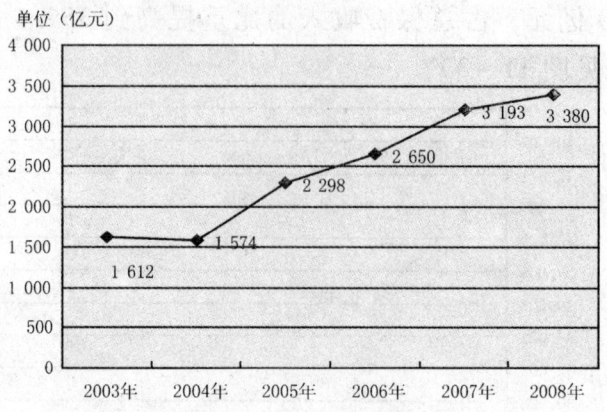

图 11-4 保险营销员保费收入变化

保险公司的培训和管理，但保险公司与他们签订的却是代理合同，保险营销员作为劳动者游离于劳动法规范之外，其合法权益得不到保障，保险公司没有承担起相应的社会责任。二是金字塔组织与团队计酬模式容易误入传销歧途。这两大制度性的缺陷迎合了粗放的保险公司经营模式，导致营销队伍的快速膨胀与大进大出，不利于营销队伍的稳定与素质的提高，对保险业带来的危害与日俱增。诚信危机影响保险业可持续发展。

（1）保险营销员的素质普遍偏低，保险业面临诚信危机。近年来，保险公司经营方式粗放，依靠人海战术拓展业务，营销员准入普遍较松，导致人员素质普遍偏低，大多为高中及高中以下，其中初中及以下占相当比重。据统计，全国保险营销员高初中及以下占76.78%。其中，初中占比为12.89%，高中占63.89%，大专及以上仅占23.22%。在保险营销制度发展初期，保险产品比较单一，保险责任和义务相对明确，营销员基本能够胜任。随着保险产业的升级和保险产品复杂化，学历太低，知识水平不够，极易出现因营销员对条款说明不清楚误导而损害被保险人利益的情况。特别是在短期利益驱动之下，部分营销员在从事代理业务过程中，存在夸大保险利益、虚假告知、代签名、返佣、侵吞保费等误导客户或者损害投保人利益的情况，严重影响了寿险公司和营销员自身的声誉和形象。近年来,由于营销员素质不高引致的诚信问题已经引起全社会的广泛关注。据中国保监会中介部委托北京开和迪咨询公司专项调查结果,目前消费者对保险行业的诚信度评价仅为22.9%。

(2)保险营销队伍大进大出,保险服务品质令人担忧。由于准入条件低,片面追求保费收入的必然结果是人员的大进,生产效率低下。2008年全国有保险营销员256万人,占整个金融业从业人员近50%,而其创造的金融产值不到5%。由于生产率低,保险营销员的收入水平必然偏低。如中国人寿股份有限公司,2008年营销员人均可支配收入13 287元,是银行业2007年收入48 939元的27%。由于保险营销员收入低,加之没有基本的社会保障,大进的结果必然是大出,保险营销队伍极不稳定。多年来,保险营销队伍流失率非常高。2007年,全国寿险脱落率为64.03%,2008年进一步提高到71.3%。保险是服务性的产品,且时间比较长,一般为1年以上甚至长期性的产品,营销员过快变动导致大量的孤儿保单,保险后续服务往往跟不上,保险消费者的信心会受到影响。据中国保监会中介部委托北京开和迪咨询公司专项调查结果,目前消费者对保险营销员满意度为72.7%,消费者保险消费信心指数只有54.4%。

(3)保险营销员膨胀过快,构成社会不稳定因素。在"人海战术"的经营模式下,保险营销队伍快速膨胀,从2002年底的118万人增至2008年底的256万人(见图11-5)。特别是近两年,保险营销员数量呈加速之势,从2006年底的156万人迅速增加到256万人,两年净增百万人。保险营销员是保险公司招聘的,为保险公司推销保险产品,并接受保险公司的培训和管理,保险公司与他们签订的却是代理合同,而不是劳动合同,保险营销员作为劳动者的合法权益得不到保障,缺乏职业安全感和归属感。这样一支人员庞杂、层级严密、体制外的队伍,一旦利益诉求长期得不到解决,不满情绪得不到宣泄,任何偶然性的事情都极易诱发大规模的集体上访等事件,成为影响社会稳定的不安定因素。近年来,营销员的信访件呈逐年上升之势。2008年，中国保监会收到此类信访件超过400件。

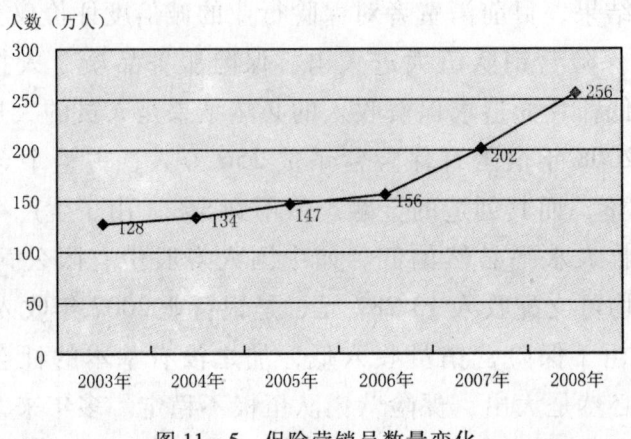

图11-5 保险营销员数量变化

11.3 国际保险营销制度及其变革趋势

11.3.1 代理制为主员工制为辅的营销体制

（1）美国。美国在长期的发展中形成了以代理制为主的营销体制。美国的保险销售体系主要有五种形式：

①专属代理机构。在这种销售体系中，一个代理公司一般只代理一家保险公司，并负责某一地区的销售业务，通常还负责正式雇用、培训新的代理人。大部分寿险公司对自己的代理人提供一定的财政帮助，例如为代理人支付培训费等。

②独立代理机构。独立于保险公司，可按照自己意愿同时为几家保险公司代理业务，在保险公司授权范围内开展活动。

③保险公司分支销售体系。即寿险公司在各地区广泛建立分支机构，分支机构的任务主要是销售保单。保险公司与新招聘的保险营销员签订试用合同，试用期业绩合格者即可转为正式员工。如果

试用期业绩不佳,公司将与其解除合同。作为正式员工的保险营销员也会因业绩考核不合格而被解雇。

④个人代理人渠道。个体与保险公司签订代理合同,独立开展业务,承担费用开支,从保险公司提取手续费。

⑤新型销售渠道。即通过报刊、电视、广播、电话和广告等媒体销售保单,没有销售员向顾客当面推销。

从上述五种模式中可以看出,美国是实行代理制(包括专属代理、独立代理和个人代理)为主,员工制为辅(保险公司分支销售和新型销售渠道)的营销体制。代理人是独立合同方,不是公司雇员。但代理人一般都有基本保障。美国保险代理人薪酬一般包括五部分:首年度佣金(FYC)、续年度佣金(RYC)、奖金、福利和退休计划。其中,福利计划包括死亡保障、医疗保障、意外保障、失能保障等。福利和退休计划对稳定代理人队伍发挥着重要作用。

目前,美国保险营销的发展趋势是,由专属代理渠道向独立代理(包括独立代理机构和个人代理商)渠道转变。在20世纪80年代初期,专属代理销售约占2/3,独立经销占1/3。自此之后,专属代理销售占比逐年下降。2003年,美国专属代理人销售占40%,独立经销商占50%,剩下10%为新型渠道。从人力分布看(见表11-1),2004年美国代理人总数为31.59万人,其中专属代理渠道16.09万人,占总代理人数的51%,独立代理人渠道15.5万人,占49%。

表11-1　　　　1998~2004年美国营销渠道人力分布情况

年份	总人力（人）	代理人渠道人力		独立代理经销商渠道人力	
		绝对数（人）	占比（%）	绝对数（人）	占比（%）
1998	313 826	195 141	62	118 685	38
2001	330 841	178 864	54	151 977	46
2004	315 967	160 917	51	155 050	49

（2）韩国。韩国保险营销员制度产生于20世纪50年代后期，各寿险公司开始招收并通过公司内部培训培养自己的保险代理人。1962年颁布《保险代理管理法》开始实行保险代理人注册制度。1964年保险代理人的注册管理职能移交给了保险行业协会。现阶段韩国的保险营销员是根据委托合同履行保险代理义务的"个体经营人员"。保险营销员在缴纳所得税时，按照经营者纳税，可以从其总收入中扣除一定经营费用，扣除比例一般为72.5%~80%。

韩国保险销售渠道呈多元化格局。目前，主要利用的保险销售渠道是个人代理人、保险代理公司、保险公司职员。韩国的个人代理人专属一家保险公司并为所属保险公司进行营销活动。从2005年起，韩国保险业允许交叉招募。1960年初，韩国寿险公司引进以女性代理人为主的模式。1990年初进入韩国市场的外国公司建立了男性代理人组织，2000年后韩资保险公司开始跟进采用男性营销员制度。但女性营销员至今仍为销售主打力量。

从人力分布看，2002年底，韩国有保险销售人员18.5万人，其中代理制销售人员有15.83万人，占85.55%；保险公司员工制销售人员为2.67万人，占14.45%。

11.3.2 由代理向员工制转轨的营销制

（1）日本。日本保险营销员制度产生于1948年，当时一直由国家垄断的简易人身保险向私营保险公司开放。保险公司开始引入了一种"招收合一制"为简易人身险产品服务，即招聘一些保险营销员在规定区域内，每月对客户家庭进行访问、收取保费、进行续保服务活动。这种简易人身险售后服务制度逐步发展，形成了寿险个险业务陌生拜访的营销模式，取得了巨大成功，刺激了日本寿险业的快速增长。1973年起实行营销员工资保底制度，稳定了营销员工资水平。1976年，日本开始实施营销体制3年整改计划。现阶段日本的保险营销员是保险公司的雇佣员工，保险公司与新招聘的保险营销员签订试用合同，试用期业绩合格者即可转为正式员工。如果试用期业绩不佳,公司将与其解除合同。作为正式员工的保险营销员也会因业绩考核不合格而被解雇。由于保险营销员工作时间难以确定,对保险营销员采取认定劳动工时制,即无论在公司内还是公司外,都比照内勤员工工作日和工作时间,每天都以9小时至17小时(减去1小时休息时间)计算。

在营销员的薪酬中(见表11-2),固定工资比重相对较低,绩效工资比重较高。固定工资包括基本工资、地域补贴、资格津贴等。绩效工资包括奖金、展业津贴等。日本保险公司员工制管理比较严格,从进入公司至第8次考核合格后(2年的时间)才能成为新员工。

表11-2 日本营销薪酬体系

人员类型		薪酬体系	
营销职位	新进人员 (进入公司至第8次考核的前1个月,约2年的时间,均视为新进人员)	固定工资	基本工资
			地域补贴
			资格津贴
		绩效工资	奖金
			展业津贴
			产险展业津贴等
		缺勤惩罚	
	有经验者 (从进入公司第8次考核开始的人员,其绩效工资的比重升高)	固定工资	基本工资
			职位津贴
		绩效工资	奖金
			展业津贴
			产险展业津贴等
		缺勤惩罚	
	营销站经理 (任命符合资格的营销员为营销站经理,其除有基本工资等固定工资及职位津贴、展业津贴等绩效工资外,还有职位津贴和培训津贴)	绩效工资	职位津贴
			培训津贴A
			培训津贴B
		能手工资	

(2)中国台湾。台湾财政部门于1963年规定:"凡为寿险公

司承揽业务者，均可领取佣金，无需办理登记手续。"从此，台湾的寿险公司大量招聘保险营销员，通过亲戚朋友等社会关系拓展市场，并逐步发展成为台湾寿险公司最主要的销售渠道。1992年台湾修订"保险法"，将保险营销员纳入了"保险法"的规范范畴，并颁布"保险业务员管理规则"，确立了资格考试、注册登记等资格管理制度。根据台湾"劳基法"的规定，台湾的保险营销员应属于保险公司的雇佣员工。为降低管理成本，台湾寿险业采取根据业绩情况决定是否与保险营销员签订雇佣合同，还是签订业务承揽合同。

11.4 改革完善中国保险营销制度的思路与建议

11.4.1 指导思想与原则

改革和完善保险营销制度，要以科学发展观为指导，坚持以人为本，坚持消费者利益为导向，注重行业可持续发展，维护稳定大局，积极稳妥，综合治理，统筹协调，循序渐进，争取用5年左右时间，构建一个法律关系清晰、公平与效率兼顾、收入与业绩挂钩、充满活力的保险销售新体系，造就一支职业品行好、专业素质高、注重服务品质的保险营销队伍。

（1）积极稳妥，维护稳定与实现可持续发展并举。为提升行业形象，改善保险服务水平，提振保险消费者信心，实现保险业可持续发展，保险营销制度必须进行改革。同时，考虑到现有营销体制关系到256万人的营销队伍稳定，涉及保险公司的根本利益，改革必须稳妥进行。必须把改革的力度与保险公司可承受的程度结合起来，处理好保险公司眼前利益与长远利益的关系，处理好保险公司利益与保险营销员利益的关系，处理好保险行业利益与消费者利益的关系。

（2）综合治理，制度内外改革与调整联动。保险营销制度问题是多方面的，有营销制度本身的原因，如家族式增员、多层级计酬、营销员缺乏社会保障等，也有保险公司经营方式粗放、监管缺位等外部原因。因此，改革和完善保险营销制度必须从多角度、多环节入手，标本兼治。对营销制度本身，一是要解决营销员法律定位与社会保障等体制问题；二是要规范"基本法"，规范各保险公司营销员招募、管理与收入分配等机制问题。同时，要做好配套改革：在保险公司层面，要切实解决保险经营粗放的问题；在监管层面，主要解决准入过低、资格管理不严的问题；在行业协会层面，主要是加强营销员信息披露和建立黑名单制度的问题。

（3）统筹协调，公平与效率兼顾。营销制度改革必须坚持效率优先，兼顾公平。一味追求公平和一味追求效率，都是不可取的。保险营销是一种有效率的制度，我们必须继续坚持。在效率优先的前提下，兼顾公平，努力为保险营销员提供基本保障，维护保险营销员的合法权益。

（4）循序渐进，总体部署与分步推进结合。营销制度改革政策性强，是一项复杂的系统工程，必须总体部署，分步推进。营销制度改革的整体目标是：构建一个法律关系清晰、管理规范、风险可控、利益兼顾，有利于保险业可持续发展的新体制。要从大处着眼，小处着手，既要有长期规划的方向，又要有不同阶段的工作重点。可以考虑用5年左右的时间，逐步实现营销制度的变型与转轨。具体可分三步进行：

第一步：清理。适应保险消费升级和保险产业升级的需要，为提高保险服务水平，保险销售队伍应向专业化、职业化方向发展。为此，可以考虑近期适当提高保险营销员准入条件，严格资格管理，并对营销队伍进行一次全面清理，将那些不符合资格条件、一定时间内没有业务、比较严重违规的人员清出营销队伍。

第二步：分流。鼓励保险公司注资设立专属代理公司，将部分所属营销员纳入该公司统一管理；鼓励专业代理公司吸纳保险公司营销员；鼓励营销员自我创业，成立一人公司，成为独立个人代理人。

第三步：转制。全面推行营销员有基本保障、收入与业绩挂钩、实行员工制管理新的营销制度。值得说明的是，该制度不是完全意义上的员工制，也不是纯代理制。在该制度下，营销员有基本社会保障，纳入员工制管理，但薪酬仍然为佣金制，与业绩挂钩。

11.4.2 基本对策

（1）切实转变保险公司经营模式。切实转变保险公司粗放式经营方式是改革完善保险营销制的基本前提。营销制的诸多问题，究其根源在于保险公司的经营理念与经营方式。保险公司片面追求业务规模的粗放发展方式，必然导致保险营销员大进大出、重销售轻服务等问题。改革保险营销制度，首先要转变保险公司粗放的发展方式，促使保险公司树立起以客户为导向，坚持服务至上，注重业务质量和经营效益，走内涵式、可持续发展之路。

（2）努力提升保险营销员队伍素质。提升营销队伍素质是改革完善保险营销制度的重要内容。营销制度能否取信客户、取信社会，核心在于营销队伍的素质。尽快提升营销员素质，是实现营销制度可持续发展的关键。提升保险营销队伍整体素质，应从多方面入手：一是把好准入关，严格资格管理。要适当提高准入条件，从事保险销售的保险营销员的最低学历从初中至少提高到高中毕业，其中大中城市应提高到大专及以上学历。同时，针对投连产品、分红产品、年金产品等产品的销售，要求有更高的资格。二是大力加强岗前培训和继续教育，提升保险营销员的专业素质和职业道德素养。三是严格营销员展业行为管理，对损害消费者利益和保险业形象的一些违法违规行为要加大处罚力度。四是加强营销员基本信息披露力度，从保险营销员报名参加资格考试、获得资格证开始，对其展业行为、继续教育培训、奖惩情况、流动情况实施全程动态监控，并向社会公开披露。

（3）明晰保险营销员的法律地位关系。明晰法律关系是改革与完善保险营销制度的关键环节。保险营销员是我国劳动者重要组成部分。从法理角度看，营销员应纳入《劳动合同法》调整的范畴。凡是以保险公司名义招聘营销员应受《劳动合同法》约束。特别是当前强调以人为本、构建和谐社会、实现社会公平的大背景下，将营销员纳入《劳动法》和《劳动合同法》调整的范围有重要的战略意义，有利于更好地保护消费者利益，提升保险业的形象，实现保险业可持续发展；有利于维护营销员权益，激发广大营销员积极性。而从国外的情况来看，保险公司对营销员大多实行雇员制，值得我们借鉴（见表11-3）。

表11-3　　　　　主要国家（地区）营销员用工关系

独立合同关系（非雇员）	佣金雇员关系
中国香港	加拿大
韩国	日本
	英国
	美国

当然，将所有的营销员纳入保险公司的员工也不现实：一是现有营销员的素质跟不上；二是会导致保险公司经营成本过大。因此，只能是有选择地将符合员工管理要求的部分营销员纳入员工管理，大部分营销员则是分流至保险公司出资设立的专属代理公司、保险专业代理公司，部分营销员可注册为独立个人代理人。

（4）实现营销模式的根本变革。变革销售模式是改革与完善保险营销的重要方向。目前，营销员个人挨家挨户、陌生拜访式的销售方式，一方面会干扰民众的正常生活，有"扰民"之嫌；另一方面，对消费者来说没有安全感，让消费者难以放心。况且它是一种原始、非常初级的销售方式，在国外基本上都不采取这种方式。从国内相关行业如银行业的经验看，银行业之所以社会形象好，在老百姓心中有良好的信誉，与其规范性的制式服务分不开。因此，适应消费者需求升级的变化，对现行营销制度进行根本性的变革，应全面推行门店式（或连锁营销）的保险销售服务，将分公司以下机构逐步调整为保险公司的纯销售性机构，根据顾客和市场需要广泛延伸营销网点，用高素质的人员为顾客提供规范和令人放心的服务。门店式保险销售，经营场所固定，服务标准统一，且深入社区，能够为客户提供快速、专业、放心的服务，可以从根本上改变与扭转保险业的社会形象。

（5）完善相关配套政策。相关部门配合与财税政策支持是改革与完善保险营销制度的重要保障。营销员转制，保险公司要付出巨额成本。建议国家给予适当的政策支持：一是国家支持保险公司、保险专业代理公司建立营销员社会保障；二是取消外资保险公司专属代理公司和专业代理公司营销员营业税和个人所得税；三是降低保险公司营业税，由5%降至3%，取消保险营销员营业税。

12. 政府与市场：保险业监管定位

治大国，若烹小鲜。

——老子《道德经》第60章

政府和市场都是经济舞台上的演员。中国始于1978年的30余年的改革历程是政府和市场舞台角色不断变化的过程，也恰似一对跳双人舞的舞伴之间从别扭到默契的过程。政府与市场不是谁取代谁而是如何相互配合与相互补充的问题。政府必须在充分发挥市场配置资源基础性作用的前提下"有所为，有所不为"。

12.1 政府与市场关系

在现实经济中，政府与市场谁占主导地位，并不是一成不变的。几个世纪以前，大多数国家特别是欧洲和亚洲国家的政府都操纵着大量经济活动。到19世纪，进入自由放任的时代，政府对经济的干预越来越少。然而，自1929~1933年大危机后，几乎所有欧美国家政府调控经济的作用越来越强。1980年以后，由于新自由主义的出现，政府干预与调控经济的力度又迅速消退。2008年，美国次贷危机引发世界性金融危机，政府调控的力量又开始加强。

12.1.1 理论考察

（1）古典经济学对市场调节和政府干预的看法。亚当·斯密把自由放任作为经济政策的基本原则。在他看来，只要政府不干预，人类自然天生的交换倾向将会引起社会生产专业化分工，进而大大促进生产和经济增长；只要政府不干预，每个人支配的资本都可以找到最有利的用途，从而导致社会资本最合理的配置。斯密对国家的作用和政府的动机表示极大怀疑，在其"自私的动机、私有的企业、竞争的市场"这个自由制度的三要素基础上，规定国家三项任务：提高分工程度，增加资本数量和改善资本用途。他认为政府的义务包括：

①保护社会，使之不受侵犯。
②保护社会每个人，使之不受其他人侵犯。
③建设并维护某些公共事业及设施。

他提出，由"看不见的手"支配社会经济，而政府成为一个"守夜人"。

李嘉图继承了斯密的思想，也主张自由放任。之后，经过J.S.穆勒直到马歇尔的进一步完善，自由放任主义逐步取得了主流经济思想的地位。

然而，与主流经济学说不同，以李斯特为代表的德国历史学派基于德国相对落后的特定背景，提出强化政府干预和实现保护政策的主张。他认为："保护政策是使落后国家在文化上取得与那些优势国家同等地位的唯一方法。"[①] 同时，李斯特也认为，实行保护政策不能排除外来竞争，不能搞闭关锁国。

---

① 李斯特：《政治经济学的国民体系》，商务印书馆1983年版，第298页。

（2）当代经济学对市场调节和政府干预的看法。20世纪30年代大危机，打破了市场经济自动均衡，标志着自由竞争主义的失败。凯恩斯以其划时代的《通论》彻底抛弃了新古典传统，他从有效需求不足的角度提出政府实施宏观调控的必要性，主张实行需求刺激的政策。

然而，20世纪70年代，由于过分运用财政政策，凯恩斯经济面临严重的滞胀问题。以现代货币主义、供给学派和理性预期学派为代表的新自由主义，掀起一股"凯恩斯革命的反革命"的潮流。货币主义代表人物M. 弗里德曼反对凯恩斯相机抉择的微调管理，反对政府作用的扩张。他指出："我始终强调一个不变的、既定的货币增长率比之准确变化的增长率数值更为重要。"① 而供给学派则提出"回到萨伊那里去"，对凯恩斯革命反其道而行之，着眼于刺激供给，崇尚自由竞争。理性预期主义从理性预期假定出发，否定宏观政策的有效性。

12.1.2 市场的功能与缺陷

（1）市场功能。市场是通过买方与卖方相互作用决定商品价格和数量的一种制度安排。市场机制最主要的功能是实现社会资本的有效配置。

Ⅰ. 市场竞争能创造生产要素最有效投入使用的可能性，从而可依据各个要素取得最大报酬原则进行要素配置。

Ⅱ. 市场竞争在消费者之间定量分配消费品供给，促使商品与劳务的供给在结构与分布上不断满足消费者偏好。

Ⅲ. 市场竞争根据经济效率的原则，有效地控制着收入的分配。因此，市场可以以较高的效率和较低的交易成本解决社会资本在各种不同主体或组织之间进行配置的问题。

（2）市场缺陷。市场不是万能的，市场有失效的一面。

---

① M. 弗里德曼：《货币最优数量和其他论文》，1969年英文版，第48页。

Ⅰ.市场在面对外部效应时无能为力。如环境污染治理问题,对于一个企业来说,它缺乏控制污染的积极性,于是大家普遍存在"搭便车"的心理。

Ⅱ.市场机制的自发作用可能导致垄断。如果一个生产者能够低于市场成本满足市场对某一种商品的需求,就会造成自然垄断,结果是抑制竞争,造成社会福利的损失。

Ⅲ.市场机制难以解决国防、城市环境、公共卫生等"公共品"的供给。因为这些公共品的投资往往比较巨大、投入产出周期长,且外部性强,私人部门一般不愿意投资。

Ⅳ.市场机制通常难以解决收入分配公平性的问题。在市场竞争中,商品遵循的是货币选票,即使是最有效的市场体系,也有可能产生极大的分配不公。

Ⅴ.市场机制不能确保宏观经济的均衡成长,往往伴随波动性经济周期。

Ⅵ.市场机制不能解决产业结构的跃升和优化的问题。比如"幼稚产业",由于其初期生产率低、成本高,缺乏市场竞争力,若听任市场机制自发调节,它就无法生存,更谈不上发展。①

12.1.3 政府功能与政府失败

(1)政府存在理论。现代经济是有政府调控的市场经济。在实践中,没有任何国家采取自由放任模式。在市场机制运作和市场经济培育中,政府宏观调控正在发挥并仍将继续发挥重要作用。政府干预经济的依据:

Ⅰ.市场失败说。市场并非总是以一种理想的方式运作。任何市场经济都不是纯粹的市场经济。作为对市场机制缺陷的补偿,人们选择政府干预这只"看得见的手"。政府通过占有或经营特定产

---

① 赵锡斌等:《政府对市场的宏观调控——理论与政策》,武汉大学出版社1995年版,第77~79页。

业来部分替代市场，管制公共事业和社会分摊资本，在科技研究方面提供资助，通过税收实现收入再分配等，能够比较好地解决市场失灵的问题。

Ⅱ．结构主义观点。20世纪40年代末至60年代中期，发展经济学家从发展中国家经济背景出发，提出发展中国家的特殊社会经济、政治、文化等结构特征具有以下趋势：重工轻农，重物质资本积累轻人力资本形成，重内向发展轻对外开放。作为对这三个趋向的逻辑推论，必然强调政府计划管理的合理性。

Ⅲ．新制度学派观点。新制度学派认为，国家是以较高效益和较低交易成本提供产权保护与强制力的制度安排。国家并不是中立的，它决定产权结构，因而最终要对造成经济增长、衰退或停滞负责。总之，新制度学派突破了把政府干预作为"外生变量"的传统方法，转而把政府干预当作经济发展过程中的一个"内生变量"，从而大大拓宽了政府在经济发展中进行合理而有效干预的空间。

（2）政府功能。政府特别是后起国家的政府，在促进经济发展和社会进步方面具有十分重要的作用：

Ⅰ．调控经济。政府可以通过运用财政货币政策、汇率政策等手段调控经济运行，以促进经济稳定增长和充分就业。

Ⅱ．促进结构调整。通过产业政策，政府可以对各经济部门和各地区的发展施加影响，以保持产业和地区经济协调发展。

Ⅲ．实现社会公平再分配。政府通过税收和建立社会保障体系以及各种补贴与转移支付，实现收入再分配。

Ⅳ．规范市场秩序。政府通过经济立法以及制定保证货币体系正常运行的规则和公平竞争政策来保障市场经济的运行秩序。

Ⅴ．提供社会安全保障。

（3）政府失败。但是，政府也存在失败。西方经济学最先提出"政府失败"的是以J.布坎南为代表的公共选择学派。政府失败表现在以下几方面：

Ⅰ. 政府干预体制下，经济行为准则的多元化，难以兼顾与协调各个方面的利益关系。

Ⅱ. 政府干预体制下，政府有强大的集权倾向，导致企业缺乏经营自主权和盈亏责任感，不利于市场竞争。

Ⅲ. 政府干预不可能消除市场不确定性。

Ⅳ. 政府干预也难以避免决策的非理性、随意性和专断性。

Ⅴ. 政府过度干预容易滋长权力经济、寻租行为和腐败现象。政府相当于一种自然垄断性组织，政府干预也会产生浪费和无效率。根据来本斯坦的研究，垄断条件下的任何组织都可能丧失追求成本最小化与效益最大化的动力，从而导致"非 X 效率"的产生。

12.2 政府对保险业实施监管的必要性

所谓监管，就是政府控制和介入经济的一种手段。通常由两类行为组成：市场准入和价格限制。前者是基于对过度竞争不可取的认识，而采取对进入市场的主体进行适当限制的一种政府行为；后者是为了防止某一产业的企业获得过高利润而实行的价格管制。监管有广义的保险监管和侠义的保险监管之分。广义的保险监管包括立法监管、司法监管和行政监管。狭义的保险监管仅指政府行政监管，这也是我们所说的通常意义上的保险监管。一个有效竞争的市场会给社会带来最大的收益和福利。要保持这种状态，政府具有不可或缺的作用。市场不是万能的，市场会出现失灵。市场在一个过高的价格上生产过多的商品和劳务，或在一个过低的价格上生产过少的商品和劳务，就会缺乏效率，造成社会福利的损失。因此，在市场经济条件下，政府的适度控制与监管是非常必要的。

12.2.1 市场支配力论

所谓市场支配力是指一个或多个消费者（或购买者）影响他

们所交易的商品或服务价格的能力。如果市场参与者能够影响价格，则会导致社会资源配置的无效。市场支配力的形成，主要由以下因素所致：

（1）市场准入壁垒。如果市场存在准入或退出壁垒，从而使得市场销售者数量较少，则会出现市场支配力。世界各国的保险市场都存在市场支配力现象，只是程度不同而已，有的比较严重，有的则不太严重或比较轻。大部分市场支配力是政府造成的。政府的营业许可要求、税收政策的差异、关税体制等都会导致市场垄断和竞争的不充分，从而形成市场支配力。一国的营业许可要求是技术性的准入壁垒，尽管这些要求可以以保护消费者为理由而变得名正言顺。营业许可要求通常包括一般难以达到的最低资本金、经营状况证明等。通过设置障碍，阻止新的主体进入市场。有的国家则在一定时期内干脆不批准新的营业许可执照。各国的税收政策差异也可以形成市场支配力。如果甲国对保险人收取的有效税率低于乙国对保险人收取的税率，那么在乙国经营的甲国保险人就会获得相对乙国保险人的税收优势。关税体制也是如此。有些国家对外国保险人本地业务保费课税远高于本国保险人，这也会引起市场支配力的出现。

（2）规模经济。如果一个厂商的产出增长率高于投入的增长率，则说明规模经济在起作用。在存在规模经济的行业中，厂商的规模越大，经济效率也就越高，这样，新进入者一进入市场就面临竞争劣势。因此，规模经济作为另一种进入壁垒，也会形成市场支配力。

（3）产品差异和价格差异。如果购买者由于产品质量、服务、厂商的位置、声誉等原因，更加偏好某一公司的产品，这时就出现"产品差异"。数量很多的厂商生产相似，但他们的产品不同，就出现垄断竞争，这也会形成市场支配力。价格歧视是指厂商对相同的产品向不同客户群体索要不同的价格。极端的价格歧视，会导致"掠夺性定价"，会对市场产生巨大的破坏力。

市场支配力的存在，会影响保险市场运行的效率，造成社会福利的减少和损失。为了克服上述消极影响，实施政府监督管理非常必要。

12.2.2　公众利益说

人们购买保险是牺牲当前的利益来换取对未来的保障，保险公司对客户未来可能发生的风险进行的承诺到时能否兑现，关系到社会公众利益。正如1914年美国高等法院审理德国安联保险公司诉刘易斯一案（German Alliance Company V. Lewis）时判定的：保险是"影响公众利益"的行业。

保险是一个具有"信托"性质的特殊产业，与一般的商品买卖相比，有很大的差异性。对于一般的商品买卖，当客户通过现收现付的方式购买一件商品后，商品生产企业的破产并不会直接影响客户的未来利益。这是因为，如果商品没有质量问题，客户仍可以继续使用。但是，保险业的情况则不同，客户是将未来的福利和保障托付给保险公司，一旦保险公司破产将会使得客户未来的利益全部丧失。

因此，由于保险公司的破产而引起的保险市场的动荡，必然会导致对广大投保人利益即社会公众利益的损害与侵蚀，带来社会福利的损失。为了维护保险市场的稳定，保证社会公众利益，政府对保险市场进行监管就显得非常必要，这是保证保险公司的偿付能力、兑现投保人未来利益的根本措施。

12.2.3　外部效应和公共性理论

外部性是指一个厂商的生产行为或一个消费者的消费行为对其他人产生的正面或负面影响。从保险业看，最明显的保险负面外部效应就是有人为了获取保险赔付或给付，故意损害财产或谋害人命。这一行为的后果是带来社会净福利的损失。保险业也有不少正的外部效应。保险人很少寻求其产品、服务创新的知识产权保护，这有利于降低采纳与应用现有产品和服务保险人的成本；保险业特别是寿险业的发展，为民众提供收入保障和风险转移，有利于社会的稳定。特别是保险业作为金融业重要组成部分，对一国的金融市场乃至整个国民经济的稳定与发展产生重要影响。首先，保险资金是资本市场的重要资本来源。保险资金的运用对整个国家资本市场的发展与运作具有非常重大的影响。在美国，资本市场的资金来源约1/3来自保险资金。如果由于保险市场动荡或保险公司破产清算需要大量资金变现而导致资本市场上大量抛售，那么将会对整个资本市场甚至金融体系造成毁灭性打击。其次，由于保险业同其他金融机构在资金往来上有密切的关系，如果保险市场出现动荡或保险公司出现支付危机而需要从银行或其他金融机构抽走资金，就必将影响到其他金融机构的流动性。若情况进一步恶化，则可能产生多米诺效应，造成国家金融体系连锁性毁灭打击。

保险也具有公共性。由于公共性，便产生了"免费搭便车"问题。对于某些公共产品或服务，如警察、消防队、国防、法院系统等，如果有人以极低的代价或零成本获得或享受，这就是"免费搭便车"。说明搭便车问题最经典的例子是大海中的灯塔。它可以被所有过往船只使用，某只船对灯塔的使用不会影响其他人对它的使用。然而，像灯塔类的公共产品都面临一个难题：由于谁都不会被排除在使用者之外，所以没有人愿意为此进行投资或付出代价。保险市场也存在"免费搭车"问题。如果某些人知道或相信有人会补偿他们遭受的任何损失，或某些人或企业相信政府会在灾难发生时提供资助，则他们购买商业保险的愿望和经济性会减弱或消失。保险监管本身就具有公共产品的性质，有利于减少社会交易成本。

12.2.4 信息不完全性和非对称性理论

完全竞争市场的一个重要假设是买者和卖者都具有充分信息。然而，现实中这个条件是不可能实现的。保险是复杂的产业，信息难题更为突出，不论是买者还是卖者，都不可能获得足够信息，也就是说存在信息不对称性问题。

保险是一个技术要求高的产业，在诸如精算、理赔、核保、偿付能力计算很多方面对于社会大众而言是陌生和深奥的，而作为卖方的保险公司却对保险产品的详细情况非常清楚。这就必然导致作为保险人的保险公司和作为被保险人的保险客户处于信息完全不对称的地位。在保险市场信息不完全或不对称的情况下，如果保险公司利用其占有的信息优势而在保单条款中包含一些使被保险人处于不利地位的信息，那么对被保险人来说是不公平的。

保险合同承诺的是未来的支付，保险交易价格是在成本未知的情况下厘定的。如果某人无法了解当前和未来所作选择的结果，那么他就面临不确定性。这种不确定性导致他采取一些改进行为以减轻风险。而这种行为的结果是以消耗一定社会资源为代价，从而减少社会的整体福利。

因此，为了保护客户的利益，避免由于信息不完全和非对称性对客户的误导，实施政府监管就显得非常必要了。

12.2.5 破坏性竞争理论

在保险市场竞争中，由于保险业所具有的特点，决定了保险公司容易产生牺牲未来的公众利益以换取现在的经营繁荣的倾向。这种可能出现的倾向具体表现为两种形式：过度竞争和价格的不适当。这两种形式属于破坏性竞争，不利于保险业的健康发展。过度性竞争会导致保险公司丧失偿付能力从而危及公众利益。价格的不适当可能会影响投保人利益。基于以上考虑，为了破坏性竞争所带有的危害性，美国保险监管最初设计就是为了防止上述两种倾向，各州保险监管部门都要求产品费率的制定必须具有：

——合理性（Reasonable）。

——足够支付预计的损失和费用（Adequate to cover expected losses and expenses）。

——在不同的客户群中不得采取不公正的歧视（Not be unfairly discriminatory among different insured groups）。

正是由于保险业容易陷入破坏性竞争的怪圈，而这种破坏性竞争又具有很大危害性，所以保险监管也就显得尤为必要了。

12.3 保险监管国际比较

12.3.1 世界主要国家保险监管情况

（1）英国。英国保险监管体制是随着该国国内经济以及欧洲和全球经济的发展变化而变化的。1998年以前，英国的保险监管机构是工贸部。随着欧盟经济一体化和经济全球化的发展，银行、证券和保险业之间的界限开始变得模糊起来，金融融合成为新的历史潮流，兼营银行、保险、证券的金融集团如雨后春笋。适应这一变化，英国政府从1998年开始对该国的金融监管体制进行了改革。1998年初，经英国政府批准，英国证券和投资管理委员会改名为金融服务监督局。同年，英国政府还决定暂由财政部代行保险监管职能。1999年1月1日，英国政府又决定将保险监管职能也划入金融服务监督局。同时划入该服务局的还有英格兰银行的监管职能、伦敦证券交易所的监管职能等。从此，大一统的金融监管架构开始形成。

金融服务监督局有四项目标：
- 维持金融市场的信心（Maintain Market Confidence）。
- 增进公众对金融保险产品的了解（Promote Public Understanding）。
- 保护消费者的利益（Consumer Protection）；
- 控制与减少金融犯罪（Reduce Financial Crime）。

金融服务局设保险监管部。保险监管部依据1982年《保险公司法》、1992年《保险团体法》和1986年的《金融服务法》等对保险业进行监管。

英国保险监管的主要内容和特点如下：

第一，执行单一执照制度。为了推动欧洲共同体保险市场一体化进程，1994年7月1日，欧洲第三代保险指令生效。该指令的核心内容是：统一欧洲共同体保险业执照，允许共同体成员国保险公司在本国注册，在欧洲共同体的任何地方从事保险业务；由注册国负责对保险公司进行监管。英国严格执行欧洲共同体的指令，只对在英国注册的保险公司进行监管。

第二，推行保险契约自由化。英国是一个崇尚契约自由的国家，对保险公司的保险条款和费率均不予审批，只是保留对其否定权，即保险监管部门若认为保险条款违反法律和社会标准，有权要求保险公司予以纠正。在放开对条款费率管理的同时，英国金融服务局加强了对保险投诉的管理和处理，有的交保险公司处理，有的由金融服务局直接处理。交由保险公司处理的案件若处理不当，金融服务局有权直接处理。

第三，强化偿付能力监管。偿付能力监管一直是英国保险监管的重点和核心内容。对于偿付能力不足的保险公司，英国保险监管部门对其处罚历来不手软。执行欧共体保险监管指令后，英国更加注重对偿付能力的监管，尤其是加强了对保险准备金、资产充足率与最低偿付能力差额的监管。

第四，充分披露保险公司信息。英国政府认为，向社会公开的保险公司的信息越多，越能够帮助投保人正确选择保险公司，以维护被保险人利益。保险监管部门每年都向社会公开保险公司报送的保险监管报表，凡是需要了解保险公司信息的单位和个人都可以自行查阅。不定期地向保险公司开出调查表，要求保险公司如实报告；或不定期进行现场调查，以掌握保险市场一手资料。此外，还借助社会力量，如英国政府保险精算部门，对保险公司报送的报表进行认真分析和研究。

(2)美国。与一般国家不同,美国是由各州而不是联邦政府来监督管理保险业。各州有自己的保险法,并设立独立的保险监管部门——保险管理局。州保险管理局的最高执行官是保险监督官。该监督官有的是由州长任命(20个州),也有的是通过直接选举产生(30个州)。为了协调各州保险监管法规政策与准则,美国于1871年成立了全美保险监督官协会(NAIC)。NAIC定期召开会议,就一些重大问题进行讨论,并拟定标准法律和管理规定,供各州保险立法参考。目前,美国保险监管的主要内容包括以下几个方面:

第一,实行公平、宽松的市场准入。只要符合条件,申请设立保险公司都会及时获得许可。当然,在获得设立许可之前,首先必须经过监管部门的严格审查,然后登记注册领取营业执照。这种执照一般只允许在本州内从事保险业务,若想跨州经营,必须办理跨州经营执照,否则只能由当地保险公司代开保险单。

第二,加强费率管理。美国大多数州曾对费率实行管制。1906年,由于旧金山大地震使得许多财产险保险公司倒闭,国会便成立了Merritt委员会,负责善后事宜。该委员会善后调查发现,保险业所遭遇的种种问题与困境与无约束的市场过度竞争有关。因此,该委员会认为保险业必须实行集体费率制。于是,自1911年后,许多州便立法设立费率局。1945年《麦克卡伦—佛古森法》(McCarran-Ferguson Act)通过后,NAIC提出两套管制费率,其中之一与火险及水险有关,另一个则与意外险及责任险有关。到1951年,美国各个州都推出了新的费率管制法。就拿纽约州来说,财产和责任险(海运、航运险除外)费率要事先向保险监管部门申请,经同意后,方可按其申报的费率上下浮动20%开展业务。人身险业务费率的厘定是以不同职业、年龄、性别的死亡率和银行的利率为计算标准,死亡率是以精算协会提供的数据为依据,准备金提留也按此标准计算。

第三,对风险资本提出要求。1992年通过保险公司风险标准,要求根据现有公司的规模、资产质量、已销售保险范围及其他因素确定对保险公司的资本和盈余额，在保险公司面临的风险与其资本金之间建立动态监管机制，即运用风险资本金（Risk Based Capital, RBC）方法来关注保险公司风险状况。对资本和盈余低于要求额度的保险公司将采取不同程度的管理措施。RBC 将保险公司面临的风险划分为六大类：

R_0——在保险联营中的投资；R_1——固定收入证券；R_2——股票投资；R_3——信用风险；R_4——准备金风险；R_5——承保保费风险。

同时，对每一类风险分配一个系数，如现金的风险系数为 0.3%，抵押贷款为 5%，普通股为 15%。分别计算出 $R_0 \sim R_5$ 的值后，再利用以下公式计算出总的资本金要求：

$$RBC = R_0 + \sqrt{R_1^2 + R_2^2 + (0.5R_3 + R_4)^2 + R_5^2}$$

根据保险公司实际资本金与 RBC 的比例情况，来确定对保险公司应采取的行动。由于采取风险资本动态监管，所以美国的保险监管部门经常对保险公司提出增加资本或减少业务的要求。

（3）日本。20 世纪 90 年代以来，为了消除泡沫经济的消极影响，摆脱金融危机，日本政府进行了一系列金融改革，建立起跨行业的金融监管体制。1997 年 6 月，日本通过了《金融监督厅设立法》。1998 年 6 月，金融监督厅正式成立，将过去由大藏省管辖的对金融经营机构包括保险公司的许可审批、监督、检查等业务全部转为金融监督厅管理。金融监督厅为总理府直属局，其主要任务是：保护存款人、投保人、证券投资人的利益；促进金融及有价证券流通的流畅；对银行业、保险业、证券业及其他金融机构实施检查，确保其业务合理、安全运营。金融监督厅设保险监管课，具体负责对保险业的监督管理。

第一，放松对费率的监管。从 1998 年 7 月 1 日起，日本政府开始放松对费率的监管。而在这之前，对费率的监管是日本保险监管的重要内容，各公司只能使用费率算定委员会订立的费率标准。

随着新《保险业法》的颁布，1998年7月1日这一规定被废除，费率委员会只提供纯费率，保险公司在纯费率的基础上依据公司的经验数据和管理水平拟定附加费率。纯费率加上附加费率就是公司的承保费率。承保费率必须向监管部门申报，经批准后，才能正式使用，并可进行上下12.5%的自由浮动。

第二，对保险资金运用实行"分类管理、比例控制"。日本法律规定，保险资金可用于有价证券、房地产、存款、贷款、信托、行会出资、金融衍生工具等。保险监管部门对上述不同运用方式分别规定额度，对单项投资规定上限。如投资国内股票不得超过总资产的30%，房地产不得超过20%，外汇资产不得超过30%，无担保或债务人资信评级较低的贷款不得超过10%等。单项投资不能超过总资产的10%，其中贷款和担保合计不得超过3%。

第三，实行保险合同人保护制度。在日本，保险公司经营破产有自行处理和强制处理两种。当自行处理无效时，实行强制处理，包括行政和司法两种措施。政府分别按产险和寿险设立保险合同人保护机构，保险公司（包括在日本的外国公司）都必须参加，并按照保费和年末责任准备金规模交纳保护基金（再保险公司、离岸业务保险公司、责任保险公司除外）。保护基金为保险合同顺利转向救济保险公司提供资金帮助，同时也接受合同转移、管理或处理该转移的合同。

第四，加强对保险营销和保险中介的管理。保险代理店注册实行标准化，金融厅推行网上注册。代理店以专属机构为主流。代理人考试由行业协会或公司统一组织。代理手续费实行自由化，但没有出现手续费恶性竞争的现象。为了保护投保人的利益，对保险销售规定了限制行为。如对所属保险公司的赔偿责任，强化告知义务和"自身合同限制"，凡以自己、雇员或与己有密切经济关系的人或企业为保险对象的合同，累计保费超过销售保费总额50%时，即违反"自身合同限制"条款。2000年，日本颁布《消费者合同法》和《金融商品销售法》，规定金融机构对所销售的金融商品有说明风险和诚信表述的义务；否则，要承担无过错赔偿责任，消费者有撤销合同的权利。

（4）韩国。韩国保险监管机构是韩国金融监督院。该院是依据韩国《金融监督机构设立法》于1999年1月在合并银行监督院、证券监督院、保险监督院和非银行监督院4家监督机构基础上设立的，对金融各业实行统一监管。金融监督院有36个局和6个办公室。

第一，放宽市场准入。广泛推行机构准入备案制。1996年韩国废除市场准入经济需求测试（ENT）制度；1998年底废除境外保险人在韩设立办事处的许可制，将以前繁琐的审批程序变为登记备案程序。调低保险公司最低资本金要求。2000年以前，在韩国设立保险公司一律需要300亿韩元最低资本金。从2000年开始，按照不同公司类型规定不同资本金要求。设立火灾保险、特种保险公司等专业保险公司，将最低资本金降为100亿韩元；专业海上保险公司为150亿韩元，专业汽车保险公司降为200亿元；其他保险公司资本金仍为300亿韩元。

第二，调整保险公司业务范围。韩国原保险法律规定，禁止保险公司从事保险业务以外的其他业务。近年来，这一政策有所调整，开始允许保险公司对非投保人的一般人开展贷款和国债、公债的窗口销售业务；考虑允许保险公司进入其他金融业从事非核心业务，如基金收托代理业务、（还款）给付保证业务、不动产担保贷款业务等；保险公司可以以子公司形式将业务扩大到租赁、承购应收账款、信用卡等。

第三，实施以事后评估为主的保险监管方式。加入OECD后，韩国政府果断地放弃了与保险公司内部经营相关的事前保险监管方式，确立了以事后评估为主的保险监管新的思路。2000年4月，韩国政府引进美国对金融机构的经营状况评估制度（CAMEL），即分别对评估基准中的资本充足性（Capital Adeqacy）、资产质量（Asset）、经营管理能力（Management Adminstration）、收益性

（Earnings）以及流动性（Liquidity）进行全面评估。评估结果分为五个等级：优秀、良好、普通、脆弱和危险。对于综合评估等级优秀的保险公司，通过缩小检查范围予以优待；对于综合评估等级不良的保险公司，则采取经营改善劝告、经营改善要求等行政措施。

第四，推进价格自由化。1994年韩国政府开始推进保险产品费率自由化；2000年4月实行预定利率和预定营业费用自由化。同时，为了避免盲目价格竞争，监管部门采取了标准责任准备金制度和标准退保金制度，要求保险公司提存一定比例以上的责任准备金，以保证投保人免受损失。

12.3.2 各国保险监管经验借鉴

保险业作为经营风险的特殊产业，外部监管是不可或缺的。保险关系到社会公众利益，人们购买保险是牺牲当前的利益来换取对未来的保障；保险具有信息不完全或不对称性，不论是买者还是卖者，都不可能获得足够信息；保险专业性强，诸如精算、理赔、核保、偿付能力计算等对于社会大众而言是陌生和深奥的。因此，为了保护社会公众利益，实现保险产业的健康发展，世界各国都十分重视对保险业的监督管理。综观世界各国保险监管，有以下经验值得借鉴：

（1）依法行政与透明度高是国际保险监管的基本准则。保险监管必须在法律的框架下进行，这是世界各国的共同做法。现代意义上的保险法自14世纪产生以来，随着陆上保险、人身保险、责任保险、再保险的发展，已经形成了完整的体系。各国的法律都赋予保险监管部门规范而明确的执法权，在履行职责的过程中不受其他任何部门和相关机构的制约。保险监管部门在法律赋予的职权范围行政，不干预保险企业的日常经营活动。与此同时，世界各国非常重视监管信息的公开与共享，普遍建立信息披露制度。如英国保险监管部门每年都向社会公开保险公司报送保险监管报表。

（2）保护被保险人利益是国际保险监管的根本任务。各国保险监管主要任务是：维护市场稳定，保护投保人利益。如，美国保险监管的职责是"保护被保险人的利益，确保保险公司的偿付能力，确保费率的充足性、合理性和非歧视性。"英国监管部门的监管职责是"维持保险市场的信心，增进公众对保险产品的了解，保护消费者的利益，控制与减少保险犯罪。"日本监管部门的监管职责是"保护投保人的利益；对保险经营机构实施检查，确保其业务合理、安全运营。"法国监管部门的监管职责是"确保保险公司长期的偿付能力，以使它们总是保证其承诺的荣誉。"

（3）偿付能力是国际保险监管的核心内容。以偿付能力为核心是各国保险监管的主流选择。欧盟建立了以资本分三级计算为核心的最低偿付能力标准；美国则是将保险公司的风险划分为投资风险、信用风险、承保风险和表外风险等四类，按照不同的系数或权重计算出最低风险资本要求。为保证保险公司的偿付能力，世界各国都对保险市场准入和保险公司的资本金进行了严格规定。例如，日本要求保险公司的资本金不得少于 3 000 万日元；法国要求保险公司的资本金不得少于 300 万法郎；澳大利亚要求寿险公司的资本金不得少于 1 000 万澳元，产险公司资本金不得少于 200 万澳元。

（4）费率市场化是国际保险监管的典型趋势。从世界范围看，保险费率市场化已成为一种国际趋势。所谓费率市场化，实际上是费率的自由化。也就是说，保险产品的价格由市场调节充分发挥作用。如英国对保险公司的保险条款和费率均不予审批，只是保留对其否定权，即保险监管部门若认为保险条款违反法律和社会标准，有权要求保险公司予以纠正。日本从 1998 年 7 月 1 日起政府放松对费率的监管，由非官方机构——费率算定委员会订立纯费率标准，保险公司在纯费率的基础上依据公司的经验数据和管理水平拟定附加费率，纯费率加附加费率就是公司的承保费率，该费率经监管部门批准后可上下浮动 12.5%。韩国政府于 1994 年开始推进保险产品费率自由化。

（5）公平竞争是国际保险监管的重要目标。为促进公平竞争，西方国家特别是美国的保险监管部门将反垄断和制止破坏性竞争作为监管的重要内容。垄断主要是指垄断行为。保险人可以通过多种手段削弱竞争，达到对市场垄断的目的。①共谋，即两个或两个以上的保险人在市场上就分销安排或再保险安排达成联合行动，包括费率厘定、使用特定保单格式、串通定价等，以此限制市场竞争。②兼并和收购。两家大型保险人、再保险人或保险经纪公司通过合并实现对市场的垄断。③滥用统治地位。个别特大型保险企业可能会利用自己的垄断地位提供不利于被保险人的保单和购买条件，或歧视性销售某一保险产品。对上述垄断行为，各国保险监管者予以高度重视，并采取措施予以干预。如欧盟采取统一净保费（剔除费用）的计算方法、统一标准保单条款、统一特定风险承保范围等措施限制垄断行为。同时，针对保险人采取的"价格歧视"策略、把价格降到无利甚至亏损水平上掠夺市场的破坏性竞争行为，各国监管部门一般也都予以制止。

12.4　对改进和完善中国保险监管的对策思考

12.4.1　我国保险监管的现状

（1）完善的监管体系开始形成。自1998年11月18日中国保监会成立以来，我国保险监管体系开始建立。一是全国性的保险监管机构体系基本形成。从1999年开始，中国保监会在除西藏外的全国各省、自治区、直辖市和计划单列市建立起35个派出机构。随着全国范围保险监管机构体系的逐步形成，保险监管队伍不断壮大，由2002年初的672人增加到2008年底的2 012人。二是适应市场经济需要的保险法律法规体系初步建立。自成立以来，中国保监会共起草有关保险的法律、法规和规章达200多件。特别是2002年和2009年全国人大常委会先后两次通过了关于修改1995

年颁布的《保险法》的决定。第二次修订的《保险法》于2009年10月1日实施,为新形势下我国保险企业依法经营、中国保监会依法监管提供了与国际接轨的制度保障。在保险法律框架下,中国保监会建立和健全了规范保险经营和保险监管的规章制度,初步形成了以保险法为核心、以行政法规和规章为主体、以规范性文件为补充的中国保险法律制度体系。

(2)保险监管理念发生深刻变化。近年来,中国保险监管实现了从"就保险论保险"向"想全局,干本行,干好本行服务全局"的转变,从"就监管论监管"向"抓监管,防风险,促发展"的转变,"寓监管于服务之中",保险监管始终服务于国民经济和社会发展,始终服务于保险行业发展,树立大局的意识、责任意识和风险意识,以科学发展观为指导,坚持把广大人民群众对保险业的需求作为保险业发展的根本动力,坚持把促进保险业做大做强又好又快地发展作为根本目的,坚持把防范和化解风险作为实现保险可持续发展的核心与关键。

(3)保险的政策环境明显改善。以《国务院关于保险业改革发展的若干意见》(国发〔2006〕23号)发布为标志,党中央国务院以及地方政府对保险业予以高度重视,并给予一定的政策支持。各省、自治区、直辖市政府对保险业发展也给予大力支持,社会各界开始高度关注保险业的发展。

(4)保险监管的专业化水平不断提高。借鉴国际经验,中国保监会确立以市场行为监管、偿付能力监管和公司治理结构监管为重点的"三个支柱"的监管核心,形成企业内控、政府监管、行业自律和社会监督相结合的"四位一体"的监管体系,构筑了以公司内控为基础、以偿付能力监管为核心、以现场检查为重要手段、以资金运用为关键环节、以保险保障基金为屏障的风险防范"五道纺线",取得了明显成效,保险市场秩序有所好转,保险风险得到有效控制,中国保险业不存在系统性风险。

(5)保险监管的国际合作不断加强。自1998年11月成立以来，中国保监会积极推进国际保险监管合作，先后加入国际保险监督官协会和国际养老金监督官协会等多个国际监管组织；2006年成功主办国际保险监督官协会第13届年会。此外，中国保监会还发起建立了亚洲地区保险监管合作机制，加强亚洲各国之间双边或多边国际保险监管合作。

12.4.2 当前保险监管存在的问题

（1）诚信建设滞后。当前，中国保险业的社会信誉和行业形象令人担忧，这与保险监管对诚信建设重视不够有关。诚信建设滞后主要表现为：查处误导甚至欺骗消费者行为力度不够，保险消费者权益没有得到充分保护；从业人员和机构诚信档案缺失，"黑名单"制度没有真正建立起来；监管信息披露不够，借助新闻媒体等社会监督主动性较差，甚至出现行业护短的情况；自觉或不自觉为公司利益考虑过多，考虑投保人及保险消费者的利益不够等等。

（2）监管的科学性有效性有待提高。对保险企业行政性干预偏多，如保险条款费率、保险经营机构分支机构的设立、非法人机构高管人员任职资格、营业场所的变更等等，仍要经过保险监管部门审批，市场机制作用发挥不够充分，费率等管制过死。监管的透明度不够，保险机构信息、财务信息、处罚信息等公开不够。重复监管、重复检查，监管效率有待提高。

（3）偿付能力监管薄弱。保监会确立了偿付能力与市场行为并重的监管方针，这符合仍处在起步阶段我国保险业的实际。但是，在实际操作中，注重的是市场行为监管，而偿付能力监管力度不够，关于偿付能力监管的规定并未落到实处。

12.4.3 加强和改进保险监管的政策建议

（1）进一步减少行政审批，提高监管透明度。保险监管要尊重价值规律与竞争规律在保险市场资源配置上发挥的积极作用，处理好市场这只"看不见的手"与监管这只"看得见的手"的关系，既要引导市场适度健康发展，又不能限制市场主体的经营管理权。对现有行政审批进行一次全面清理，尽可能减少不必要的审批，为保险企业创造一个宽松的外部环境。如对保险公司分公司以下机构的设立与退出、机构的迁址、内部机构的合并等应由审批制改为备案制。建立和完善保险监管信息系统，定期发布保险监管政策法规及相关信息；着手建立保险企业资信评估制度，公开披露保险公司的经营信息。

（2）转换监管方式，切实加强偿付能力监管。在不放松市场行为监管的前提下，大力加强偿付能力监管。加快建立保险风险预警系统，对有偿付能力问题的保险公司加强日常监测，对其经营过程中可能发生的保险资产损失和对保险业可能造成的负面影响进行分析、准确预报，及时采取相应防范和处理措施；根据保险机构的跨国化、业务范围综合化和保险风险复杂化趋势，积极与国际和他国保险监管机构以及国内有关金融监管部门建立联系，形成具有快速反应能力的保险监管安全网；建立市场退出机制，及时将不具备偿付能力的保险机构清出市场，优胜劣汰。

（3）加快推进费率市场化。目前，费率市场化开始成为国际保险业发展的典型趋势，我国不可能不受这一趋势的影响。必须积极顺应这一国际潮流，推进费率市场化，取消对费率的行政审批制，实行完全意义上的费率市场化改革。

（4）加强保险监管机构自身建设。改革用人制度，实行竞争上岗。加强干部培训，进一步加强和完善干部交流制度，处以上干部在某一工作岗位满3年的要实行强制轮岗，以提高监管队伍的综合素质。

13. 保险监管理念创新

> 有无相生，难易相成，长短相形，高下相倾，音声相和，前后相随。是以圣人处无为之事，行不言之教。
>
> ——老子《道德经》第 2 章

理念是行动的先导，行为从理念中来。保险监管必须以正确的观念为指导，以科学的理念为导向。按照科学发展观的要求，保险监管必须树立以人为本、切实保护被保险人利益、保持保险业持续快速健康发展的科学理念。

13.1 科学发展观与科学监管理念

13.1.1 科学发展观本质要求

改革开放以来，我国取得了举世瞩目的发展成就，从生产力到生产关系、从经济基础到上层建筑都发生了意义深远的重大变化，但仍处于并将长期处于社会主义初级阶段的基本国情没有变。立足社会主义初级阶段，科学分析我国全面参与经济全球化的新机遇、新挑战，全面认识工业化、信息化、城镇化、市场化、国际化深入发展的新形势、新任务，深刻把握我国发展面临的新课题、新矛盾，坚定不移地走科学发展道路，坚持以人为本，坚持统筹兼顾，坚持全面协调可持续发展，是新世纪新阶段我国经济社会发展的战略选择。

顺应时代的要求，2003年10月召开的党的十六届三中全会提出了科学发展观，并把它的基本内涵概括为"坚持以人为本，树立全面、协调、可持续的发展观，促进经济社会和人的全面发展"，坚持"统筹城乡发展、统筹区域发展、统筹经济社会发展、统筹人与自然和谐发展、统筹国内发展和对外开放的要求"。这是立足社会主义初级阶段基本国情，总结我国发展实践，借鉴国外发展经验，适应新的发展要求提出的重大战略思想，是我国经济社会发展的重要指导方针。

从国家宏观层面看，贯彻科学发展观，核心要把握"三个度"，做到"四个坚持"，实现"五个转变"。

（1）把握好"三个度"。

第一，"发展度"。发展要适度。在保证人民生活质量和生存空间的前提下始终保持经济的理性增长，保持一种"健康状态"下的经济增长，既不能限制财富积累的"零增长"，也反对不顾一切条件的过分增长，在相应的发展阶段内，以"财富"扩大的方式和经济规模增长的度量，去满足人们在自控、自律等理性约束下的需求。

第二，"协调度"。发展应强调内在的效率和质量。要合理地优化调控国民财富的来源、财富的积聚、财富的分配，维持环境与发展之间的平衡，维持效率与公正之间的平衡，维持市场主体微观经营与政府宏观调控之间的平衡，维持当代与后代之间在利益分配

上的平衡。

第三,"持续度"。发展要保持长期合理性。要注重从"时间维"上去把握"发展度"和"协调度"。人的基本生存需求和生存空间不断被满足,是一切发展的基石。财富的增长必须基于人类的理性需求,要始终调控资源环境与发展的平衡,既不能单纯为了经济增长而牺牲环境的容量和能力,也不能单纯为了保持环境而不敢能动地开发自然资源,要维系人与自然之间的长期协调发展。

(2) 做到"四个坚持"。

第一,坚持把发展作为第一要务。发展对于全面建设小康社会、加快推进社会主义现代化建设具有决定性意义。必须抓住经济建设这个中心,不断解放和发展社会生产力,为发展中国特色社会主义打下坚实基础。

第二,坚持以人为本。全心全意为人民服务是党的根本宗旨,党的一切奋斗和工作都是为了造福人民。要始终把实现好、维护好、发展好最广大人民的根本利益作为党和国家一切工作的出发点和落脚点,尊重人民主体地位,发挥人民首创精神,保障人民各项权益,走共同富裕道路,促进人的全面发展。

第三,坚持全面协调可持续发展。要按照中国特色社会主义事业总体布局,全面推进经济建设、政治建设、文化建设、社会建设,促进现代化建设各个环节、各个方面相协调,促进生产关系与生产力上层建筑与经济基础相协调。坚持生产发展、生活富裕、生态良好的文明发展道路,建设资源节约型、环境友好型社会,实现速度和结构质量效益相统一、经济发展与人口资源环境相协调,使人民在良好生态环境中生产生活,实现经济社会永续发展。

第四,坚持统筹兼顾。要正确认识和妥善处理中国特色社会主义事业中的重大关系,统筹城乡发展、区域发展、经济社会发展、人与自然和谐发展、国内发展和对外开放,统筹中央和地方关系,统筹个人利益和集体利益、局部利益和整体利益、当前利益和长远利益,充分调动各方面积极性。统筹国内国际两个大局,树立世界眼光，加强战略思维，善于从国际形势发展变化中把握发展机遇、应对风险挑战，营造良好国际环境。

（3）实现"五个转变"。

第一，转变发展观念。当前，一些地区和部门、行业或企业的发展观念与科学发展观的要求还有较大差距，把"发展是硬道理"简单地理解为"增长是硬道理"，把"以经济建设为中心"视为"以速度为中心"，不惜以牺牲资源、环境为代价追求产值，甚至弄虚作假，贪大求洋，热衷于大搞"政绩工程""形象工程"。偏离了科学发展观的轨道，必须转变这一观念。

第二，转变经济增长方式。要推进经济增长方式向集约型转变，走新型发展道路，以提高质量效益为中心，以节约资源、保护环境为目标，加大实施可持续发展战略的力度，大力发展循环经济，在全社会提倡绿色生产方式和文明消费，全面建设节约型社会。

第三，转变体制机制。良好的体制机制是实施科学发展观的动力。要深化市场化改革，深化运行机制改革，从体制机制上解决产业结构趋同、增长方式粗放、低水平扩张的问题。

第四，转变政府职能。政府是保证市场机制公平合理运行的前提，但政府作用是有限度的。政府必须有所为，有所不为。要减少政府对市场不必要和过多的干预，提高政府效率，建设服务型政府。

第五，转变工作作风。要切实弘扬"求真务实"的精神，坚决克服主观主义、形式主义和官僚主义；坚持党的群众路线，注意在实践中形成新思路，在群众中寻求新办法；着力解决关系到人民群众切身利益的突出问题。

13.1.2 科学监管理念的基本内涵

（1）理念的概念。理念就是观念。《辞海》（1989年）对"观念"一词的解释有两条：一是"看法、思想，思维活动的结果"；

二是"观念（希腊文 idea）。通常指思想。有时亦指表象或客观事物在人脑里留下的概括的形象。"《辞海》通过对英文 idea 的考察发现，-ide 有时用作后缀，表示"……化合物"或"合成物"。而 idea 一词的英文含义主要有四种：①主意、念头、思想、计划、打算、意见（a picture in the mind）；②想象，模糊想法（a guess, feeling of probability）；③理念，理性概念，观念（a philosophical use, means a perfect and eternal archetype of which reality is an imperfect copy）；④理解（understanding）。这些用法可以分为两个层次：一是一般意义上的观念或观点。比如想法、看法、意见、念头等。二是哲学意义上的观念或学说。总之，无论是汉语的用法，还是英语的用法，"理念"实际上就是我们对某种事物的观点、看法和信念。

"思想有多远，行动就有多远。"理念是一个国家、一个企业的灵魂。理念是统一的价值观与正确的思维方式。正如"道不同，不相与谋"，只有在思想上达到了统一，有一致的理念，国家、企业才能发展。

（2）科学监管理念的内涵。保险科学监管理念是科学发展观在保险监管实践中的具体体现，是指导保险监管实践的正确思想导向和行动指南。科学发展观，其第一要务是发展，核心是以人为本，基本要求是全面协调可持续发展，根本方法是统筹兼顾。按照科学发展观的要求，科学监管理念可归纳为：以保险消费者利益保护为核心，以促进保险行业全面协调可持续发展为基本目标，以依法监管、适度监管、有效监管为基本要求，以正确处理政府与市场、监管与发展、监管与服务等诸关系为根本方法，坚持以人为本，坚持发展第一要务，坚持统筹兼顾，坚持开拓创新，注重诚信建设，注重发挥市场机制的作用，注重吸收国际先进经验，寓监管于服务之中，借监管促进发展，服务国民经济发展与和谐社会建设。

13.2 科学监管理念的主要内容

13.2.1 坚持以人为本是科学监管理念的核心

（1）民本思想的产生与发展。民本思想是中国优秀传统文化宝库中重要的思想资源，也是中国传统文化中源远流长的珍贵历史遗产，对中国的发展和繁荣起到了巨大的推动作用。

中国历史上民本思想源远流长。古代的周人首先看到了民众的力量，认为周取代商是"民之所欲，天必从之"。在《尚书》中有"民惟邦本，本固邦宁"的治国理念。齐国政治家管仲提出"霸王之所始也，以人为本。本治则国固，本乱则国危。"孔子也说过："丘闻之，君者，舟也；庶人者，水也。水则载舟，水则覆舟。"孟子发挥了孔子的思想，提出了"民为贵，社稷次之，君为轻"；"民为水，君为舟，水可载舟，亦可覆舟"等思想。西汉时期的刘安在《淮南子·泰族训》中提到："国主之有民也，犹城之有基，木之有根；根深则上固，基美则上宁。"唐朝的李世民说过："为君之道，必须先存百姓，若损百姓以奉其身，犹割股以啖腹，腹饱而身毙。"

在秦汉以后的中国封建社会，民本思想虽然是重要的官方意识，但两千多年中国封建社会的政治生态实际是对民本思想的无情嘲弄。统治阶级虽然认识到自己和民众是舟和水的关系，希望民众能够安居乐业，实现"本固邦宁"的政治目标，但这种愿望在以阶级剥削为前提的封建经济基础和上层建筑的冲击下根本无法实现，民本思想在长期的封建社会政治生活中也就逐渐演变为一句"口惠而实不至"的政治空话。

民本思想虽然在封建社会没有实现的条件，但它对中国历史的发展还是起了一定的积极作用，特别是在中国传统思想文化中具有非常重要的地位。它不仅哺育了一大批关心民众疾苦的思想家、文学家和政治家，而且在中国社会从传统走向现代的转型过程中发挥了积极作用。在近代中国，它被进步人士注入新的理论内容，与西方"民主"相嫁接，成为推动中国社会进步的重要思想武器。

（2）以人为本的基本内涵。中国共产党批判地继承历史遗产，赋予民本思想以全新的理论内容。以人为本，是我们党根据历史唯物主义关于人民是历史发展的主体、是推动历史前进的根本力量的基本原理提出来的。以人为本中的"人"，是指最广大人民群众。以人为本的"本"，就是根本，就是出发点、落脚点，就是最广大人民的根本利益。坚持以人为本，就要坚持人民在建设中国特色社会主义事业中的主体地位，坚持发展为了人民、发展依靠人民、发展成果由人民共享，不断实现好、维护好、发展好最广大人民的根本利益；就要坚持在全国人民根本利益一致的基础上关心每个人的利益要求，体现社会主义的人道主义和人文关怀，满足人们的发展愿望和多样性的需求，尊重和保障人权；就要关注人的价值、权益和自由，关注人的生活质量、发展潜能和幸福指数，最终实现人的全面发展。

党中央提出的"以人为本科学发展观"中的"以人为本"，虽然在形式上与中国古代"民本"思想有一定的共同性，但是在本质上是不同的。

首先，价值目标不同。以人为本的科学发展观的价值目标是要实现人的全面发展，保证人民享有经济、政治和文化权益，强调尊重人、解放人、依靠人、为了人和塑造人，最终实现人的全面而自由发展。而中国古代民本思想的价值目的是为维护剥削阶级的统治服务。在"朕即国家"的古代社会，国家政权、江山社稷是和君主等同的。君主是统治者，民众是被统治的对象。民本思想从本质上讲是君主维护其统治的一种手段和工具。

其次，"人"与"民"的内涵不同。我国古代"民"的涵义虽然在不同时期有所不同，但在民本思想下其概念大致相同：

"民"是相对于"君"、相对于"官"、相对于统治者而言的,是统治阶级以外的被统治者,是百姓、是庶人,根本不享有任何权利或享有很少的权利,在社会发展中不具有主体性;而君主、官僚等作为统治者的很少一部分人享有很大的权力,在社会发展中占据着主体地位。所以,中国古代的"民"不包括君主、官僚和各种统治者。而"以人为本"是在最广泛意义上来界定"人"的,它既指人类,又指人群,还指有差异的每个人,就是社会上所有的社会成员,包括社会上所有的人。

(3) 保险监管与以人为本。科学监管必须体现民本思想,注重保护保险消费者利益,这是科学监管的本质与核心。维护保险消费者利益是监管的根本目的。任何时候,保险消费者利益都必须高于一切。保障消费者利益是保险监管部门的立身之本、权利之基、力量之源。对保险实施科学监管,必须以人为本,把保障投保人及保险消费者利益作为中心任务和根本职能。践行科学监管理念不仅离不开人,而且关键也在人。坚持"以人为本",就是要把保障人民利益作为一切工作的出发点和落脚点。要把保护保险消费者利益作为工作的出发点和落脚点,严厉打击各种侵害保险消费者利益的行为;教育引导保险生产经营企业把服务放在第一位,强化企业第一责任人意识;加强消费者教育,增强消费者鉴别能力和抗风险能力。

13.2.2 促进行业全面协调可持续发展是科学监管理念的重要目标

(1) 必须坚持发展是第一要务。监管必须服务发展,促进发展。市场经济越发展,保险业越重要。伴随着中国经济的发展,特别是全面建设小康社会国家战略的实施,中国保险业已经显现出广阔的发展前景。自 20 世纪 80 年代改革开放以来,我国保险业获得了新生,一度停办多年的国内业务得以恢复,并且伴随着体制改革和经济发展显示出巨大的生命力,呈现出持续迅猛增长的势头,在国民经济中的地位不断提升。从 1980 年到 2008 年,全国保费收入由 4.6 亿元增加到 9 789 亿元，年均增长超过 30%，是同期国内生产总值增长速度的 3 倍，是国内发展最快的产业之一，也是世界同期该产业增长最快的国家之一。然而，也应清醒地看到，中国保险业仍处于发展的起步阶段，总体水平还十分低下，与有几百年经营历史、资本实力雄厚、技术与管理十分先进的"洋保险"相比，有非常大的差距。从保险深度看，虽然 1980 年保费收入占 GDP 的比重从 0.1% 提高到 2008 年的 3.25%，但在世界上排名第 48 位。从保险密度看，2007 年我国人均保费收入 69.6 美元，世界排名第 69 位，而世界平均水平为 607.7 美元，是中国的 10 倍，差距更大。如何尽快做大做强中国保险业，提高中国保险业的国际竞争力，是一个十分紧迫的现实问题。因此，监管必须有利于发展。在我国，保险业是新兴产业，发展更为重要。监管必须促进保险产业发展，为发展创造良好的环境。

（2）必须促进保险业全面发展、协调发展和可持续发展。改革开放以来，我国保险业在做大方面成绩突出，但在做强方面差距比较大，保险公司经营方式仍十分粗放，片面追求保费，追求业务规模，不注重业务质量，不注意服务品质，不讲成本核算，不讲经济效益，无序竞争，破坏性竞争，欺骗误导消费者时有发生，保险社会形象和行业信誉每况愈下，如何促进保险业可持续发展是摆在监管部门面前亟待解决的重大问题。

13.2.3 依法监管、科学监管与有效监管是科学监管理念的基本前提

（1）必须做到依法监管。依法监管是科学监管的重要前提。依法监管是指保险监管部门必须依照有关法律或行政法规实施保险监管行为。保险监管作为行政行为之一，其依法性体现着现代法治行政的理念。所谓法治理念，其一，法律要有至高无上的权威；其二，法律面前人人平等；其三对权力予以制约。行政必须服从国家法律，政府机关及其官员必须和普通公民一样要为自己的过错承担

法律责任。保险监管是政府在商业保险领域的行政行为，必须体现出现代行政的法治理念，而依法应成为保险监管的灵魂。保险监管工作人员应树立有限政府与有限权力的观念，培养监管即服务的思想，摒弃那些监管部门是保险市场主体上级领导机关的陈腐等级思想，以法律至上、依法行政的全新法治理念来指导保险监管工作的各个环节，从而使我国保险监管工作渗透着清新向上的现代法治思想，树立起保险监管部门权威、高效、服务的崭新形象。依法监管，一方面要重视法规制度建设，制定适合市场需要的行为规范；另一方面，要严格执法，特别是做出的任何行政处罚都必须有法律为依据。同时，监管也要发挥政策导向作用，要根据党中央和国务院的重要决策和部署、根据不断变化的市场，适时进行"窗口指导"，进行"宏观调控"。

（2）必须做到科学监管。保险监管必须体现求真务实、不断探索的科学精神。"科学"一词，英文为 Science，其本意是"知识"、"学问"。日本著名科学启蒙大师福泽瑜吉最先把 Science 译为"科学"。到了 1893 年，康有为引进并使用"科学"二字。严复在翻译《天演论》等科学著作时，也用"科学"二字。此后，"科学"二字便在中国广泛运用。所谓科学，是人们的永无止境地探索与实践，阶段性地趋于逼近真理，阶段性地解释和揭示真理的过程；是尽可能不包含自相矛盾的知识体系，是一项永远造福人类社会的活动。科学是一种态度、观点、方法，更是一种精神。科学是物质与精神的统一。

科学源于人类的求知和求真的精神，源于理性和实证的传统，它随着科学实践不断发展，其内涵也更加丰富。

其一，科学是对真理的追求。科学的本质是不懈追求真理和捍卫真理，体现为继承与怀疑批判，尊重已有的认识，崇尚理性的质疑，有永无止境的前沿，不承认有任何亘古不变的教条。

其二，科学是对创新的尊重。创新是科学的灵魂。科学尊重首创和优先权，鼓励发现和创造新的知识，鼓励知识的创造性应用。

其三，科学体现为严谨缜密的方法。每一个论断都必须经过严密的逻辑论证和客观验证才能被科学共同体最终承认。任何人的研究工作都应无一例外地接受严密的审查，直至对它所有的异议和抗辩得以澄清，并继续经受检验。

其四，科学体现为一种普遍性原则。作为一个知识体系，科学具有普遍性。科学的大门对任何人开放，而不分种族、性别、国籍和信仰。科学研究遵循普遍适用的检验标准，要求对任何人所做出的研究、陈述、见解进行实证和逻辑的衡量。

科学是物质与精神的统一，科学因其精神而更加强大。科学精神曾经引导人类摆脱愚昧、迷信和教条，是人类文明中最宝贵的部分之一。科学精神是人类共同的价值追求，具有广泛的社会认同性。创新是科学的灵魂。科学的监管理念必须体现科学的精神，坚持解放思想，不断探索。做到科学监管，核心要把握监管的力度与尺度，监管要适度。既不能监管过松，也不能监管过严。过松，会导致劣币驱逐良币，不利于市场公平竞争，不利于市场规范发展；过严，市场会缺乏活力，也缺乏效率，同样不利于保险业发展。

（3）必须做到有效监管。监管要讲效率，科学合理配置保险监管资源。监管资源具有有限性，监管也要讲成本，注重效能。要突出重点，合理配置监管资源，重点是维护市场秩序。要重视信息技术，改进监管手段，不断提高监管的效率。

第一，有效的保险监管是动态监管活动。发达国家保险市场的保险监管趋势更多采取动态监管，即对风险评估和风险管理等方面进行监管。随着保险公司外在经营环境以及公司自身保险技术、管理水平、业务发展以及公司资产负债匹配状况的不断变化，公司经营过程中面临的各类风险也会不断变化。有效的保险监管应该是动态的保险监管，即不断发展的监管理念、不断完善的监管体系、不断改进的监管手段和不断创新的监管方法，以有效防范化解保险市场出现的风险，维护市场的公平、竞争、稳定

和高效率。

第二,有效的保险监管是适度的和经济可行的监管实践活动。有效的保险监管,既追求市场效率又兼顾市场公平。从追求市场效率讲,有效的保险监管必须是适度的,过度监管会导致监管成本提高,影响市场主体经营行为积极性,束缚保险业发展,影响保险市场效率提高;监管不到位会导致行业系统性风险积聚,造成保险市场的无序和混乱。从兼顾市场公平讲,有效的保险监管必须能实现保险市场的公平竞争,实现保险监管"公平、竞争、稳定、高效率"的监管目标。

13.2.4 市场化和国际化是科学监管理念的目标方向

(1) 必须树立市场化的观念。保险商品首先是一种以经济性补偿和保障为目的,有价值和使用价值,按等价交换原则进行交换,体现一定经济利益关系,并以服务形态存在的特殊商品。就此而言,保险产品的市场运行应当在价值规律、竞争规律、供求规律的共同作用下按市场机制运行,保险产品(即条款制定和费率厘定)应由保险企业依据市场供求关系自主决定。但保险毕竟不是一般商品。保险是通过对风险发生概率的数量预测,收取保费,建立基金,以便为损失发生者提供经济补偿的特殊商品。保险商品价格的决定不但受到损失或然率的影响,而且具有技术上的专业性和虚拟性;保险经营还具有负债性,涉及广泛的公众利益。此外,在保险商品市场交易中存在着典型的信息不完全、不对称,以及由此而来的逆选择和道德风险,存在典型的"市场失灵"。这使得在现实中,各国政府将保险市场运行纳入政府规制之下。然而,面对保险产品市场运行的政府管制带来的管制失灵及其困扰,在全球金融自由化浪潮的冲击下,各国政府为改进保险市场效率,纷纷走向了自由化、市场化的变革之路。

保险监管要适应市场,按照市场规律办事,充分发挥市场配置资源的基础性作用。要有所为,有所不为。政府的监管主要是制定规则，编制规划，查处违规，反对垄断，促进公平竞争。保险产品的开发与定价、营销模式的选择、收入分配等则发挥市场机制的作用。

（2）必须具有国际化视野。在经济全球化、科技进步等因素综合作用下，当前国际保险业发展主要呈现出一些新的特点和趋势。

①经营国际化。在经济全球化浪潮下，国际资本市场相互流通，保险业的竞争事实上已经进入了国际化的轨道。特别是各国许多纯粹的国内损失风险规模扩大，集中度加强，也需要汇集国际保险能力。没有哪一个国家的保险市场可以提供足够的承保能力，为自己的炼油厂、油轮、海上钻井平台、卫星、喷气式飞机、环境损害等的损失风险提供所有所需的保障。如果要对这些风险进行保险，国际分散不可或缺。

跨国保险公司开始主导国际市场，世界上大的保险公司基本上都是跨国保险公司。目前保险经营国际化有两个特点：一是西方发达国家间金融保险资本相互渗透；二是西方大型金融保险企业快速向亚太地区、东欧、中南美洲等新兴地区扩张，通过收购、合并、入股等方式建立分支机构。这些国际保险集团不但与东道国保险公司形成竞争，各跨国企业之间的竞争也日益激烈。

②业务综合化。进入20世纪90年代后，全球金融服务业发生了重大变化，银行、证券、保险、服务开始走向融合。1986年，英国通过金融改革允许银行兼并证券公司进而形成经营多种金融业务的金融集团。1998年，日本提出类似的金融改革方案。1999年11月4日，美国参众两院通过《金融服务现代化法》。该法规定，商业银行、证券公司和保险公司可以跨业经营。进入21世纪，金融保险综合经营成为各国普遍效仿的模式。

③组织形式集团化。金融服务集团化是指在一个公司统一领导下的多个不同类型公司的集合，这些公司提供超越任何传统部门界限的服务，提供综合化的金融（保险）服务。通过一系列的兼并，以安盛、花旗—旅行者集团、荷兰国际集团等为代表的金融一体化

跨国集团在国际金融市场上占据越来越重要的地位。组织形式集团化主要是通过资本并购实现的。近年来，全球保险并购活动逐渐增加，通过国内、跨境及跨行业合并，实现集团化经营。

据瑞士再保险的报告显示，40家全球最大的人寿保险集团在全球市场上的占有率从1999年的48.9%增加到2004年的55.9%。

④负债和资产证券化。随着经济全球化和金融自由化的拓展，国际资本流动加快。为了适应这种变化，资产证券化应运而生。有人估算，在国际融资总额中约80%是通过各种有价证券融资的。保险作为金融的组成部分，保险资产证券化的趋势也越来越明显。证券化是金融和保险融合的形式之一。金融和保险中的风险汇聚和风险转移技术创造出由一组资产或负债的现金流量支持的证券，即为证券化。保险证券化分两种类型：一是保险负债的证券化。保险负债的证券化主要是指保险公司利用期权对保险风险进行套期保值。二是保险资产证券化。包括两方面内容：一方面，保险公司通过股份制改造和上市，实现资本的证券化；另一方面，通过调整产品结构，利用金融、证券衍生工具，开发新的保险产品，实现保险产品的证券化。

⑤管理电子化。著名的未来主义者阿尔温·托夫勒认为，人类文明经历三次浪潮：第一次浪潮为农业文明。在这个阶段，人们不再受制于食物的供给。第二次浪潮为工业文明。在这个阶段，工业化取代农业文明。第三次浪潮为信息文明，电子技术正在改变全球经济。目前人类社会正处在这一阶段。随着电子技术的发展，企业的经营方式开始发生巨大变革。作为与现代科技紧密相联系的保险业也不例外，电子化在保险经营中开始发挥十分重要的作用。传统的通过印刷品和广播进行的广告活动正让位于电子网络；网上销售保险也开始成为趋势。

保险经营电子化，首先是企业内部管理的电子网络化，其业务、财务、服务、决策、内控等各大体系均利用电子网络技术紧密联系在一起，实行集成管理；其次是保险行销网络化，通过设立网站，开展电子商务，实现网上销售和在线服务。近年来，在互联网上提供保险咨询和销售保单的网站在欧美大量涌现，网上保险激增。2005年，网络个人保险销售在美国保险市场占5%~10%的份额，在欧洲占3%~5%的份额。美国独立保险协会2006年预测，未来10年，保险企业经营的企业保险31%和个人保险37%的保单销售将通过互联网进行。

⑥费率市场化。进入20世纪80年代以来，为了适应市场竞争，提高市场效率，西方许多国家开始推行费率市场化。保险费率市场化是指保险公司在市场经营保险业务的费率水平由市场供求关系决定，它包括费率制定、费率传导、费率机构和费率管理的市场化。也就是说，保险产品的价格机制充分发挥市场调节的作用。如英国对保险公司的保险条款和费率均不予审批，只是保留对其否定权，即保险监管部门若认为保险条款违反法律和社会标准，有权要求保险公司予以纠正。日本政府从1998年7月1日起开始放松对费率的监管，由非官方机构——费率算定委员会订立纯费率标准，保险公司在纯费率的基础上依据公司的经验数据和管理水平拟定附加费率。纯费率加附加费率就是公司的承保费率，该费率经监管部门批准后可上下浮动12.5%。韩国政府于1994年开始推进保险产品费率自由化。

由于保险是国际化的产业，中国保险监管时间短，经验不足，监管要高度重视国际经验，加强国际合作，实现保险监管与国际接轨。

13.3 科学发展观下保险监管创新思考

13.3.1 大力加强诚信建设，切实加大消费者保护力度

近年来，我国保险业的诚信建设取得了很大成绩，极大地推动

了保险业的快速增长，但同时也出现了保险新产品销售误导等一些值得注意的问题，影响了保险公司乃至整个保险业的诚信形象。这些问题如果解决得不好，不仅会损害广大投保人或被保险人的利益，甚至会成为影响社会稳定的重要因素。加强诚信建设，既是保险业持续快速健康发展的迫切需要，也是保险业充分发挥其应有功能和作用的根本前提。诚信建设是保险业的生命线。没有诚信，就没有保险业。保险业也是一种生态，也需要保护性开发。一旦保险生态遭到破坏，社会民众不相信保险业，保险业就很难发展。因此，我们在发展过程中一定要注意保护保险生态环境，否则就要付出昂贵的代价。为此：一要加强信息披露，建立和完善从业人员黑名单制度。二要强化失信惩戒机制，加大查处力度。三要发挥舆论社会监督作用。监管部门既要发挥正确的舆论导向，也要不护短，不怕揭丑，主动利用新闻媒体揭露保险业不诚信行为，揭露损害被保险人利益的行为。四要尽快着手建立保险信用体系，研究设立保险评级评估机构，借助社会中介机构提升保险行业信誉。

13.3.2 进一步减少行政审批，推进费率市场化

市场是有效率的，要充分发挥市场机制的作用。一是进一步减少行政审批。除对法人机构的设立必须审批外，其他事项尽可能减少，尽可能实行备案制。二是放开费率和手续费（佣金）价格管制。不论是纯商业性的保险产品，还是政策性强制保险都可以实行市场定价。比如交强险，车主必须买，且保额必须达到法定水平，至于费率多少、手续费多少，不同保险公司、不同地区可以有不同的选择，监管部门不要指导定价，更不要强行定价。

13.3.3 严格偿付能力监管，建立保险公司退出机制

偿付能力监管是保险监管的核心，是保护被保险人利益的重要途径。今后，保监会既要建立科学的偿付能力监管指标体系，也要动真格，对偿付能力严重不足的公司要将其清出市场。这样，既树

立起了监管权威，也对净化市场有积极作用。

13.3.4 尽快建立保险风险预警体系和社会评价体系

要做到防患于未燃，应尽快建立保险（包括保险中介）风险预警体系。同时，要借助社会机构开展对保险公司及保险中介机构满意度调查，通过行业协会或专业评级机构开展对保险公司及保险中介公司的评级，以促进保险业服务水平不断提升。

14. 偿付能力：保险监管的核心

> 我有三宝持而保之：一曰慈，二曰俭，三曰不敢为天下先。慈故能勇，俭故能广，不敢为天下先故能成器长。
>
> ——老子《道德经》第 67 章

2008 年由美国次贷危机引发国际金融危机，对保险业的影响主要体现在由于投资资产的减值而导致保险资本大量缩水，并由此造成保险公司潜在的偿付能力风险逐步扩大，对保险业的持续稳健经营产生了不利影响。面对系统性风险的累计和传播，加大保险业偿付能力监管是保险监管的当务之急与永恒的课题。

14.1 偿付能力监管的概念与动因

14.1.1 何谓偿付能力

所谓偿付能力，是指企业到期能够支付自己所欠债务和承担责任的能力。对一般企业而言，就是资产与负债相符。而对保险企业来说，就是其所承担的风险责任在发生赔偿和给付时所具有的经济补偿能力。

保险公司实际偿付能力是认可资产与负债的差额，近似于公司的所有者权益，在美国称之为保单持有者剩余（Policyholder's Surplus），在英国称之为股东基金（Shareholder's Fund）。认可资产超过负债的差额越大，说明公司的偿付能力越强，保单持有人的利益就越能得到保障。

保险监管当局一般要求保险公司具有最低偿付能力。即要求保险公司的资产不仅能够完全偿付其负债，而且要有一定额度的剩余，以切实维护保单持有人的利益。

14.1.2 保险业偿付能力监管动因

对保险公司实施偿付能力监管是国际上公认的做法，也是由保险业的内在特性决定的。

（1）保险产品的"期货性"要求实施偿付能力监管。与一般商品"一手交钱、一手交货"不同，保险产品是在未来某一不确定时点上，由于某一被保事件的发生而导致的不确定的损失，而在目前按照确定的保费来支付，是对未来财务状况的一种合同担保。保险交易含有一定的风险。如果保险公司对未来承诺没有相应的资金作准备，一旦大的保险事故发生，被保险人的利益就有可能会受到损害。

（2）保险资金的流动性要求实施偿付能力监管。首期承保后，保险公司会有大量的现金流入。而当保单到期或赔付出现时，保险公司又会出现大量的现金流出。即使是最审慎的保险公司，在产品定价或评估未到期责任时，也有可能判断失误。管理差的保险公司就更不用说，他们有可能在给付前就用完了公司所有的资金。因此，为了保证到期给付，必须对保险公司实施偿付能力监管。

（3）保险服务的公众性要求实施偿付能力监管。由于信息不对称和保险的专业性，保险消费者一般没有能力对保险公司的财务状况和该公司是否长期存在做出判断。然而，保险涉及广大公众利益。为维护保险消费者的利益，要求监管当局对保险公司实施偿付能力监管。

14.2 国际偿付能力监管经验借鉴

14.2.1 IAIS 基本标准

国际保险监督官协会（IAIS）发布的《保险核心监管原则（ICP）》对保险公司偿付能力提出以下标准：

（1）基本标准。

Ⅰ．偿付能力体系以一致性的原则处理以下问题：
- 对负债的估值（包括技术准备金和技术准备金的差额）。
- 对资产质量、流动性和价值的评估。
- 资产和负债的匹配。
- 合适的资产形式。
- 资本充足率要求。

Ⅱ．对风险的调节和转移的任何准备金要同时考虑其有效性和另一方的安全性。

Ⅲ．规定合适的资产形式。

Ⅳ．资产充足要求不仅与对保险公司会计要求有关，还与保险公司的规模、其复杂程度及经营的风险有关。

Ⅴ．对最低资本金的要求应设定在足够审慎的水平，以便为保单持有者利益提供合理的保障。

Ⅵ．对资本充足的要求应设定在这样一个水平，当保险公司的资产等于其总负债和要求的资本时，保险公司能够承受不可预见的重大损失。

Ⅶ. 应当建立偿付能力监控的分级制度。当保险公司的偿付能力水平达到或低于某一级或某些级的水平时，监管机构开始介入，要求保险公司采取改正措施或限制保险公司的活动。控制级别的设定要有利于及时采取措施。

Ⅷ. 对资本的通货膨胀——通过集团内部交易，集团其他金融活动等而产生的结果——要在资本充足和计算偿付能力时考虑到。

Ⅸ. 偿付能力体系要对分公司的运行做出规定。

（2）附加标准。

Ⅰ. 偿付能力体系对保险公司在不同情况下的偿债能力进行周期性的、前瞻性的分析。

Ⅱ. 监管机构就偿付能力体系与其他有关国家进行比较，以取得一致。

14.2.2　欧盟偿付能力Ⅱ

（1）基本内容。偿付能力标准Ⅱ的目标是建立一套适应保险市场发展趋势和现实需要，避免过分复杂的全新保险偿付能力监管体系，统一各成员国的保险监管立法规范，提高欧洲保险市场的运行效率。

偿付能力Ⅱ主要是针对欧盟现行偿付能力监管体系存在的对保险公司所面临的风险考虑得不全面、对保险公司的个体风险不敏感的缺陷进行的改革与完善。欧盟现行偿付能力监管体系由三个层次组成：第一个层次是对责任准备金的评估；第二个层次是对资产价值的评估与认可；第三个层次是偿付能力边际的确定（一般称之为固定比例法，即将偿付能力边际与资产和负债之间的关系用比例固定下来）。

这三个层次基本上反映了偿付能力需要考虑的主要因素。但撇开这三重体系本身的合理性与技术细节不谈，仅从结构的角度看，要将偿付能力置于保险公司整体财务状况和风险评价的框架范围内还远远不够。

针对这种情况，按照推进欧盟统一金融市场建设的金融服务行动计划（FSAP）要求，欧盟委员会下属的保险委员会拟定了"偿付能力Ⅱ号计划"（Solvency Ⅱ Project）。

对偿付能力Ⅱ具有重要意义的是夏马报告（Shanna Repoa）和毕马威报告（KPMG Report）。这两份报告均建议建立以风险评估为基础的风险管理方法（Risk-Based Approach），并将其作为评价保险公司整体财务状况和风险的基本手段，同时借鉴"巴塞尔协议"关于银行财务状况和风险评估的"三支柱法"，搭建保险业偿付能力监管三支柱框架。

（2）主要特点。

第一，银行与保险监管体系和监管理念趋同。借鉴银行巴塞尔协议三支柱模式，欧盟偿付能力Ⅱ也由三个支柱组成：第一支柱数量性要求，包括资产负债评估、技术准备金、资本要求等；第二支柱质量性要求，包括监管审查程序、治理结构、风险管理等；第三支柱信息披露要求，包括监管报告、公众披露等。这一架构使偿付能力监管制度体系进一步完善，体现了以风险为基础的定性分析与定量分析相结合的全面风险管理监管思路。风险评估与风险治理构架与银行监管体系趋同，为银行监管和保险监管的统一监管和集团监管奠定了重要基础。

第二，凸现风险基础资本的核心理念。欧盟偿付能力Ⅱ监管体系秉承风险基础的监管理念，形成了风险资本、风险管理与风险信息反馈的风险治理构架。偿付能力资本要求（Solvency Capital Requirement，SCR）标准模型第一次真正地实现了以风险为基础的科学计量，扩大了风险整合的范围，借鉴了银行信用风险与市场风险评估的管理经验，关注不同风险之间的相关性。

第三，资产负债价值采用市场一致性价值评估方式。欧盟偿付能力Ⅱ改变了偿付能力Ⅰ通过认可资产减去认可负债计算偿付能力额度的价值评估方式，偿付能力资本要求采用资产负债的市场一致性原则（以国际财务报告准则所定义的公允价值为评估基础）对资产负债予以价值评估，对于可套期风险负债的技术准备金直接根据金融工具市场价格确定其数额，而对于不可套期风险的负债技术准备金，则通过最佳估计与风险边际的方式确定其准备金数额。资本监管由偿付能力 I 的偿付能力额度转向最低资本要求（Minimum Capital Requirement，MCR）和偿付能力资本要求 SCR 以及风险调整资本、资本附加（capital add-on）的风险基础资本体系，保险企业资本监管水平大为提高。

第四，集团管理和集团资本管理的分散化效应在监管制度中予以承认和体现。欧盟偿付能力 II 将集团监管与单独监管置于合作监管地位，促成不同监管主体对集团风险状况的共同评估。集团监管的主监管机构在某些问题上具有更大的决策权，重大问题决策争议由欧洲保险及职业年会监督管理委员会（Committee of European Insurance and Occupational Supervisors，CEIOPS）予以调解。

14.2.3 美国法定会计制度

出于会计稳定性原则考虑，美国保险监管实行法定会计制度。美国法定会计准则（Statutory Accounting Principles，SAP）下财务报告体系将保险公司的资产分为认可资产和非认可资产。认可资产是指州保险法允许列入 SAP 下资产项目的资产；非认可资产是指州保险法不允许列入 SAP 下资产项目的资产。

（1）认可资产。在 SAP 下，认可资产可分为：投资资产，其他认可资产，递延、应收和应计收入。

投资资产是指以利息、租金、红利以及资本利得等方式为收入的资产。保险公司投资资产主要是在到期日有固定回报的债权性资产，如债券、抵押贷款等。市场波动较大的投资资产如股票、不动产等只占保险投资资产中的小部分。其他投资资产还有现金、短期投资、保单贷款等。

保险公司的其他认可资产项目包括：再保险分入、联邦所得税退回，对母公司、子公司和其他关联方的应收账款等。

递延、应收和应计收入包括：递延及未收寿险和年金保险费、应收及未付意外伤害和健康险保费、应收和应计投资收益。

（2）非认可资产。非认可资产是指保险监管者规定的全部或部分不能反映在法定财务报表资产项目中的资产。非认可资产包括：部分认可资产、完全不认可资产。

部分认可资产包括：市值低于账面价值的投资资产、低于投资等级的投资资产。

投资等级资产是指经过 NAIC 证券定价局（Social Valuation Office，SVO）验证得到的第一和第二等级的资产。对于市值低于账面价值的投资资产，其差额部分即为非认可资产。对于低于投资等级的投资资产，应酌情以该资产账面价值的一定比例作为资产入账，其差额部分作为未实现损失记入盈余账户。大部分非认可资产是指与开展常规业务相关的资产，如办公用品、机动车辆、大多数电脑软件、预付给代理人的佣金等。

14.2.4 监管模式

国际上，偿付能力监管模式一般有三种：简单比率法、动态模拟法和风险资本法。

（1）简单比率法。英国最早采取这种方法，主要是对清偿能力比率、准备金比率和自留保费比率等几个重要指标进行综合分析。清偿能力比率是股东基金与净保费收入之比；准备金比率是技术准备金与净保费收入的比例；自留保费比率则是非分出保费收入与总保费收入的比例。

上述三个指标必须放在一起进行观察分析，否则就失去了意义。如股东基金是保费收入的函数，而保费收入衡量的是所承担风险的大小。清偿能力比率越高，用来缓冲业务起伏的资本就越多。除非知道已提取的技术准备金是多少，否则清偿能力比率就失去了意义。如果技术准备金不足，那么即便有一个相对较高的清偿能力比率也很不妥。与此相反，如果技术准备金提取比较慎重，那么即便清偿能力比率相对较低也是可行的。因此，股东基金、技术准备金与净保费收入三者常被联系在一起使用。

比例分析法简便，容易操作，但也存在许多不足。一是保费收入并不能较好地衡量所承担的风险。二是该方法只对保险公司的资产方或负债方进行独立分析，没有考虑其存在的内在相关关系。三是不同国家有不同的会计制度和估价规则，使得保险公司的资产负债数据难以进行比较。

（2）动态模拟法。简单比率分析法是对偿付能力的一种静态评估，只能描述过去所发生的一切，其分析的基础是假定目前的经营情况不变。动态模拟法则预测保险公司在未来遭遇风险打击的可能性。其基本思路是：根据几个关键假设，如投资回报率、死亡率、续保率等，建立公司预测模型，对公司未来业务进行各种可能的模拟，将今后数十年的资产负债、现金流量模拟出来，计算公司是否能在每时每刻都有足够的现金来偿付其负债。这种模拟方法可以结合资产负债表、损益表以及现金流量表等一起使用。

动态模拟方法极为有用，可以模拟出在极端情况下保险公司偿付能力是否充足，进而便于采取相应的防范措施。但这种方法需要专门人才及尖端电脑，并且要积累大量的信息数据。

（3）风险资本法。为了克服简单比例法存在的缺陷，美国全国保险监督官协会在20世纪80年代末提出风险资本法，通过计算承担一定风险所必须的充足资本来测定保险公司的偿付能力。该方法主要是根据承保业务和投资活动过程中保险公司所面临的特定风险的大小进行量化与计算。计算时，一方面根据财务状况及其变动，从外部对风险进行评级；另一方面，则根据保费收入结构，从内部计算实际风险。

风险资本法从现金流量的角度对保险公司的收支状况进行分析，当流入的收益大于流出的支出时，多余的资金就可以投资；

反之，资产就应变现。当保险公司所有的资产都卖出，而赔付仍在发生时，则该公司出现偿付能力危机。这一方法关心的不仅仅是纯粹的最低偿付能力额度，而是整体资产质量和资产价值的变化。

14.3 中国保险偿付能力监管基本框架

14.3.1 偿付能力控制标准

（1）财产保险公司。财产保险公司应具备的最低资本为非寿险保障型业务最低资本和非寿险投资型业务最低资本之和。

Ⅰ.非寿险保障型业务最低资本为下述两项中数额较大的一项。

• 最近会计年度公司自留保费减营业税及附加后1亿元人民币以下部分的18%和1亿元人民币以上部分的16%。

• 公司最近3年平均综合赔款金额7 000万元以下部分的26%和7 000万元以上部分的23%。

综合赔款金额为赔款支出、未决赔款准备金提转差、分保赔款支出之和减去摊回分保赔款和追偿款收入。

经营不满3个完整会计年度的保险公司，采用第（1）项规定的标准。

Ⅱ.非寿险投资型业务最低资本为其风险保费部分最低资本和投资金部分最低资本之和。其中，非寿险投资型业务风险保费部分最低资本的计算适用非寿险保障型业务最低资本评估标准，非寿险投资型业务投资金部分最低资本为下述两项之和：

• 预定收益型非寿险投资型产品投资金部分期末责任准备金的4%。

• 非预定收益型非寿险投资型产品投资金部分期末责任准备

金的1%。

（2）人寿保险公司。人寿保险公司最低资本为长期人身险业务最低资本和短期人身险业务最低资本之和。长期人身险业务是指保险期间超过1年的人身保险业务；短期人身险业务是指保险期间为1年或1年以内的人身保险业务。

Ⅰ. 长期人身险业务最低资本为下述两项之和。

• 投资连结保险产品期末责任准备金的1%和其他寿险产品期末责任准备金的4%。

投资连结保险产品的责任准备金，是指根据中国保监会规定确定的投资连结保险产品的单位准备金；其他寿险产品的责任准备金，是指根据中国保监会规定确定的分保后的法定最低责任准备金，包括投资连结保险产品的非单位准备金。

• 保险期间小于3年的定期死亡保险风险保额的0.1%，保险期间为3年到5年的定期死亡保险风险保额的0.15%，保险期间超过5年的定期死亡保险和其他险种风险保额的0.3%。

在统计中未对定期死亡保险区分保险期间的，统一按风险保额的0.3%计算。

风险保额为有效保额减去期末责任准备金。其中，有效保额是指若发生了保险合同中最大给付额的保险事故，保险公司需支付的最高金额；期末责任准备金为中国保监会规定的法定最低责任准备金。

Ⅱ. 短期人身险业务最低资本的计算适用非寿险保障型业务最低资本评估标准。

（3）再保险公司。再保险公司最低资本等于其财产保险业务和人身保险业务分别按照上述标准计算的最低资本之和。

14.3.2 基本要求

2008年7月，中国保监会发布《保险公司偿付能力管理规定》，对保险公司偿付能力管理提出具体要求。主要内容如下：

(1) 偿付能力评估。保险公司应当以风险为基础，定期进行偿付能力评估，计算最低资本和实际资本，进行动态偿付能力测试。最低资本是指保险公司为应对资产风险、承保风险等对偿付能力的不利影响而应当具有的资本数额。实际资本是指认可资产与认可负债的差额。认可资产（负债）是保险公司在评估偿付能力时依据中国保监会的规定所确认的资产（负债）。

(2) 偿付能力报告。保险公司应当按有关规则与规定，编制和报送偿付能力报告，确保报告信息真实、准确、完整和合规。偿付能力报告包括年度报告、季度报告和临时报告。其中，年度偿付能力报告的内容包括董事会和管理层声明、外部机构独立意见、基本信息、管理层的讨论与分析、内部风险管理说明、最低资本、实际资本、动态偿付能力测试。

(3) 偿付能力管理。保险公司偿付能力管理体系主要包括：资产管理、负债管理和资本管理。

Ⅰ. 资产管理。保险公司应加强对承保、再保、赔付、投资和融资等环节资金流动的监控，建立决策、操作、托管和考核相互分离和相互牵制的投资管理体制，加强对子公司、合营企业及联营企业的内部关联交易管理，建立有效的资产隔离和授权制度，防范和化解集中度风险、信用风险、流动性风险和市场风险等各种资产风险。

Ⅱ. 负债管理。保险公司应明确定价、销售、核保、核赔和再保等关键控制环节的控制程序，降低承保风险；建立和完善准备金负债评估制度，确保准备金负债评估的准确性和充足性；建立融资管理制度和机制，明确融资环节的风险控制程序。通过以上措施，防范和化解承保风险、担保风险和融资风险等各类负债风险。

Ⅲ. 资本管理。保险公司应持续完善公司治理结构，建立资本约束机制，建立与其发展战略和经营规划相适应的资本补充机制。

(4) 偿付能力监督。根据保险公司偿付能力状况，监管部门将保险公司分为三类实施监管：

Ⅰ. 不足类公司。指偿付能力充足率低于100%的保险公司。

Ⅱ. 充足Ⅰ类公司。指偿付能力充足率在100%到150%之间的保险公司。

Ⅲ. 充足Ⅱ类公司。指偿付能力充足率高于150%的保险公司。

对于不足类公司，采取下列一项或者多项监管措施：

- 责令增加资本金或者限制向股东分红。
- 限制董事、高级管理人员的薪酬水平和在职消费水平。
- 限制商业性广告。
- 限制增设分支机构、限制业务范围、责令停止开展新业务、责令转让保险业务或者责令办理分出业务。
- 责令拍卖资产或者限制固定资产购置。
- 限制资金运用渠道。
- 调整负责人及有关管理人员。
- 接管。

14.4 中国保险偿付能力监管存在的主要问题

目前，我国采用的偿付能力监管体系是在借鉴欧盟偿付能力额度制度和美国风险资本管理的基础上结合中国实际形成的。总体来看，该体系在监管的有效性和科学性方面迈出了重要步骤，但由于我国保险业制度基础与技术基础差，监管实践经验不足，目前我国偿付能力监管还有一些问题与不足。

14.4.1 缺乏与之配套的法定会计制度

保险企业既有一般商业机构的共性特点，也具有特殊性。保险是从事风险管理的特殊企业，是金融业重要组成部分，具有正外部效应和社会福利性，承担着社会保障与辅助社会管理的责任，关乎广大投保人与保险消费者的利益。保险公司的两重性决定其会计行为规范的两重性：一方面，应符合一般财务会计原则，其主要目的在于保证保险公司对外财务信息的披露真实、公允地反映保险公司会计期间内的经营成果和财务状况，并与其他行业保持可比性；另一方面，应符合监管会计原则，服务于保险监管当局为保证保单持有人利益而监控保险公司偿付能力的需要。目前，我国尚未建立起与保险特性需要的法定会计制度，不利于对保险业实施有效的偿付能力监管。

14.4.2 监管指标有待进一步完善

保险偿付能力监管指标体系的建立不仅要做到满足对现状客观判断，更要能够对以前的财务状况进行历史分析，还要对以后的经营态势做出科学预测。我国在借鉴美国保险监管指标体系基础上建立的偿付能力指标体系只是侧重于公司盈利和经营性风险的分析，涉及综合性财务状况和准备金方面的指标较少。如美国保险监管财务指标针对财产险公司就设定了 11 个指标，从综合财务状况、利润经营状况、流动性和准备金等方面综合考察公司的经营情况，而我国只借鉴美国监管指标体系的部分指标，缺少类似于美国对历史财务状况跟踪分析的指标体系。

14.4.3 缺乏动态的预警机制

我国评估保险公司财务指标的偿付能力是以 1 年内公司认可资产减认可负债的差额作为标准的，只注重测算这一时期保险公司的静态偿付能力，没有考虑保险公司长期持续经营的要求，不能真实反映不同保险公司的实际偿付能力，不能反映保险公司偿付能力风险的变化，不能及时对偿付能力风险做出预警。

14.4.4 执行力不够

我国保险监管对财险公司和寿险公司分别规定了最低偿付能力标准，但这些规定并没有被很好地执行。从监管对象看，一些保险公司特别是中资保险公司偿付能力管理的概念和风险控制的意识不强，不严格执行偿付能力各项要求与标准，部分保险公司偿付能力严重不足。从监管部门角度看，对偿付能力严重不足的保险公司没有采取相应的严厉措施，导致偿付能力不足的公司数量呈不断增加的态势。

14.5 完善中国保险偿付能力监管的对策建议

14.5.1 研究建立中国保险业法定会计制度

借鉴国外保险会计的规范和标准，特别是保险业法定会计准则体系，结合我国保险业发展实际和监管要求，加快我国推进保险企业会计制度的规范化、标准化和统一化建设，建立体现保险行业特殊性的保险业会计准则体系，建立我国保险法定会计制度。保险公司可以先按照保险行业通用会计准则（GAAP）编制通用会计报表，再按照保险法定会计准则（SAP）调整为监理会计报表从而满足投资者和监管部门的不同需要。

14.5.2 建立由静态监管向动态监管转变的监管模式

切实加强动态偿付能力监管。对保险公司偿付能力进行动态监管的主要内容包括：（1）动态评价保险产品负债与其相对应资产的实际形态是否匹配；（2）既对决算期进行评估，又通过对未来任一时点现金流量状态进行模拟，反映和评估保险公司的所有经营状况；（3）借鉴美国做法进行利率假设，通过适当的概率分布确定利率及其变化，并考虑公司的各种资产和负债的配置，将公司现金流公式化，计算出各种利率假设下公司的现金流入和流出，以此来评价公司的偿付能力。

14.5.3 建立适合我国国情的保险偿付能力监管预警系统

根据相关法令和保险经营原则，设立一套关键财务指标体系，包括资产获利能力、资产质量、投资收益、准备金充足率、资本金充足率等体现偿付能力安全性的各项财务指标，综合评审保险公司财务状况，分析发现保险公司经营状况的征兆，评价公司今后的发展趋势，并对出现问题及时发出预警。

14.5.4 加大对偿付能力监管政策执行力度

注重建立应急机制和化解风险的渠道，一旦发现偿付能力不足，应立刻采取诸如办理再保险、转让业务、增加资本金、调整资产结构或是限期整顿、停止部分业务、直接接管等补救措施，重新塑造保险公司的财务信用体系。尽快建立保险公司退出机制，对偿付能力严重不足的保险公司若不采取有效措施，应予以退出市场。

14.5.5 加大偿付能力信息披露力度

按偿付能力监管要求，保险公司应及时向社会公众发布财务状况，披露公司资信，增加公司透明度，形成公众的社会监督。监管部门还可以指定独立的会计师事务所和独立的精算机构定期提供对各保险公司的审计报告和精算报告，督促保险公司不断改善自身的经营管理与资产状况，督促保险公司保持持续的偿付能力。

15. 加快建立中国巨灾保险制度

执大象，天下往，往而不害安太平。

——老子《道德经》第 35 章

中国是世界上巨灾特别严重的国家。自 20 世纪以来的 100 余年，中国各类自然灾害大约造成 1 250 万人死亡，其中大约 2/3 死于巨灾事件。巨灾离不开政府的直接救援，更离不开商业保险的积极参与。建立政府主导下的商业保险运作机制是国际上通行的做法，这是保持救灾资源配置公平与效率有效兼顾的必然选择与重要途径。

15.1 巨灾与巨灾保险

15.1.1 巨灾保险分类

巨灾（Catastrophe），顾名思义就是巨大灾害，一般包括自然灾害即"天灾",如地震、洪水、飓风等,也包括人为事故即"人祸",如美国"9·11"事件、苏联切尔诺贝利核电站事故、印度博帕尔毒气泄漏事故等。自然灾害是指由于自然力量而引发的事件,人为灾害则是与人类活动相关的重大事件或"技术性"灾祸。

(1) 沙鲁夫灾害分类。利比亚灾害管理学家沙鲁夫(Ibrahim Mohamed Shaluf)将灾害分为三大类:自然灾害、人为灾害和混合灾害(见表15-1)。自然灾害又分为:地表下自然现象,如地震;地形现象,如山崩;大气或水文现象,如洪水;生物现象,如传染病。人为灾害包括:技术灾难、社会灾难和战争冲突。混合灾难为自然灾害和人为事件的混合体。

表15-1 沙鲁夫灾害分类

灾害类型	次灾害	灾害名称
自然	地表下自然现象	地震
		海啸
		火山爆发
	地形现象	滑坡
		雪崩、山崩
	大气或水文现象	暴风(旋风、台风、飓风)
		龙卷风
		冰雹和暴风雪
		海潮
		洪水
		干旱
		热浪或寒潮
	生物现象	虫害
		传染病(霍乱、登革热、疟疾、麻疹、脑膜炎、黄热病、艾滋病、肺结核)

续表

灾害类型	次灾害	灾害名称
人为	技术灾难	火灾
		爆炸（军火爆炸、化学品爆炸、核爆炸、矿井爆炸）
		泄漏
		有毒气体释放
		污染（酸雨、化学污染、大气污染）
		实物资产结构性倒塌
	社会灾难	运输灾难（空运灾害、海运灾害、陆运灾害）
		运动场及其他公共场所灾难（火灾、结构性倒塌、人群蜂拥）
		生产事故（计算机系统崩溃、有缺陷产品销售）
	战争冲突	国内战争与冲突（内战、罢工、骚乱、炸弹威胁或恐怖主义袭击）
		国际常规战争（不同国家军队之间的战争、包围、封锁）
		国际非常规战争（核战争、化学战、生物战）
混合	自然和人为事件	洪水破坏建立在洪泛区的社区
		住宅、工厂等的位置位于活火山的山脚或塌陷地区
		滑坡

资料来源：李文娟：《与巨灾风险博弈》，武汉大学出版社 2009 年版。

（2）Sigma 灾害分类。根据 Sigma 分类，自然灾害可细分为八类：洪水、风暴、地震、干旱、寒流、冰雹、海啸、其他。其中，重大自然灾害分为四大类：地球物理事件，包括地震、火山爆发等；水文事件，包括风暴潮、江河洪水、山洪、滑坡等大规模物体移动；天气事件，包括热带风暴、冬季风暴、强天气事件、冰雹、龙卷风等；极端温度事件，包括严寒、森林大火、干旱等。人为灾祸分为七类：重大火灾和爆炸、航空航天灾难、航运灾难、铁路运输灾难、采矿事故、建筑（桥梁）坍塌、其他（包括恐怖事件）。

据 Sigma 统计，2008 年全球共发生巨灾事件 311 起，其中自然灾害 137 起，人为事故 174 起；巨灾造成死亡或失踪人数达 24.05 万人，其中亚洲 23.5 万人；巨灾导致全球经济损失 2 690 亿美元，其中自然灾害损失 2 580 亿美元；巨灾保险损失为 525 亿元，占全球巨灾总损失的 20%。

自 20 世纪 70 年代以来，全球遇难人数超过万人的重大灾害事故有 18 起。其中，1970 年 11 月 14 日发生在孟加拉的风暴和洪水致使 30 万人遇难；1976 年 7 月 28 日发生在中国的"唐山大地震"死亡 25.5 人；2004 年 12 月 26 日发生在印度尼西亚、泰国等地的"太平洋海啸"卷走 22 万人生命（详见表 15-2）。

表 15-2　　1970~2008 年遇难超万人的世界重大灾害事故

日期	事件	国家（地区）	遇难人数
1970 年 11 月 14 日	风暴和洪水灾害	孟加拉国、孟加拉湾	300 000
1976 年 7 月 28 日	里氏 7.5 级地震	中国	255 000
2004 年 12 月 26 日	里氏 9 级地震、印度洋海啸	印尼、泰国等	220 000
2008 年 5 月 2 日	"纳吉斯"热带气旋引发洪灾	缅甸、孟加拉湾	138 373
1991 年 4 月 29 日	"高尔基"热带气旋	孟加拉国	138 000
2008 年 5 月 12 日	里氏 8.0 级地震	中国	87 449
2005 年 10 月 8 日	里氏 7.6 级地震	巴基斯坦、印度、阿富汗	73 300
1970 年 5 月 31 日	里氏 7.7 级地震	秘鲁	66 000
1990 年 6 月 21 日	里氏 7.7 级地震	伊朗	40 000
2003 年 6 月 1 日	热浪和干旱侵袭欧洲	法国、意大利、德国等	35 000
2003 年 12 月 26 日	里氏 6.5 级地震	伊朗	26 271
1988 年 12 月 7 日	里氏 6.9 级地震	亚美尼亚	25 000
1978 年 9 月 16 日	里氏 7.7 级地震	伊朗	25 000
1985 年 11 月 13 日	内华达德鲁火山爆发	哥伦比亚	23 000
1976 年 2 月 4 日	里氏 7.5 级地震	危地马拉	22 084
2001 年 1 月 26 日	里氏 7.6 级地震	印度、巴基斯坦、尼泊尔	19 737
1999 年 8 月 17 日	里氏 7 级地震	土耳其	19 118
1979 年 8 月 11 日	Morvi 马丘水坝缺口	印度	15 000
1978 年 9 月 1 日	季风雨洪水	印度、孟加拉国	15 000
1999 年 10 月 29 日	05B 气旋	印度、孟加拉国	15 000
1985 年 5 月 25 日	热带气旋	孟加拉国	11 069
1971 年 10 月 31 日	洪水	印度	10 800
1999 年 12 月 12 日	洪水、泥石流	委内瑞拉、哥伦比亚	10 000
1977 年 11 月 20 日	热带气旋	印度、孟加拉湾	10 000

资料来源：《Sigma》，2009 年第 2 期。

15.1.2 巨灾保险

应对巨灾，许多国家建立起巨灾保险制度。据瑞士再保险《sigma》统计，2008年全球保险业承担巨灾损失525亿美元，占当年全球巨灾总损失2690亿美元的20%。其中，自然灾害导致全球保险损失447亿美元，仅风暴一项就造成保险业损失393亿美元；人为灾难导致保险损失78亿美元，损失最高的单起事件是洛杉矶环球影城火灾，造成5亿多美元财产损失。20世纪70年代至2008年，单一巨灾事件造成保险损失超过50亿美元有18起（见表15-3）。其中，2005年8月25日发生在美国、墨西哥湾、巴哈马群岛的"卡特里娜飓风"导致保险损失713亿美元；1992年8月23日发生在美国、巴哈马群岛的"安德鲁飓风"导致保险损失245.52亿美元；2001年9月11日发生在美国世贸中心的"9·11恐怖事件"保险损失为228.35亿美元。

表15-3　　1970~2008年保险损失超过50亿美元巨灾事故

日期	事件	发生地	遇难人数（人）	保险损失百万美元（按2008年价计）
2005年8月25日	飓风"卡特里娜"：洪灾、水坝决口、石油钻塔受损	美国、墨西哥湾、巴哈马群岛、北大西洋	1 836	71 300
1992年8月23日	飓风"安德鲁"：洪水	美国、巴哈马群岛	43	24 552
2001年9月11日	世贸中心、五角大楼及其他建筑遭到恐怖袭击	美国	2 982	22 835
1994年1月17日	北岭地震（里氏6.6级）	美国	61	20 337
2008年9月6日	飓风"艾克"：洪水、海上损失	美国、加勒比海、墨西哥湾等	136	20 000
2004年9月2日	飓风"伊万"：石油钻塔受损	美国、加勒比海、巴巴多斯岛等	124	14 680
2005年10月19日	飓风"威尔玛"：暴雨、洪水	美国、墨西哥、牙买加、海地等	35	13 847

续表

日期	事件	发生地	遇难人数（人）	保险损失 百万美元（按2008年价计）
2005年9月20日	飓风"丽塔"：洪水、石油钻塔受损	美国、墨西哥湾、古巴	34	11 122
2004年8月11日	飓风"查理"：洪水	美国、古巴、牙买加	24	9 176
1991年9月27日	第十九号台风"密瑞儿"	日本	51	8 926
1989年9月15日	飓风"雨果"	美国、波多黎各等	71	7 940
1990年1月25日	冬季风暴"达利娅"	法国、英国、比利时、荷兰等	95	7 695
1999年12月25日	冬季风暴"洛塔"	瑞士、英国、法国等	110	7 497
2007年1月18日	冬季风暴"基利尔"：洪水	德国、英国、荷兰、比利时等	54	6 328
1987年10月15日	风暴和洪水侵袭欧洲	法国、英国、荷兰等	22	5 875
2004年8月26日	飓风"佛朗西斯"	美国、巴哈马群岛	38	5 866
1990年2月25日	冬季风暴"维维安"	欧洲	64	5 258
1999年9月22日	第十八号台风"巴特"	日本	26	5 222

15.2 中国巨灾风险基本情况

我国是巨灾较为频发的国家。在20世纪世界上54起最为严重的自然灾害中，有8起发生在中国。据估计，我国每年有1/6的人口会受到自然灾害的影响，因灾死亡人数至少在千人以上，经济损失一般在3 000亿元以上，占当年国内生产总值（GDP）一般在3%以上。2008年是我国自然灾害损失最为严重的一年：1月的低温雨雪冰冻天气，造成了1 516亿元的直接经济损失（民政部，2008年2月）；"5·12"四川汶川地震，四川、甘肃和陕西三省的直接经济总损失达到9 609.65亿元，其中四川为8 847.92亿元。

15.2.1 地震

我国位于环太平洋地震带与欧亚地震带两大地震带之间。受太平洋板块、印度板块和菲律宾板块的共同挤压，在我国境内形成有23条地震带，其中纵贯南北的地震带尤其引人关注。我国大部分人口分布在地震带区域，在全国677个大中城市中有约超过半数的城市位于地震烈度8度（MMI VIII）或更高的地震带上。

就人员伤亡与经济损失来看，地震可以说是我国第一大威胁，也是第一大杀手（见表15-4）。一个世纪以来，地震在我国夺去了50多万人的生命。全球有记录的最致命的一次地震是1556年发生在我国陕西的特大地震，造成大约83万人死亡。1976年我国唐山大地震摧毁了这座位于北京以东150公里的城市，24万多人在这次地震中丧生。2008年5·12四川汶川地震，造成69 197人遇难，18 341人失踪，经济损失近万亿元，是近百年来我国最为严重的灾难之一。

表15-4　　　　中国有史料记载以来8.0级及以上大地震

时间	震源地	震级
1303年9月13日	山西洪洞、赵城	8.0
1556年2月2日	陕西华县	8.0
1604年12月29日	福建泉州（海域）	8.0
1654年7月21日	甘肃天水	8.0
1668年7月25日	山东郯城、莒县	8.5
1679年9月2日	河北三河、平谷	8.0
1695年5月18日	山西临汾	8.0
1739年1月3日	宁夏银川	8.0
1812年3月8日	新疆绥定东	8.0
1833年3月8日	西藏聂拉木	8.0
1833年9月6日	云南嵩明	8.0
1879年7月1日	甘肃五都	8.0

续表

时间	震源地	震级
1902年8月22日	新疆阿图什	8.3
1906年12月23日	新疆沙湾南	8.0
1920年6月5日	台湾花莲	8.0
1920年12月15日	宁夏海原	8.5
1927年5月23日	甘肃古浪	8.0
1931年8月11日	新疆富温	8.0
1950年8月15日	西藏察隅	8.6
1951年11月18日	西藏当雄	8.0
1970年1月25日	台湾火烧岛	8.0
2008年5月12日	四川汶川	8.0

资料来源：李文娟：《与巨灾风险博弈》，武汉大学出版社2009年版。

15.2.2 台风

我国东南沿海每年频遭台风袭击。据统计，我国平均每年有7次台风登陆，从海南到广东以及台湾东海岸遭受台风袭击的风险最为严重。我国许多大城市，如广州、深圳、香港以及上海等，都位于台风高发地区。1997年温妮台风和2004年的云娜台风是近年来最强的两次台风，对我国造成了大范围损失（见表15–5）。

表15–5　　　　2000～2007年中国台风损失

年份	受灾人口（万人）	死亡人口（人）	紧急转移人口（万人）	直接经济损失（亿元）
2000	3 110.4	117	98.8	159.2
2001	3 168.1	288	93.0	139.0
2002	1 669.8	36	80.1	98.4
2003	3 861.4	77	55.0	108.3
2004	1 977.2	243	145.2	269.9
2005	7 074.6	414	937.5	799.9
2006	7 225.6	1 522	894.1	765.3
2007	2 447.9	76	669.9	290.5

15.2.3 洪水

我国由于人口分布、地形以及气候状况等因素极易遭受严重洪水灾害的侵袭（见表15-6），全国有七条大江大河流经许多大城市，其中长江和黄河尤其容易发生大规模洪涝灾害。虽然易遭受洪灾的沿江沿河及其支流地区只占我国陆地面积的8%，但我国近一半人口居住在这些地区，其工农业总产值的2/3强来自这个区域。最近的一次大规模洪水灾害为1998年大洪水，导致3 000人丧生，1 800多万座房屋毁坏，受灾人口达2.4亿人，影响长江中下游以及东北广大地区。

表15-6　　　　　1991~2004年中国历年洪涝灾害损失

年份	死亡人数（人）	直接经济损失（亿元）	灾情程度
1991	5 113	799	中
1992	3 012	412	轻
1993	3 499	641	较轻
1994	5 340	1 799	较重
1995	3 852	1 653	较重
1996	5 840	2 208	重
1997	2 799	930	较轻
1998	4 150	2 550	重
1999	1 896	930	较轻
2000	1 942	711	轻
2001	1 605	623	轻
2002	1 819	838	较轻
2003	1 551	1 300	中
2004	1 282	713	轻

资料来源：国家防汛抗旱指挥部办公室。

15.3 国外巨灾保险模式与经验

世界上一些国家或地区，如美国、日本、新西兰、土耳其等都十分注意开展巨灾保险，目前已经形成了较为完善的巨灾保险体制。这些巨灾保险制度既有为特定灾害提供保障的诸如地震保险（如土耳其地震保险制度）、洪水保险（如美国洪水保险计划），也有综合性巨灾保险制度（如法国自然巨灾保险制度）。

15.3.1 基本模式

（1）美国洪水保险计划。20世纪50年代初，美国开始重视洪水保险研究。1956年，美国国会通过了《联邦洪水保险法》，创设了联邦洪水保险制度；1968年，美国国会又通过了《全国洪水保险法》，建立了国家洪水保险基金；1969年，制定了全体居民自愿参加的"国家洪水保险计划（NFIP）"；1973年，美国国会通过了《洪水灾害防御法》，将洪水保险计划由"自愿性"修改为"强制性"；1979年，洪水保险计划划归联邦紧急事务管理署（FEMA）统一管辖，该机构统一负责作为国家财政补贴的非营利性的国家洪水保险计划，在全国范围内推行强制性的洪水保险，便于在更大范围内调剂使用保险资金；1994年，国会修正通过了《国家洪水保险重整法》，重申了执行《洪水灾害防御法》中关于强制要求购买洪水保险的规定。

目前，美国洪水保险承保范围包括：保险标的因洪水所导致的毁损与灭失；洪水保险费率厘定的重要依据是联邦紧急事务管理署统一绘制的洪水风险图和据此制定的洪水保险费率图；住宅房屋最高赔偿标准为25万美元，屋内物品最高赔偿10万美元；非住宅建筑物及其室内财产最高赔偿均为5万美元。

（2）日本地震保险。日本地处地震带区域内，世界上6级以上的地震有20%发生在日本。在1964年新潟大地震后，日本开始建立地震保险系统。日本政府于1966年颁布《地震保险法》，要求住宅必须对地震、火山爆发、海啸等自然风险投保，并逐步建立政府和商业保险公司共同合作的地震保险制度。日本家庭财产地震保险，是一个由民间保险公司和政府作为承保人共同参与其中的保险体系。对于家庭财产，按照日本的法律，由政府和民间保险公司共同承担保险责任。家庭财产地震保险业务先由民间保险公司承保，然后再全部分给由日本各保险公司参股成立的地震再保险公司；该公司除自留一部分外，按各保险公司承保的财产保险的市场份额回分给各保险公司；超出再保险公司与直接承保限额的部分由国家承担最终赔偿责任。

日本家宅保险范围只限于住宅以及家庭财产，保障的风险包括：地震、火山爆发、海啸引起的火灾、损毁、掩埋或者是洪水淹没。火险保单不保障地震、火山爆发和海啸引起的火灾损失。地震保险不只是作为单独的保险而存在，也可以作为火灾保险的附加险来进行投保。日本的房屋所有者并没有被强制要求购买地震保险。地震保险金额占主险火险保单保障金额的30%～50%。此外，建筑物的最高保障金额不会超过5 000万日元，家庭财产最高的保险金额是1 000万日元。每次赔偿设定累计限额，单次事件5.5万亿日元。这个限额是根据已有的经验，如果损失超过1923年关东大地震的基础金额，赔偿将会按照5.5万亿日元除以总损失金额的比例来计算。如果总损失金额超过此金额的话，将会按照一定的比例给予赔偿。

日本地震的经费来源于各承保公司的保费，日本地震保险株式会社（JER）负责统一管理。JER是由日本的非寿险保险公司共同建立的，资本金10亿日元，其主要的职责：①发挥再保险共同体功能。通过JER的工作可以平衡风险，要求所有的私营保险公司必须承担它们的责任；②在政府和私营机构之间建立起桥梁，对保险的手续进行处理；③集体管理私营机构的责任准备金余额；④通过准备金变现和政府的转分再保险摊回来及时支付赔偿。

日本的地震保险体系主要特点是：①政府对家庭财产地震保险提供后备保证金和政府再保险的政策支持。地震保险的50%由政府提供再保险。②家财地震险不考虑赢利，其费率厘定不含利润部分。③家财地震险保险金额由最初为主险保险金额的30%发展到目前的50%；一次地震全国总赔偿限额由最初3 000亿日元发展到目前的37 000亿日元。

（3）新西兰地震保险。位于环太平洋火山地震带上的新西兰，平均每年发生地震近3 000次。新西兰政府于1945年建立了地震委员会，将地震作为一种强制性的保险。地震委员会（EQC）是根据《地震委员会法》设立的一个法人团体，由财政部负责。EQC设董事5~9人，经财政大臣提名后由总督指派，任期不超过3年。EQC可自行负责灾害基金管理，但需每年向政府提交财务报告。

新西兰地震保险保障的范围包括：地震、塌方、火山爆发、海啸、地热活动、暴风及洪水，以及所有的灾害所引起的火灾。投保方式是在购买火险时自动附加。保险金额，住宅重建11.25万美元，财产为2.25万美元。费率比较单一（0.05%），包括消费税在内每年不超过67.5美元。承保责任中也有一些除外责任，比如说大门、篱笆、小径、车辆、珠宝、首饰、艺术品、室外游泳池、温泉疗养池等。

（4）土耳其地震保险。土耳其是地震灾害发生较多的国家，尤其1999年发生7.8级的Marmara地震，造成巨大经济损失。2000年，土耳其政府在世界银行的帮助下建立了巨灾保险基金。该基金由政府、保险公司以及世界银行共同合作建立，主要针对业主和小企业主，为他们由地震引发的财产、人员损失提供保障。其资金主要来源于向业主出售强制地震保单，保单由商业保险公司销售，商业保险公司以分保的形式将保单风险转移到巨灾保险基金，巨灾保险基金把其中大部分风险转移到国际再保险市场，基金在运作过程中获得的利润也用于充实该基金。

（5）法国自然巨灾再保险。法国政府早在20世纪70年代就开始考虑实施自然灾害保险补偿计划。1982年，法国创立"自然灾害保险补偿制度"（Natural Catastrophe Scheme），形成巨灾国家保险体系，授权法国中央再保险公司（Caisse Centrale de Reassurance）提供由政府担保的再保险合约，并在该机构内成立自然灾害部门负责自然灾害再保险事宜。此后，随着形势的变化，该制度多次进行调整与完善：1983年两次将保险费率和免赔额上调；1990年法律强制性规定必须投保暴风险；1992年修正法案将因飓风、冰雹及积雪对屋顶的损害均纳入自然灾害保险补偿制度；1999年再次颁布法令将自然灾害保险费率提高到12%；2000年，中央再保险公司对所有的自然灾害再保险都实行50%的固定成数分入合约。

法国中央再保险公司是一家国有再保险公司，它创立于1946年。自1982年开始代表政府提供全面性无限制再保险以来，该公司承接法国所有自然灾害保险，是法国自然灾害保险计划的强大支柱。法国中央再保险公司的主要职能包括：设计自然灾害再保险方案，执行自然灾害业务核保、费率厘定及再保险合约管理；针对自然灾害事故进行相关研究，执行中央政府有关自然灾害业务的相关行政工作，联系政府和保险业界等。

15.3.2 国际经验

综观各国，以政府为导向，发挥市场机制的作用，是各国构建巨灾保险制度的普遍做法。其中，政府的导向作用尤为重要，这是巨灾保险制度安排与有效运作的重要前提条件。

（1）法律支持。各国都在巨灾保险领域进行了有关立法。如日本颁布《地震保险法》、美国实施《洪水灾害防御法》。这些法律随着巨灾风险和巨灾保险市场的变化及时进行修订。通过立法形式，明确了巨灾保险的性质、巨灾保险的模式、参与方的权利和义务等，使巨灾保险的发展有法可依。一些国家甚至通过立法的方式实施强制性的巨灾保险。

（2）政策导向。根据美、日、欧盟国家的经验，巨灾保险制度是一项具有政策性的保险制度，单纯靠商业性保险的运作，不足以支持巨灾保险制度的建立，在设立巨灾基金、再保险安排等方面，必须有政府的财政保障与政策支持；同时，通过资本市场推出巨灾风险证券等系列创新产品，提升保险业的巨灾承保能力。

（3）资金保障。从国际来看，为了减轻巨灾对财政的压力，政府通过与保险相结合的方式来应对巨灾风险所造成的严重后果。具体体现在：①为巨灾风险基金直接拨付资金；②通过发行巨灾债券的方式募集资金，充实巨灾风险基金；③利用财税的杠杆作用刺激保险公司的发展；④提供财政补贴，与企业或个人共同承担巨灾险的保费；⑤巨灾风险基金、保险公司、再保险公司、社会救济等渠道尚无法满足因灾所致损失时承担最后的补偿责任。

15.4 对构建中国巨灾保险制度的建议

建立一个有效的巨灾保险体系，对社会稳定与发展有重要意义，有利于降低灾难损失及风险转移成本，提高全社会资本使用效率，促进经济社会安全有效运转。

15.4.1 明确巨灾保险强制性法律地位

一般而言，巨灾保险业务与其他业务比，面临的风险具有极大的不确定性，纯商业性机构一般不愿意承保。因此，巨灾保险需要采取法定强制投保，为实现风险分散而形成一个风险共同体。如果巨灾保险是自愿性质的，那么只有那些意识到自己面临很大风险的人才会购买巨灾保险。这就意味着可能只会形成一个规模很小但风险很高的风险共同体。这种效应就是逆向选择，它的结果就是收取的保费要非常高，才能弥补这个规模很小但风险很高的共同体的损失。这反过来对保险需求也会产生负面影响。只有通过强制投保来扩大风险共同体的规模，才能解决逆向选择带来的高费率问题。

15.4.2 建立巨灾保险基金

目前，世界各国的巨灾保险基金大多由政府和监管机构牵头建立，由国家再保险公司实施管理，采取市场化运作和财政政策支持相结合的模式，对保险公司和保户进行财政补贴和税收优惠，并通过国际再保险需求进行风险分摊。借鉴国际经验，我国应建立巨灾保险基金，对巨灾保费实行单独立账、单独核算，由专业再保险公司代为管理，通过统一安排国际再保险、发行巨灾债券等方式分散风险，实现成本收益的最优化。

15.4.3 加强对巨灾保险的政策支持

我国商业保险的普及率低，政策性扶持商业保险有利于扩大保险深度，使得大灾后商业活动能得到快速重建，经济活动可在较短时间步入正轨。对商业保险实施政策性扶持，其手段主要包括：

（1）巨灾准备金免税。目前我国保险业基础薄弱，该免税政策有助于准备金的快速积累。

（2）引导和支持政府单位、国有企业和基础建设单位购买巨灾保险。

15.4.4 提升保险业风险管理能力

巨灾保险制度构建的立足点不是单纯的灾后补偿，而是减少灾害发生造成的损失。因此，巨灾保险制度安排应考虑巨灾风险管理的全过程，承担起巨灾综合风险管理的责任，加强减灾行动，而不仅仅只限于灾后补偿或捐助。减灾可分为直接和间接两种方式。直接方式是指在建筑规范及土地政策中直接规定减灾的要求，或给予实施减灾的建筑减免保费；间接方式则是把一定百分比的保费收入摊作大众灾害教育或灾害研究使用，以此作为减灾预防。保险业要高度重视减灾防灾工作，发挥行业优势，为社会提供全方位、全过程风险管理服务。

15.4.5 建立巨灾风险信息共享平台

目前，我国保险业的风险信息分散在社会有关部门及现有各家承保公司，还没有建立起国家统一的累计巨灾风险的分析平台，同时也未建立起符合实际科学的巨灾分析技术模型。为此，应借鉴国际经验逐步建立起我国独立的保险信息统计体系和分析组织，并与国际巨灾模型机构和再保险公司合作，通过集中现有散置的数据建立我国保险业数据库，创建自己的保险风险分析模型、巨灾定价模型、风险控制模型，以利于巨灾风险控制和巨灾发生后的及时补偿。

15.4.6 发挥多方面参与巨灾保险的积极性

构建多层次巨灾保险体系，形成个人自保、保险公司承保、再保险分保、国际再保险合作、资本市场运作、国家财政协作的巨灾保险基本框架。要特别加强政府与商业保险机构合作。政府不再是巨灾风险损失的唯一承担者，要充分发挥商业机构作用，将传统的灾后财政救济转变为灾前筹资，政府不充当第一保险人，而应把自己定位为最后的再保险人。要建立由保险公司为主体，财政支持的巨灾风险分担机制，形成投保人——保险公司——再保险公司——资本市场——国家财政多方共同参与的巨灾保险体系。

16. 税收政策与保险业发展

> 天之道，其犹张弓乎？高者抑之，下者举之；有余者损之，不足者与之。
>
> ——老子《道德经》第 77 章

　　保险不仅具有经济性，更具有社会福利性，其发展始终离不开国家财政税收政策的导向与支持。税收制度关系到保险供给，关系到保险企业的发展，保险企业保费的列支、保险金的给付以及经营利润与税收制度直接相关，良好的税收政策对保险企业的发展有重要促进作用。税收制度也影响保险需求，影响保险消费者利益，诸如税收抵扣、延期纳税、税收减免对消费者选择有积极导向作用。

16.1 税收政策及对保险业的影响

16.1.1 税收政策的基本特点

　　税收是国家财政的重要组成部分，是处理国家与各经济主体之间收入分配的行为规范。一个理想的税收政策，一般有三个基本特点：

（1）公平性。税收的公平性是指各类纳税人所纳税额应公平合理。对于税收政策制定者来说，确定一个公平的纳税额是一项比较困难的工作。绝大多数国家采用根据应纳税者支付能力确定税额的累计税制方法，即支付能力越强的纳税人交纳的税款越多。衡量支付能力的标准使用比较广泛的是净所得。通过净所得的累进税率征税，可以适当消除纳税人之间财富的非均衡分布。

（2）中立性。税收的中立性是指政府对经济上相等的实体、产品和服务应进行同等征税。税收制度应尽可能将其对个人、企业或其他纳税实体的干预减少到最低程度，除非该税制的设置是为了服务于经济或社会目标。若没有其他更为重要的社会或经济目标，为了体现中立性，税制应做到：①避免使某一行业以其他行业为代价而受益；②在某一行业内部，不能给予任何竞争者税收上的优势；③不影响任何企业对生产要素和产出的选择。

（3）简明性。税收的简明性是指税收在管理上并不复杂，收税成本低，不易逃税，而且纳税人不必花费过多时间和金钱就能遵循相应的法律。这一特点通常与税收的平等性和中立性相矛盾。如何解决这一矛盾，取决于在执行这一税收制度时该国的经济环境，否则就会产生低效率。

16.1.2 保险税收政策的传导机制

保险税收政策对其最终目标的影响过程由两阶段构成：第一阶段是影响税收政策的中介目标，即企业与个人可支配收入、收入分配状况、商品和服务价格；第二阶段通过中介目标的变动影响最终目标，即财政收入、产业发展和社会稳定目标。这一传导机制可用图16-1说明。

税收政策工具是通过收入效应和替代效应影响中介目标来实现最终目标的。从收入效应来看，通过调整税基、税率和税收减免政

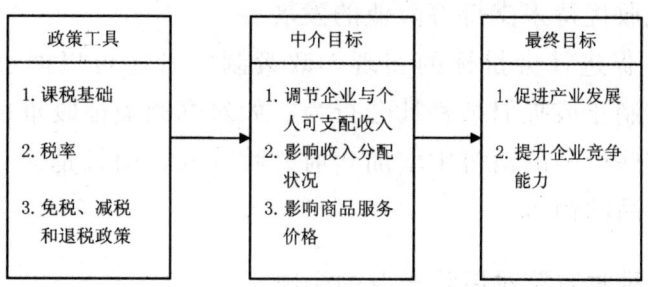

图 16－1　保险税收政策的传导机制

策，会减轻或增加保险人的税收负担，影响投保人的税后收入或税后收益率，从而改变保险人和投保人的生产、消费和投资决策，并导致最终目标的实现。例如，降低税率，会提高保险人的税后利润，增强企业的盈利水平。就替代效应而言，降低税率，或减免税收，或退税，会降低保险商品与其替代品之间的相对价格，使投保人增加无税或轻税保险商品的购买量，而减少其他保险替代品的购买。投保人消费决策的变化最终会改变保险市场的供求，并影响到保险产业的发展。

16.1.3　税收政策的功能与作用

在现代经济中，税收具有十分重要的地位与作用。一般来说，税收有三大功能与作用：

（1）筹集财政收入。税收政策的首要目标就是筹集财政收入，这在任何国家、任何时期都是相同的。一国政府要靠财政收入来为国民提供他们所需要的服务，而税收是获取这项必需收入的最重要和最普遍的手段。

（2）调节经济运行。政府通过税收政策可以达到调节经济运行的目的。通过减少税收，可以刺激整体经济活动，支持特定产业发展；通过增加税收，可以减缓经济过度增长，限制某类产业的发展。在保险业发展过程中，许多国家的政府都曾运用税收手段支持本国保险业的发展。直至今天，仍有不少国家为了提高储蓄率而通过各种税收优待来支持寿险业的发展。

（3）促进社会目标的实现。政策制定者还可以通过税收制度的设计，制止或提倡某种社会行为。如对烟酒类征收重税，不仅是为了从这些产品的销售中增加政府财政收入，而且是为了减少社会对这类产品的销售。

16.1.4　税收政策对保险产业的影响

（1）调节保险供给能力。保险供给是指在一定的费率水平上保险市场上各家保险公司愿意并且能够提供的保险商品的数量，也即保险市场上各保险公司承保能力的总和。在需求水平一定的条件下，保险供给受费率水平、经营水平、资本等多种因素的影响。税收通过对上述因素的作用，对保险供给产生影响。一方面，税收可以调节保险企业再生产的投入水平，直接影响保险市场的供给能力；另一方面，税收还可以调整投入保险行业资本收益水平，间接影响保险供给能力。当保险市场供不应求时，国家可以通过减少税收的方式，使保险企业增加收入，鼓励保险公司再投入，同时也鼓励社会资本投资于保险业，从而增加保险供给能力。反之，当保险市场供过于求时，国家通过增加税收，减少保险企业的收入和利润，使得保险企业减少再投入，同时也可以阻止其他资本进入保险市场，从而减少保险的供给能力。

（2）影响保险需求水平。保险需求是指在一定的费率水平上保险消费者从保险市场上愿意并有能力购买的保险商品的数量，也即保险消费者对保险保障的需求量。保险需求是保险市场存在的前提，它直接影响保险的供给。投保人的支付能力是影响保险需求的关键因素。对于个人消费者来说，影响保险需求的决定性因素是个人可支配收入。因此，税收征管部门可以结合市场供求情况采取税收杠杆调节个人可支配收入，从而影响保险需求。

（3）促进保险市场稳定发展。一个理想税收制度具有公平性和中立性的特点，而正是因为这一特征，它可以创造公平、有序竞争的保险市场环境。税收征管部门通过制定统一的税收制度，可以使保险市场上不同供给主体在同一市场环境中公平地参与竞争，从而避免恶性价格竞争，间接地起到鼓励保险供给主体提高管理水平增加竞争力的作用。税收制度将对个人、企业或其他纳税实体的经济政策的干预程度减少到最低，即税收中性，这为保险业发展创造了一个稳定的环境保障。

16.1.5 分税种政策效应

（1）公司所得税。公司所得税是对公司利润课征的税收。该税对保险公司的影响主要体现在公司所得税对投资、产出、价格和工资水平的影响上。过高的公司所得税可能会降低保险公司的收益水平，使投资者减少对保险企业的投资，而投资的下降从长期来看又会使保险公司减少产出。在保险公司提供的保险商品替代品不多时，保险公司产出的减少会提高其所提供的保险商品价格，从而使保险公司的收益水平和投资率回复到以前水平。此外，投资减少也有可能降低保险公司的人均资本存量，并由此导致保险公司的劳动生产率和雇员的工资水平下降。因此，从长期来看，公司所得税对保险公司的影响是消极的。

（2）个人所得税。个人所得税对投保人的影响，主要体现在对投保人与保险相关的收支活动的税收政策是否影响到投保人的应税收入。在个人所得税中与购买保险相关的税收优惠在一定程度上可以刺激投保人的保险需求。例如，许多国家对居民购买寿险的保费支出排除在应税收入之外，也有一些国家对寿险分红和给付实行免税。但是，值得注意的是，滥用个人所得税的税收优惠存在许多弊端，如财政收入损失以及对价格机制扭曲所带来的效率损失。因此，在考虑通过所得税税收优惠政策鼓励投保人购买保险时，必须考虑到政策成本与社会效率。

（3）保费税。在我国，保费税是以营业税的形式出现。营业税是指对工商营利事业和服务业的营业额征收的一种税。由于营

业税具有税源普遍、征收面广且税率低而均衡，最能体现税收中性原则，因而被普遍认为是一种理想的税种。一般认为，对保险企业征收适度的营业税，既可以为政府提供稳定、可靠的财政收入，又不至于导致税制的纵向不公平，从而降低市场机制的效率。但是，营业税税率过高或档次过多，也有可能破坏市场经济的公平性，或给保险企业带来沉重的税收负担，并由此诱发大规模逃税行为。

16.2 世界主要国家（地区）保险税收制度

16.2.1 美国

（1）保险公司税收。在美国，保险税收受制于联邦税收制度和州的税收制度，保险公司要分别向联邦政府和州政府纳税。

Ⅰ.联邦所得税。通常，保险公司与其他商业公司适用一样的税法，只有个别的内容针对保险公司。与其他公司一样，财产和责任保险公司也是按照固定税率36%交纳联邦所得税。计税基础是净所得，即公司应按照收入减去扣除项目的差额缴纳。财产和责任保险公司应缴税收入是以其法定会计制度下的财务报表为基础、按照权责发生制原则确定收入的实现。扣除项目包括可以在费用发生年度内完全扣除的佣金、保费税、展业费、已付赔款和责任准备金增加部分。

人寿保险公司与财产和责任保险公司适用相同的联邦所得税制度。确定人寿保险公司的应纳税收入，要依照法定会计制度确定，同时需要对部分项目进行调整，比如免税利息的扣除等。在扣除项目上，基础准备金的计算有特殊规定，法定准备金可以被扣除。

Ⅱ.州保费税。在美国，保险公司必须向其展业所在的州政府纳税。各州有不同的税收制度，税种税率差别比较大。大多数州都征收保费税。保费税通常以保险公司在该州所获得的保费为计税基础。财产和责任保险公司与人寿保险公司的保费税相同，一般为1%～3%。年金保险业务予以免税。

（2）投保人和被保险人税收。

Ⅰ．税收抵扣。美国一般对保户购买非寿险产品所支付的保费不给予减免；对一些延期年金，实行税收扣减。例如，对非顾主提供的退休计划的一部分低收入职工实行可以扣减最高限额为2 000美元；一些慈善机构、教育机构和其他公共事业单位的雇员可以享受延期年金中的应纳税额扣减，最高扣减额为收入的13%，每年扣减总额不得超过9 500美元。

Ⅱ．税收减免。美国一般对保单红利、现金价值及年金、死亡给付金给予税收减免，但保单死亡给付金具有高现金价值或保单期限过短的要对其累积内部利润征税。

16.2.2 日本

（1）保险公司税收。在日本，中央政府、地方都道府及市町村都有权征税。按照征税主体划分，日本税收分为国税和地方税。中央政府征收的税收为国税，地方都道府及市町村征收的税收为地方税。国税主要有个人所得税、法人所得税、继承税、赠与税、地价税、印花税、消费税等；地方税主要包括住民税、事业税、地方消费税、固定资产税、房地产购入税。

Ⅰ．法人税。保险公司与一般企业适用于相同的税法。1998年4月起，普通法人税税率为34.5%。对于寿险公司，在计算应纳税所得额时，标准责任准备金可以扣除；未决赔款准备金中已发生已报案的赔款准备金可予以扣除，已发生未报案的赔款准备金不能扣除；价格变动准备金不得扣除；下一期分红所需要的准备金和保险公司成员分红准备金可以扣除；允许评估利益计入利益金额。

Ⅱ．法人事业税。该税属地方税。它是对营业的法人因使用都道府的道路、港湾及其他政府设施征收的一种税。该税的纳税基础，保险企业不同于一般企业，它是以保险公司各营业年度的收入金额为课税基础。保险公司的事业税率为 1.5%（一般企业为 11%）。

Ⅲ．消费税。在日本，消费税征收比较广泛，但对保险交易的保险费收入免征消费税。然而，保险公司资金运用中的房地产投资、事业费中营销员的工资奖金却是该税的纳税对象。

（2）投保人和被保险人税收。日本于 1984 年建立生命保险费及年金保险费的扣除制度；建立意外伤害保险的保险费扣除制度，非累积型的保费支出最高可扣除 3 000 日元，积累型的可扣除 15 000 日元；购买对个人发行的寿险保单所支付的保费可从应纳税额中扣除最高额为 50 000 日元。可享受减税的保单包括提供死亡收益或生存收益或两者兼有的保单。保单收益必须归指定被保险人、其受抚养家属或其他家属成员所有。

16.2.3　瑞士

（1）保险公司税收制度。一般说来，保险公司与其他公司享有相同的税收待遇，分别向联邦政府和州政府纳税。联邦所得税税率为 8.5%，税期为 1 年，税款按本年度的收入确定。州税包括所得税和资本税。在所得税方面，各州的税率和征收方式不同，税率采取累进税率，一般在 8% ~ 28% 之间；资本税税率为 0.4% ~ 0.6%。多数州确定税款的基础是前两个会计年度财务报表列示的平均利润，一年的亏损可以用另一年的利润弥补。本国保险公司就其在世界范围内的保费收入和资产净额分别缴纳所得税和资本税。在瑞士营业的外国保险分公司就其收入和资本也分别缴纳所得税和资本税。在营业费用的扣除方面，纯粹为营业目的而发生的费用可以扣除包括一定限度的折旧费、佣金及中介人报酬费、利息费、流转税收、技术准备金（通常税务当局允许过量提取该项准备金）等。

（2）投保人和被保险人税收。

Ⅰ．强制性社会保障项目。国家养老金计划可以全额免税。

Ⅱ．专用储蓄通过赋税奖励措施促进自愿储蓄。自 1999 年 1 月起，雇员对此项保障缴款可减免课税的最大额为 5 789 瑞士法郎；对于那些不属于养老金计划的自谋职业者，该项减免数可达 28 944 瑞士法郎，或其所得收入的 20%。储蓄本金不须缴纳财产税；在退休时，储蓄本金和利息收入应作为所得全额纳税（税率很低）。

Ⅲ．商业性的两全寿险保单所得利息免税，这使得保险公司比银行更具有竞争力。

16.2.4　中国台湾

（1）保险公司税收制度。我国台湾对保险公司征收的税收主要有所得税和营业税。

Ⅰ．所得税。在台湾，保险公司作为盈利事业所得税的纳税人缴纳所得税。盈利事业的计算，以本年度收入总额减除各项成本费用、损失及捐税后的纯收益额为所得额。盈利事业全年课税所得额在 5 万元（新台币，下同）以下者，免征盈利事业所得税；盈利事业全年课税所得额在 10 万元以下者，就其全部课税所得额的 15% 征税；超过 10 万元以上者，就其超过额征收 25% 的税收。

Ⅱ．营业税。根据 1998 年修订的"营业税法"，保险公司应就其在台湾岛内的劳务缴纳营业税。该法规定，下列项目免税：保险业承办政府推行的军、公、教人员与其眷属保险；劳工保险；学生保险；农渔民保险；输出保险及强制汽车第三人责任保险；以及其自保险收入中扣除的再保险分保费、人寿保险的责任准备金、年金保险提存的责任准备金及健康保险提存的责任准备金。但人寿保险、年金保险、健康保险的退保收益及退保收回的责任准备金不包括在内。保险营业税的税率为 5%，但保险业的再保费收入的营业税为 1%。

（2）投保人和被保险人税收。在台湾，涉及保险个人的税收包括个人所得税和遗产税。

Ⅰ. 个人所得税。台湾1998年"所得税法"规定,人身保险、劳工保险及军、公、教保险的保险给付免征所得税。该法还规定,个人综合所得总额减除以下免税额及扣除额之余额为个人所得净额:

- 标准扣除额。纳税义务人扣除38 000元,有配偶者扣除60 000元。
- 列举扣除额。其保险费部分为纳税义务人本人、配偶及直系亲属的人身保险、劳工保险及军、公、教保险的保险费,每人每年扣除数额以24 000元为限。

Ⅱ. 遗产税。台湾1998年"遗产税与赠与税法"规定,约定于被继承人死亡时,给付其所指定受益人的人寿保险金额,军、公、教人员、劳工或农民保险的保险金及互助金不计入遗产总额。

16.3 中国保险税收的现状与问题

16.3.1 历史沿革

自1980年我国恢复国内保险业务以来,我国对保险公司的保险税收政策大致经历了四个阶段:

(1) 免税阶段。1980~1982年,出于对刚恢复国内保险业务积累准备金的需要,对保险业务免征一切税收。

(2) 重税阶段。1983~1986年,为了增加财政收入,对保险公司产险业务开始征收重税:所得税税率为55%;调节税(以毛利润为税基)税率先为20%,1985年后改为15%;营业税税率为5%。对于长期寿险业务依然免征一切税收。

(3) 差别税收阶段。1986~1993年实行差别税收政策,国有保险公司的税负不变,外资保险公司和其他保险公司税负相对

较轻,外资保险公司所得税率为15%,第一年全免,第二、第三年减半,特区内外资保险公司5年全免;其他保险公司为33%所得税税率,其中总公司在特区的特区内分公司或子公司所得税税率为15%。对长期寿险业务依然免税。

(4)分税制阶段。从1994年1月1日起,中国开始实行"分税制",保险公司在经营过程中,需缴纳的税收主要有营业税、企业所得税、印花税、城市维护建设税、教育费附加、房产税等,取消了调节税,大幅度降低了所得税税率,内资保险公司统一征收33%的所得税;同时,从1997年起提高保险公司营业税税率,由5%提高到8%的税率;从2001年开始,对增加的3%营业税税率每年降低1%,2004年恢复到5%的水平。

(5)内外税负统一阶段。2008年以前,内外资保险企业分别适用《中华人民共和国企业所得税暂行条例》《中华人民共和国外商投资企业和外国企业所得税法》。从2008年1月1日起,实行新的《中华人民共和国企业所得税法》,内外资保险企业都实行25%所得税税率和统一的税前扣除办法。

16.3.2 政策现状

根据现行税法,中国政府对保险业征收的税收可分为三类:流转税、所得税及其他。具体包括企业所得税、营业税、城建税、印花税、房产税、土地占用税以及教育费附加等。

(1)流转税。

Ⅰ.营业税。保险营业税依据1994年《中华人民共和国营业税暂行条例》征收。保险公司作为纳税人,以其经营保险业务时向投保人收取的全部价款和价外费用为计税依据计算营业额,现行适用税率为5%;以月为纳税期间,自期满起10日内向公司所在地地方税务机关申报缴纳。

不同保险业务有不同的营业额计算方法。对实行分保险的初保业务,以全部保费收入减去付给分保人保费后的余额为营业额

(但在实际征收中,可对初保人按其向投保人收取的保险费收入全额征税,对分保人取得的分保费收入不再征收营业税);对储金业务,其营业额为储金利息;对于无赔款优待保险业务则以向投保人实际收取的保费为营业额。

给予特定保险业务营业税减免优惠。对出口信用保险、农业保险、保险企业取得的追偿款、个人投资分红保险业务免征营业税;对保险公司开办的1年期以上(含1年期)返还性人身保险业务及列入免税名单的寿险险种免征营业税。

Ⅱ. 增值税。增值税执行1993年国务院发布的《中华人民共和国增值税暂行条例》。该税是对增值额征收的一种间接税,纳税人为境内销售货物或提供加工、修理修配劳务以及进口货物的单位和个人。保险公司提供保险服务其保险产品不属于增值税课税对象。保险公司只有在销售处理自用办公用品时,符合增值税纳税条件。

Ⅲ. 城市维护建设税及教育费附加。城市维护建设税及教育费附加是对缴纳营业税、消费税、增值税的纳税人(不包括外商投资企业、外资企业和外国人),以实际缴纳上述3种税的税额为计税依据,由地方税机关负责征收。依据《中华人民共和国城市维护建设税暂行条例》,城市建设税实行差别税率:市区适用税率7%;县城建制镇5%;其他地区1%。教育费附加依据国务院《征收教育费附加的暂行规定》征收,现行税率为3%。

(2) 所得税。

Ⅰ. 企业所得税。根据《中华人民共和国企业所得税》,不论外资保险,还是中资保险,保险公司均应按其所得的25%缴纳企业所得税。

Ⅱ. 个人所得税。作为保险公司的员工,其个人所得税由保险公司按照税法要求代扣代缴。作为代理人的保险营销员,其个人所得税依据国家税务总局《关于保险营销员(非雇员)取得的收入计征个人所得税问题的通知》,对佣金收入做40%成本扣除后按规定的比例缴纳个人所得税。

（3）其他税收。

Ⅰ．印花税。根据规定，农林畜牧类保险合同、人寿保险合同、健康保险合同免交印花税；财产保险合同按照保费收入的1‰贴花；责任保险、保证保险、信用保险合同按照5元定额贴花；保险公司从事证券买卖需缴纳2‰的印花税。

Ⅱ．城镇土地使用税。从2007年1月1日起，《国务院关于修改〈中华人民共和国城镇土地使用税暂行条例〉的决定》开始实施，提高了城镇土地使用税税额标准，并且将征收范围扩大到外商投资企业和外国企业，即不论中资企业，还是外资（外国）企业，都应按照规定的定额税率缴纳城镇土地使用税。

Ⅲ．车船税。2007年开始实施的《中华人民共和国车船税暂行规定》，将车船使用牌照税和车船使用税合并为车船税，统一适用各类纳税人。该规定要求，从事机动车交通事故责任强制保险业务的保险机构为机动车车船税的扣缴义务人，在销售机动车交通事故责任强制保险时代收代缴车船税。

16.3.3 主要问题

（1）税基不合理。税基不合理，主要表现在三个方面：其一，保险营业税税基范围过大。目前保险营业税的计税基数是保险公司的保费收入、手续费收入，而国外一般仅以保费收入为税基。其二，将可能用于赔付或返还部分的保费计入营业额，特别是忽视了各种责任准备金的负债性质。其三，将非保障功能的投资连结、万能和分红保险的本金同保障类产品一样纳入营业税税基，虚增了计税基数。

（2）税负偏重。主要是保险公司的营业税率偏高。目前，保险公司的营业税为5%，对比国外一般为1%~3%，国内其他服务业如邮电通信业、文化体育业、交通运输业等3%营业税率，保险业税负显得比较高。

（3）重复纳税。在保险营销员税收方面，根据现行税收规定，我国寿险营销员每月除缴纳个人所得税以外，还要用当月佣金收入总和的5%缴纳营业税，由此形成了重复征税。因为保险公司支付给营销员的佣金收入是从保险公司的保费收入中提取出来的，这部分佣金作为保险公司的一部分保费收入已经由保险公司计提缴纳过营业税。

在所得税方面，保险公司只能从净利润中提取总准备金用于巨灾风险的补偿，没有将保险公司总准备金列为企业所得税的准予扣除项，而目前我国保险公司利润本来就很低，按照4%提取的总准备金数额很小，远不能适应需要。

（4）尚未建立起对投保人税收优待与延期纳税制度。目前我国的保险税收主要是针对保险人，而对投保人的税收制度基本上是空白，对投保人购买养老保险、医疗保险等具有社会保障功能的险种没有实行税收优待。这不利于培育和刺激保险需求，不利于提升保险业在国民经济和社会保障中的地位与作用。

16.4 对完善中国保险业税收政策的建议

16.4.1 调整税基

优化营业税税基，改变税基过宽的状况，以实收保费作为保险公司营业税的计征依据。即将现行营业税的计税依据改成按照扣除应收保费、手续费和分保保费后的实收保费来计算营业税。应收保费应当从保费收入中单独列支，实行延税政策；对在延期内仍无法收缴的应收保费实行免税政策；将计税依据改为现期保费收入减去各种责任准备金的贴现价值后的余额。以保险公司取得的全部保费收入扣除已决赔款部分作为营业税的应税保费；当发生储金返还和退税时，则由保险公司作为扣缴义务人扣缴有关税款。

16.4.2 降低税负

将目前5%的保险业营业税率调至3%左右，使其保持与国内邮电通信业、文化体育业等类似行业和国外同业大致相同的税收水平。同时，对寿险营销员征收的营业税应予以取消。

16.4.3 实行差别税率

在调整营业税基的基础上，按各险种对经济发展的促进作用和对社会保障的重要性，对不同类型的保险险种征收不同税率（包括零税率）的税收。对于地震险、洪水险、信用保证保险和强制性保险，免征营业税；对核能、卫星、海上石油平台保险，可以不予以减免税收；对于医疗保险、责任保险减半征收营业税；对中西部欠发达地区业务的税收适当减免。

16.4.4 建立投保人税收优待与延期纳税制度

为了发挥商业保险在社会保障体系中的作用，对居民购买养老保险、医疗健康保险等实行个人所得税抵扣制度，允许投保企业在一定比例范围内在成本中列支。对年金保险应扣遗产税。

主要参考文献

1. 马克·丹尼尔：《风险世界：掌握变动时代下的新策略》，汕头大学出版社2003年版。

2. 世界环境与发展委员会：《我们共同的未来》，世界知识出版社1997年版。

3. 拉里·博西迪、拉姆·查兰著，曹建海译：《转型：用对策略，做对事》，中信出版社2005年版。

4. 吴定富：《中国风险管理报告（2009）》，中国财政经济出版社2009年版。

5. 李克穆：《中国宏观经济与宏观调控概说》，中国财政经济出版社2007年版。

6. 魏迎宁：《人寿保险费率市场化研究》，中国财政经济出版社2006年版。

7. 陈文辉：《中国保险中介发展报告（2007）》，中国财政经济出版社2008年版。

8. 李扬：《中国金融论坛：2007》，社会科学文献出版社2008年版。

9. 魏华林、李开斌：《中国保险产业政策研究》，中国金融出版社 2002 年版。

10. 孙祁祥：《创造六大和谐环境保证保险业可持续发展》，21 世纪保险网，2008 年 7 月 4 日。

11. 孙祁祥等：《中国保险市场热点问题评析（2008～2009）》，北京大学出版社 2009 年版。

12. 孙祁祥、郑伟：《欧盟保险偿付能力监管标准Ⅱ及对中国的启示》，经济科学出版社 2008 年版。

13. 孟召亿：《国际保险监管文献汇编（NAIC 卷）》，中国金融出版社 2008 年版。

14. 孟龙：《国际视野与中国保险问题（第一辑）》，中国财政经济出版社 2009 年版。

15. 薛晓源、周战超：《全球化与风险社会》，社会科学文献出版社 2005 年版。

16. 李维安等：《现代公司治理机构研究——资本结构、公司治理和国有企业股份制改造》，中国人民大学出版社 2002 年版。

17. 江生忠：《中国保险产业组织优化研究》，中国社会科学出版社 2003 年版。

18. 牛文元：《可持续发展理论的系统解析》，湖北科技出版社 1998 年版。

19. 李富有：《中外金融业并购重组论》，中国金融出版社 2001 年版。

20. 黄毅、杜要忠译：《美国金融服务现代化法》，中国金融出版社 2000 年版。

21. 夏斌：《金融控股公司研究》，中国金融出版社 2001 年版。

22. 郑伟：《地震保险：国际经验与我国思路》，巨灾风险管理与保险国际研讨会，2008 年。

23. 曹海菁：《法国与新西兰巨灾保险制度及其借鉴意义》，《保险研究》，2007 年第 6 期。

24. 李必德、周俊华：《应对自然灾害，确保长期稳定》，瑞士专题报告 2006 年。

25. 赵苑达：《日本地震保险：制度设计评析与借鉴》，《东北财经大学学报》，2003 年第 2 期。

26. 王和：《对建立我国巨灾保险制度的思考》，《中国金融》，2005 年第 7 期。

27. 李文娟：《与巨灾风险博弈》，武汉大学出版社 2009 年版。

28. 朱俊生：《中国保险业转型发展研究——结构、效率与资源配置》，首都经济贸易大学出版社 2008 年版。

29. 冉光和：《金融产业可持续发展理论研究》，商务印书馆 2004 年版。

30. 刘仁伍：《中国保险业：现状与发展》，社会科学文献出版社 2008 年版。

31. 吕宙：《竞争力：中国保险业发展战略选择》，中国金融出版社 2004 年版。

32. 吕宙：《中国宏观资本配置与均衡研究》，中国金融出版社 2002 年版。

33. 中国保监会：《2008 中国保险市场统计年报》，中国金融出版社 2009 年版。

34. 国家发展改革委员会经济体制综合改革司、经济体制与管理研究所：《改革开放三十年：从历史走向未来（中国经济体制改革若干历史经验研究）》，人民出版社 2008 年版。

35. Mark Haynes Daniell, World of Risk: Next Generation Strategy for A Volatile Era, Lafferty Publication, 1997.

36. Mark Mitchell and Reto Schnanwiler, Disaster Risk Financing: Reducing the Burden of on Public Budget, Swiss Re Focus Report, 2008. 2.

37. Ibrahim Mohamed Shaluf, Disaster Types, *Disaster Prevention and Management*, 2007.

38. www. fortunechina. com, 2008.